汽车电工电子基础学习指导与习题选解

主　编　张大鹏　张　宪
副主编　赵慧敏　安海霞　刘卜源　李纪红
参　编　俞　妍　沈　虹　李志勇　韩凯鸽
　　　　张　淼　赵建辉　何惠英　陈　影
　　　　范毅军　胡云朋
主　审　付少波　李良洪　付兰芳

北京理工大学出版社
BEIJING INSTITUTE OF TECHNOLOGY PRESS

内 容 简 介

本书以《汽车电工电子基础》教学大纲为依据，按照提高汽车电工电子基础知识与解题技巧的主线，展开论述，全书共分 14 章，其中有电路的基本概念和基本定律、电路的分析方法、正弦交流电路、三相正弦交流电路、半导体器件、基本放大电路、集成运算放大器的应用、直流稳压电源、晶闸管及其应用、数字电路基础、逻辑门电路和组合逻辑电路、时序逻辑电路和集成 555 定时器、模拟量与数字量的转换、安全用电等内容。

本书重在通过学习要点及习题选解来引导学生识题、解惑、解题的能力，是学生学习知识的捷径，通向成功的阶梯。本书解题步骤详尽、思路清晰、方法多样，对学生易出错处加以点评，以解决教师因"教"不足而造成"学"中的诸多难题，帮助学生达到无师自通的境地。

版权专有　侵权必究

图书在版编目（CIP）数据

汽车电工电子基础学习指导与习题选解／张大鹏，张宪主编 . —北京：北京理工大学出版社，2011.4（2020.12 重印）
ISBN 978 - 7 - 5640 - 4373 - 5

Ⅰ . ①汽… Ⅱ . ①张…②张… Ⅲ . ①汽车-电工-高等学校-教学参考资料②汽车-电子技术-高等学校-教学参考资料 Ⅳ . ①U463.6

中国版本图书馆 CIP 数据核字（2011）第 049142 号

出版发行 /	北京理工大学出版社
社　　址 /	北京市海淀区中关村南大街 5 号
邮　　编 /	100081
电　　话 /	（010）68914775（办公室）　68944990（批销中心）　68911084（读者服务部）
网　　址 /	http：//www.bitpress.com.cn
经　　销 /	全国各地新华书店
印　　刷 /	北京虎彩文化传播有限公司
开　　本 /	787 毫米×1092 毫米　1/16
印　　张 /	14.5
字　　数 /	337 千字
版　　次 /	2011 年 4 月第 1 版　2020 年 12 月第 2 次印刷
定　　价 /	39.00 元

责任校对／陈玉梅
责任印制／边心超

图书出现印装质量问题，本社负责调换

面向"十二五"高职高专规划教材·汽车类
教材编写委员会成员名单

主　编　张大鹏　张　宪
副主编　赵慧敏　安海霞　刘卜源　李纪红
编　委　俞　妍　沈　虹　李志勇　韩凯鸽
　　　　张　淼　赵建辉　何惠英　陈　影
　　　　范毅军　胡云朋
主　审　付少波　李良洪　付兰芳

前　言

如何正确理解、掌握学习"汽车电工电子基础"课程中的要点，提高课程学习水平、解题思路和技巧，直到适应课程考试，有很多同学对这个问题没有正确的认识，认为学习"汽车电工电子基础"就是要多解题，这种想法是片面的。解题是一种手段而不是目的，目的是通过解题来巩固和加深所学的知识，提高解题的熟练程度，训练灵活运用"汽车电工电子基础"的能力，而不是简单地追求解题数量的多少，如果没有掌握解题方法和技巧，那么再做多少题也是于事无补。相反，如果善于总结解题的规律，解题之后注意琢磨所运用的方法技巧，并在今后遇到类似的题时能够灵活运用，甚至创造性地运用，那么就达到了解题的真正目的。

本书以国家教育部制定的《汽车电工电子基础》教学大纲为依据，按照提高汽车电工电子基础知识与解题技巧的主线，展开论述，既能巩固和加深学生对"汽车电工电子基础"重点、难点的理解，又能为大学生考试评估、高自考学生应试提供有效的学习指导。是大学生学习知识的捷径，自考生通向成功的阶梯。本书重在通过学习要点及习题选解来引导学生识题、解惑、解题的能力。力求体现素质教育规律，适合学生自学的需要。之所以称其为学习指导与习题选解，是因为解题步骤详尽、思路清晰、方法多样、对学生易出错处加以点评，以解决教师因"教"不足而造成"学"中的诸多难题，帮助学生达到无师自通的境地。

学习"汽车电工电子基础"，打好扎实的基本功很重要。有的同学解题时能左右逢源、事半功倍，有人却思路闭塞，束手束脚，就是因为基本功扎实程度不同。基本功是在平时的学习和训练中一点一滴夯实的。有的同学只喜欢钻难题，对课上所学看似容易的例题掉以轻心，感到上课听得懂，课下解题难，这主要是对基本概念、基本知识和基本定律理解不深，运用不熟，所以对有些题目一看就会，一做就错。为此，本书在每章中提出基本要求和学习要点供同学们学习和深刻理解。

由于编者学识有限，书中难免存在许多缺点和疏漏之处，恳请使用本书的读者批评指正。

编　者

目 录

第一章 电路的基本概念和基本定律 …………………………………… (1)
    一、基本要求 …………………………………………………………… (1)
    二、学习要点 …………………………………………………………… (1)
    三、习题选解 …………………………………………………………… (7)

第二章 电路的分析方法 ………………………………………………… (14)
    一、基本要求 …………………………………………………………… (14)
    二、学习要点 …………………………………………………………… (14)
    三、习题选解 …………………………………………………………… (18)

第三章 正弦交流电路 …………………………………………………… (37)
    一、基本要求 …………………………………………………………… (37)
    二、学习要点 …………………………………………………………… (37)
    三、习题选解 …………………………………………………………… (44)

第四章 三相正弦交流电路 ……………………………………………… (66)
    一、基本要求 …………………………………………………………… (66)
    二、学习要点 …………………………………………………………… (66)
    三、习题选解 …………………………………………………………… (70)

第五章 半导体器件 ……………………………………………………… (81)
    一、基本要求 …………………………………………………………… (81)
    二、学习要点 …………………………………………………………… (81)
    三、习题选解 …………………………………………………………… (83)

第六章 基本放大电路 …………………………………………………… (91)
    一、基本要求 …………………………………………………………… (91)
    二、学习要点 …………………………………………………………… (91)
    三、习题选解 …………………………………………………………… (94)

第七章 集成运算放大器的应用 ………………………………………… (113)
    一、基本要求 …………………………………………………………… (113)

二、学习要点 ··· (113)
　　三、习题选解 ··· (115)

第八章　直流稳压电源 ····································· (130)
　　一、基本要求 ··· (130)
　　二、学习要点 ··· (130)
　　三、习题选解 ··· (133)

第九章　晶闸管及其应用 ··································· (145)
　　一、基本要求 ··· (145)
　　二、学习要点 ··· (145)
　　三、习题选解 ··· (148)

第十章　数字电路基础 ····································· (154)
　　一、基本要求 ··· (154)
　　二、学习要点 ··· (154)
　　三、习题选解 ··· (156)

第十一章　逻辑门电路和组合逻辑电路 ······················· (167)
　　一、基本要求 ··· (167)
　　二、学习要点 ··· (167)
　　三、习题选解 ··· (169)

第十二章　时序逻辑电路和集成555定时器 ···················· (189)
　　一、基本要求 ··· (189)
　　二、学习要点 ··· (189)
　　三、习题选解 ··· (192)

第十三章　模拟量与数字量的转换 ··························· (213)
　　一、基本要求 ··· (213)
　　二、学习要点 ··· (213)
　　三、习题选解 ··· (214)

第十四章　安全用电 ······································· (221)
　　一、基本要求 ··· (221)
　　二、学习要点 ··· (221)
　　三、习题选解 ··· (222)

参考文献 ··· (223)

第一章

电路的基本概念和基本定律

本章从电路基本物理量和电路模型出发，着重讨论组成电路的各种电路元件及其伏安特性，介绍电路的基本知识、基本定律和基本概念以及应用基本定律分析一般直流电路的方法。这些方法虽然是以直流电路为研究的对象，但是只要把所涉及的这些理论和方法稍加扩展，即可用来分析交流电路。

一、基本要求

（1）了解模型的基本概念，正确理解模型与电路之间的关系。
（2）正确理解电路中的基本物理量，如电流、电压的定义及其参考方向。
（3）了解电路的三种状态，正确理解额定值的意义。
（4）熟练掌握并能正确使用电路的基本定律——基尔霍夫定律。
（5）理解无源电路元件 R、L、C 的伏安特性和有源电路元件的两种电路模型。
（6）理解电位的概念，并能分析和计算电路中各点的电位。

二、学习要点

本章学习的重点是：基尔霍夫定律、无源电路元件的伏安特性和有源电路元件的两种电路模型。难点是：电位的概念及电路中各点电位的计算。

1. 电路的模型及组成

（1）电路模型这个概念在电路分析中占有较重要的位置。初学者常觉得概念比较抽象，难以理解。在教材中所讲的电路元件（R、L、C）都是忽略了实际元件的次要性质，而只保留其主要特性的一个模型，我们将这种理想电路元件或它们的组合表示，称为电路元件的模型。

理想电路元件分为两大类：无源元件和有源元件。如图 1-1 所示。

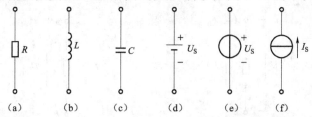

图 1-1　理想电路元件的模型
(a) 电阻元件；(b) 电感元件；(c) 电容元件；(d) 干电池或蓄电池；(e) 电压源；(f) 电流源

由电路元件模型组成的电路称为电路模型，简称电路。

(2) 电路是由电源、中间环节和负载组成。电源是将其他形式的能量转换成电能的装置，如电池、蓄电池、发电机等。中间环节起传递、分配、信息处理和控制电能的作用，最简单的中间环节是导线和开关，也可能是各种元器件或设备组成的网络系统。负载为用电设备，其作用就是将电能转换成其他形式的能量，如电灯、电动机、各类终端设备等。

2. 电路的基本物理量及其参考方向

分析电路，则必须清楚电压、电流、电动势、功率等基本物理量，而这些物理量与参考方向的联系是分析电路的重点和难点。

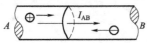

图 1-2 金属导体中的电流方向

(1) 电荷有规则的定向运动形成电流。习惯上把正电荷运动的方向规定为电流的方向。如图 1-2 所示。

(2) 电压是描述电场力移动电荷时做功的物理量，它在数值上等于电场力把单位正电荷从电场中 A 点移到 B 点所做的功。用字母 $U(u)$ 表示。A、B 两点间的电压记作 $U_{AB}(u_{AB})$，下标 A、B 表明电压方向由 A 到 B，其方向为电位下降的方向。

(3) 电动势是衡量电源内局外力克服电场力移动电荷时做功的物理量。它在数值上等于局外力把单位正电荷从电源负极端 B 移到正极端 A 所做的功。电动势用字母 $E(e)$ 表示，单位与电压的相同，其方向为电位升高的方向。

(4) 功率是电流做功的速率，它在数值上等于单位时间内电流所做的功。功率用字母 P 表示。在直流电路中，电路负载吸收的功率为

$$P = W/t = UI \text{（或 } P = U^2/R = I^2R\text{）}$$

(5) 电压、电流的参考方向是为分析电路而假设的，在电路中一般用带箭头的直线表示。何为参考方向？顾名思义，这个方向仅做参考，它不一定就是电压、电流的真实方向。在参考方向下，电压、电流、功率都是代数量。

为了在电路分析与计算过程中不出现过多的负号，电压、电流的参考方向通常采用关联参考方向。关联是指元件的实际电压、电流方向的关系。如：有源元件的电压、电流关联方向为相反方向；无源元件的电压、电流关联方向为相同方向。因此，在单独分析电流之间或电压之间的关系时，它们的参考方向可任意选择，而在研究某元件的电流与电压的关系时，则要考虑参考方向关联问题，如图 1-3 所示。

当采用一致的参考方向时，在电路中就可以只标出电压或电流的参考方向（图中虚线可不画出），如图 1-4 所示。

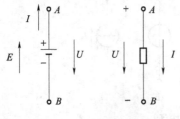

图 1-3 一致参考方向

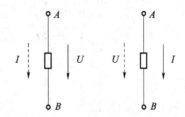

图 1-4 一致的参考方向示意图

在电路分析时应注意：许多定律和公式是在规定参考方向下得到的，参考方向改变，公式也要做相应变化。

如电阻元件的电压、电流参考方向为关联方向时，则其约束方程为

$$u = Ri$$

反之，电阻元件的电压、电流参考方向不一致（不关联）时，则

$$u = -Ri$$

在其约束方程前加"-"号。

3. 电路的三种状态和电气设备的额定值

（1）额定工作状态。这种状态是电路的正常工作状态，在这种状态下，电气设备的使用既经济合理，又安全可靠。

（2）开路状态。电源与负载之间没有接通，称为开路，此时电源的输出电流为零。

（3）短路状态。电源的两端没有接通负载而直接被导线接通，称为短路。电源短路是相当危险的，因为短路电流太大，以致电源本身和所经线路被烧毁。为防止短路引起的事故，通常在电路中安装熔断器或自动保护装置。

（4）电气设备的额定值。电气设备的额定值是指导用户正确使用电气设备的技术数据。使用电气设备时应遵照额定值的规定，以免出现不正常的情况或发生事故。

学习该节内容时应注意：各物理量（电压、电源和电流等）的定义、电路三种状态的特点。负载的大小和增减是指负载消耗电功率的大小和增减，千万不能误认为是负载电阻的大小和增减。这是初学者经常犯的错误。在一个完整的电路中产生的电功率应等于电路里消耗的电功率。

4. 电路的基本定律

基尔霍夫定律是电路的基本定律，不仅是本章的重点内容，而且也是全书电路部分的重点，所以要熟练掌握、正确应用。基尔霍夫定律具有普遍的适用性，适用于各种不同元件构成的电路中任一瞬时、任一波形的电压和电流。学习时应掌握以下几点：

（1）正确理解和掌握电路中几个常用的名词和术语。如支路、结点、回路和网孔的定义。

（2）基尔霍夫电流定律（KCL）：在电路的任一结点上，任一瞬间流入该结点的电流之和必等于从该点流出的电流之和，用数学表达式表示，即

$$\sum I_入 = \sum I_出 \quad （或 \sum I = 0）$$

其实质是电流连续性原理。在学习使用时应注意：

① 基尔霍夫电流定律适用于任何线性和非线性电路。

② 该定律具有普遍适用性，即适用于任何瞬间，任何电源作用的电路，而且与元件的性质无关。

③ 在应用该定律列写方程时，应首先标出全部支路电流的参考方向，对已知的电流按实际方向标出，对未知电流的方向可以任意假定。联立求解方程组，若求出的支路电流大于零，说明所设支路电流方向与实际电流方向一致；若求出的支路电流小于零，则表示与实际电流方向相反。

④ 基尔霍夫电流定律不仅适用于结点，而且可以把它推广应用于电路中的任意假定的封闭面。

(3) 基尔霍夫电压定律（KVL）：在电路的任一闭合回路中，沿回路绕行一周，电路中各电动势的代数和恒等于各电阻上电压降的代数和，即

$$\sum E = \sum IR \quad (或 \sum U = 0)$$

根据这一规律列出的方程叫回路电压方程。在学习使用时应注意：

① 基尔霍夫电压定律适用于任何线性和非线性电路。

② 该定律适用于任何瞬间，任何变化的支路电压，而且与元件的性质无关。

③ 在应用该定律列写方程时，应首先标出电动势及电压降的参考方向，然后在回路中选定绕行方向（在回路中用绕行箭头标出），并规定：当电动势或电流的参考方向与绕行方向一致时，该电动势或电压降为正；反之，当电动势或电流的参考方向与绕行方向相反时，该电动势或电压降为负。在电动势和电压降的正负确定之后，就可根据电压定律列出回路电压方程。

④ 基尔霍夫电压定律不仅适用于闭合回路，也可推广应用到任何开口电路。

(4) 基尔霍夫定律的内容应熟练掌握、善于应用。

5. 理想电路元件

理想电路元件分为理想无源元件（R、L、C）和理想有源元件（理想电压源、理想电流源）两大类。

(1) 理想无源电路元件 R、L、C 的伏安特性是由元件本身的性质决定的，因此又称为元件约束。式 $u = Ri$，$u_L = L\dfrac{di_L}{dt}$，$i_C = C\dfrac{du_C}{dt}$ 又叫做它们的约束方程。当它们的电压、电流方向不关联（相反）时，约束方程前应加"$-$"号。

(2) 理想电压源的输出电压和理想电流源的输出电流是由它们自身确定的定值，与外电路无关。而理想电压源的输出电流和理想电流源的输出电压则与外电路情况有关。据此特点可得如下结论：

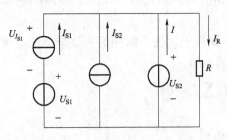

图 1-5 含两种电源模型的电路

① 凡与理想电压源并联的元件，其两端电压均等于理想电压源的电压，而理想电压源提供的电流要根据 KCL 确定。凡与理想电流源串联的元件，其电流均等于理想电流源的电流，而理想电流源的端电压要根据 KVL 列方程确定。如图 1-5 所示电路。

若 $U_{S1} = 8$ V，$I_{S1} = 2$ A，$I_{S2} = 5$ A，$U_{S2} = 20$ V，$R = 4$ Ω，由于理想电压源 U_{S1} 与理想电流源 I_{S1} 串联，则支路电流为 $I_{S1} = 2$ A。而理想电流源 I_{S2} 的端电压被 U_{S2} 确定，即

$$U_{I_{S2}} = U_{S2} = 20 \text{ V}$$

根据 KCL 定律，理想电压源 U_{S2} 支路电流为

$$I = I_R - I_{S1} - I_{S2} = 20/4 - 2 - 5 = -2 \text{ (A)}$$

根据 KVL 定律，理想电流源 I_{S1} 的端电压为

$$U_{I_{S1}} = U_{S2} - U_{S1} = 20 - 8 = 12 \text{ (V)}$$

② 与理想电压源并联的元件量值变化时，不会影响电路其余部分的电压和电流，仅影响其自身和理想电压源的电流。与理想电流源串联的元件量值变化时，不会影响电路其余部分的电压和电流，仅影响其自身及理想电流源的电压。

③ 多个理想电压源串联时，可合并成一个等效的理想电压源，方向相同时相加，方向不相同时相减。多个理想电流源并联时，可合并成一个等效的理想电流源，方向相同时相加，方向不同时相减。等效后的理想电源符号按绝对值大的方向定。

综上所述，理想电压源和理想电流源在实际使用时可以有如图 1-6 所示的多种等效关系。但应注意：等效是指对外电路等效，对内电路不等效。

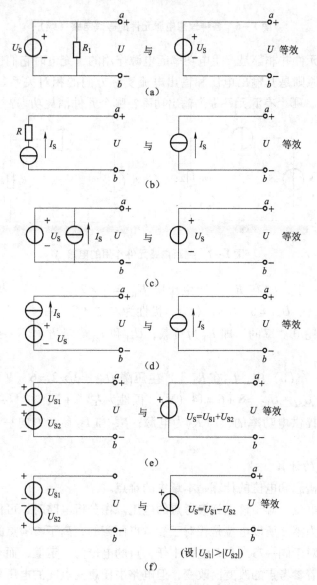

图 1-6　各种理想电源元件的等效电路

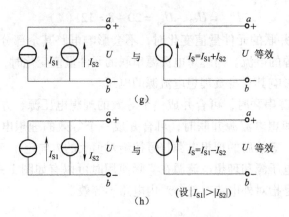

图1-6 各种理想电源元件的等效电路（续）

（3）理想电源元件并非都是产生电功率起电源作用的，充电时它们也可以消耗电功率起负载作用。判断的原则是其输出电压和输出电流实际方向的相对关系。在如图1-7（a）、(b)所示的电路中，哪个有源元件提供输出功率？哪个元件消耗功率？

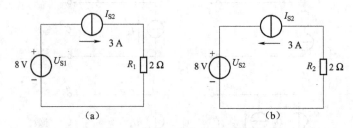

图1-7 判断电路元件作用的电路

在图1-7（a）中，I_{S1} 在 R_1 上产生压降 $U_{R1} = 3 \times 2 = 6$（V），极性为上"+"、下"-"，则 $U_{I_{S1}} = U_{S1} - U_{R1} = 8 - 6 = 2$（V），极性为左"+"、右"-"。所以，$U_{I_{S1}}$ 和 I_{S1} 参考方向一致，是消耗电功率的，即 I_{S1} 为负载；U_{S1} 和 I_{S1} 参考方向不一致，是提供功率的，即 U_{S1} 为电源。

同理，在图1-7（b）中，I_{S2} 在 R_2 上产生压降 $U_{R2} = 3 \times 2 = 6$（V），极性为上"-"、下"+"，则 $U_{I_{S2}} = U_{S2} + U_{R2} = 8 + 6 = 14$（V），极性为左"+"、右"-"。所以，$U_{I_{S2}}$ 和 I_{S2} 参考方向相反，是提供电功率的，即 I_{S2} 为电源；U_{S2} 和 I_{S2} 参考方向一致，是消耗功率的，即 U_{S2} 为负载。

6. 电路中电位的计算

电路中电位的概念和电位的计算是本章中的难点。

电路中某点的电位，等于该点到参考点的电压。在分析电路时，可任意指定某一点为参考点，并设其电位为零。所以电位是相对于参考点而言的，高于参考点的电位为正，低于参考点的电位为负。对于同一参考点，电路中任一点的电位为一定值，而与所选路径无关。电路中各点的电位随着参考点的改变而改变，但电路中任意两点间的电压是不会变化的。在计算电路中各点电位时，参考点的选择是任意的，但在一个电路中只能选择一个结点为参考点。在汽车电器或其他一些电器设备中，一般都以机壳作为参考点，因为这样测量各点电位比较方便。参考点在电路图中是用接地符号"⊥"表示的。

三、习题选解

1. 《汽车电工电子基础第二版》书后习题

1.1 如图1-8所示电路，已知 a、b 段产生功率 1 500 W，其余三段消耗功率分别为 1 000 W、350 W、150 W，若已知电流 $I = 20$ A，方向如图中所示。

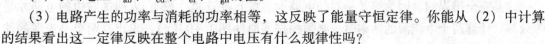

图1-8 求解电压电路

（1）标出各段电路两端电压的极性。
（2）求出电压 U_{ab}、U_{cd}、U_{ef}、U_{gh} 的值。
（3）电路产生的功率与消耗的功率相等，这反映了能量守恒定律。你能从（2）中计算的结果看出这一定律反映在整个电路中电压有什么规律性吗？

解 （1）当一段电路的电压 U、电流 I 取关联参考方向时，则功率 $P = UI$ 为正，表示消耗功率；若为负，则表示产生功率。

取各段电路电压参考方向与电流参考方向相关联，依题可得各电压的方向：

因为 $U_{ab}I = -1\ 500$ W，产生功率，所以电压极性 a 为负、b 为正。

因为 $U_{cd}I = 1\ 000$ W，消耗功率，所以电压极性 c 为正、d 为负。

因为 $U_{ef}I = 350$ W，消耗功率，所以电压极性 e 为正、f 为负。

因为 $U_{gh}I = 150$ W，消耗功率，所以电压极性 g 为正、h 为负。

（2）
$$U_{ab} = -\frac{1\ 500}{I} = -\frac{1\ 500}{20} = -75\ (\text{V})$$

$$U_{cd} = \frac{1\ 000}{20} = 50\ (\text{V})$$

$$U_{ef} = \frac{350}{20} = 17.5\ (\text{V})$$

$$U_{gh} = \frac{150}{20} = 7.5\ (\text{V})$$

（3）根据以上计算结果可得

$$U_{ab} + U_{cd} + U_{ef} + U_{gh} = -75 + 50 + 17.5 + 7.5 = 0$$

这说明在一个闭合回路中各段电压降的代数和等于零，即 $\sum U = 0$，符合基尔霍夫电压定律。

1.2 设电路如图1-9（a）所示，求电流 I_3 和两个电流源发出的功率。

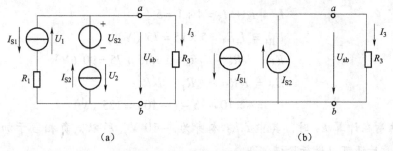

(a)   (b)

图1-9 求电流和功率的电路

解 (1) 根据电流源的性质，可作出计算 I_3 的等效电路，如图 1-9（b）所示，由基尔霍夫电流定律得

$$I_3 = I_{S2} - I_{S1}$$

(2) 计算 I_{S1} 和 I_{S2} 发出的功率。根据欧姆定律，得

$$U_{ab} = R_3 I_3$$

注意 有许多同学可能会这样求解

$$P_{I_{S1}} = -U_{ab} I_{S1}$$

$$P_{I_{S2}} = U_{ab} I_{S2}$$

这是完全错误的。因为等效是对外电路而言的！在这里，只有 ab 两端右边的电路才是等效的。计算两个电流源的功率时，必须根据原电路图 1-9（a），求出这两个电流源的端电压 U_1 和 U_2，然后再按功率的公式计算。即

$$U_{ab} = R_1 I_{S1} - U_1$$

$$U_{ab} = U_{S2} + U_2$$

所以

$$U_1 = R_1 I_{S1} - U_{ab} = (R_1 + R_3) I_{S1} - R_3 I_{S2}$$

$$U_2 = U_{ab} - U_{S2} = R_3 (I_{S2} - I_{S1}) - U_{S2}$$

则两电流源发出的功率应为

$$P_{I_{S1}} = U_1 I_{S1} = (R_1 + R_3) I_{S1}^2 - R_3 I_{S1} I_{S2}$$

$$P_{I_{S2}} = U_2 I_{S2} = R_3 I_{S2}^2 - R_3 I_{S1} I_{S2} - U_{S2} I_{S2}$$

必须指出：n 个不同的电流源是不允许串联的。

n 个不同的电压源是不允许并联的。

1.8 如图 1-10 所示电路中，已知 $R_1 = R_2 = 5\ \Omega$，$R_3 = 10\ \Omega$，$R_4 = R_5 = 15\ \Omega$，$I_1 = 2\ A$，$I_3 = 4\ A$，$I_5 = 1\ A$，试求电动势 E_1、E_3 及 E_5。

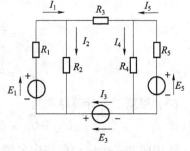

图 1-10 求电动势的电路

解 因为 $I_2 + I_3 = I_1$

所以 $I_2 = I_1 - I_3 = 2 - 4 = -2$（A）

$U_{R2} = I_2 R_2 = -2 \times 5 = -10$（V）

又因为 $E_1 = I_1 R_1 + I_2 R_2$

所以

$$E_1 = 2 \times 5 - 10 = 0\ (V)$$

$$I_4 = I_3 + I_5 = 4 + 1 = 5\ (A)$$

$$U_{R4} = I_4 R_4 = 5 \times 15 = 75\ (V)$$

$$E_5 = I_5 R_5 + I_4 R_4 = 1 \times 15 + 75 = 90\ (V)$$

$$E_3 = I_3 R_3 + I_4 R_4 - I_2 R_2$$

$$= 4 \times 10 + 75 - (-10) = 125\ (V)$$

点评 注意在计算 E_3 时，其中 $I_2 R_2$ 本身为 -10 V，所以减负相当于加正 10 V，故 $E_3 = 125$ V。最后还可以进行验证，即

$$E_5 - I_5R_5 = I_4R_4 = E_3 + I_2R_2 - I_3R_3$$
$$90 - 1 \times 15 = 5 \times 15 = 125 + (-10) - 40$$

计算可得　　　　　　　　75　　　＝75　　　＝75

1.9 在图 1-11（a）所示电路中，已知 $U_S = 16$ V，$I_S = 2$ A，$R_1 = 12\ \Omega$，$R_2 = 1\ \Omega$。求开关 S 断开时开关两端的电压 U 和开关 S 闭合时通过开关的电流 I。

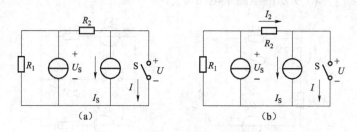

图 1-11 求开关端电压和通过的电流电路

解 设电阻 R_2 支路的电流为 I_2，方向如图 1-11（b）所示。
S 断开时：
$$I_2 = I_S = 2\ A$$
$$U = U_S - I_2 R_2 = 16 - 2 \times 1 = 14\ (V)$$

S 闭合时：
$$I_2 = \frac{U_S}{R_2} = \frac{16}{1} = 16\ (A)$$

根据基尔霍夫电流定律
$$I = I_2 - I_S = 16 - 2 = 14\ (A)$$

点评 此时虽然开关 S 闭合，但 $I \neq I_2$，恒流源端电压虽然为零，但电流不变！

1.10 为了测定蓄电池的内阻，通常选一个阻值等于额定负载的电阻 R，接成如图 1-12 所示电路。合上开关 S，读出端电压 $U = 24$ V，再打开开关 S，读出开路电压 $U_{OC} = 25.2$ V，如果图 1-12 中 $R = 10\ \Omega$，试求蓄电池内阻 R_0 等于多少？

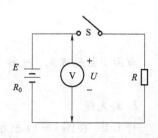

图 1-12 求电池内阻的电路

解 先求出合上开关后的电流，根据欧姆定律，可得
$$I = \frac{U}{R} = \frac{24}{10} = 2.4\ (A)$$

另外，电源电动势 E 等于开路电压 U_{OC}，即
$$E = U_{OC} = 25.2\ V$$

当开关闭合时，根据全电路欧姆定律，可得
$$E = IR + IR_0 = U + IR_0$$

则

$$R_0 = \frac{E-U}{I} = \frac{25.2-24}{2.4} = 0.5 \ (\Omega)$$

点评 该题是实际工作中经常使用的方法。初学者在用万用表测内阻时，很容易用欧姆挡去测量，将使万用表烧毁，这是不允许的。

切记：严禁用万用表欧姆挡去测电源内阻！

1.13 试求图 1-13 所示的电路中电压 U_{ab}。

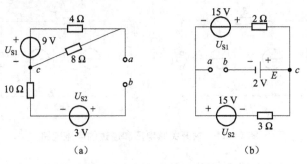

图 1-13 求开路电压的电路

解 （1）图 1-13（a）中，只有闭合回路有电流流过，则

因为
$$U_{ac} = \frac{8}{4+8} \times 9 = 6 \ (V)$$

所以
$$U_{ab} = U_{ac} - U_{S2} = 6 - 3 = 3 \ (V)$$

（2）图 1-13（b）中，只有闭合回路有电流流过，则
$$I = \frac{15+15}{2+3} = \frac{30}{5} = 6 \ (A)$$
$$U_{ac} = -U_{S1} + 6 \times 2 = -15 + 12 = -3 \ (V)$$

或
$$U_{ac} = U_{S2} - 6 \times 3 = 15 - 18 = -3 \ (V)$$

点评 由此可见，选择 c 为参考点后，U_{ac} 的值与所选路径无关。
$$U_{ab} = U_{ac} + U_{cb} = -3 + 2 = -1 \ (V)$$

2. 补充题

补 1.1 在图 1-14 所示电路中，已知 $R_B = 20 \ \text{k}\Omega$，$R_1 = 10 \ \text{k}\Omega$，$E_B = 6 \ \text{V}$，$U_S = 6 \ \text{V}$，$U_{BE} = -0.3 \ \text{V}$，试求 I_B、I_2 及 I_1。

解 对回路Ⅱ应用基尔霍夫电压定律列出

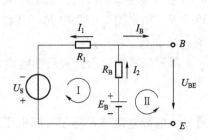

图 1-14 求支路电流的电流

$$E_B - I_2 R_B - U_{BE} = 0$$

即
$$6 - 20 \times 10^3 I_2 - (-0.3) = 0$$

故
$$I_2 = 0.315 \ \text{mA}$$

再对回路Ⅰ列出
$$E_B - I_2 R_B - I_1 R_1 + U_S = 0$$

即

$$6 - 0.315 \times 20 \times 10^3 - 10 \times 10^3 I_1 + 6 = 0$$

故
$$I_1 = 0.57 \text{ mA}$$

应用基尔霍夫电流定律列出
$$I_2 - I_1 - I_B = 0$$

即
$$0.315 - 0.57 - I_B = 0$$

故
$$I_B = -0.255 \text{ mA}$$

点评 通过分析此题可见，基尔霍夫电压定律不仅适用于任一闭合回路，而且对于任一假想的闭合回路，基尔霍夫电压定律同样适用。

补1.2 在图 1-15 所示电路中，电源电压为 24 V，$R_1 = 5$ kΩ，$R_2 = 10$ kΩ，用灵敏度为 5 kΩ/V 的万用表的 10 V 挡测量 R_1 两端的电压。

求：(1) 此时电压表的指示是多少？
(2) 测量的相对误差有多大？
(3) 若改用灵敏度为 20 kΩ/V 的万用表时又会得出怎样的结果？

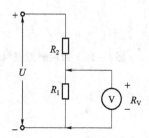

图 1-15 万用表测电压的电路

解 (1) 先求出没有接入电表时，电阻 R_1 两端的电压，可得

$$U_1 = \frac{R_1}{R_1 + R_2} \times U = \frac{5}{5+10} \times 24 = 8 \text{ (V)}$$

这个数值叫做真值。

万用表 10 V 挡内阻 $R_V = 10 \times 5 = 50$ (kΩ)，用它进行测量时，相当于在电阻 R_1 两端并联了电阻 R_V，这时的等效电阻为

$$R = \frac{R_1 R_V}{R_1 + R_V} = \frac{5 \times 50}{5 + 50} = 4.55 \text{ (kΩ)}$$

利用分压公式，可求得电表测得的电压数值

$$U_1' = \frac{R}{R + R_2} \times U = \frac{4.55}{4.55 + 10} \times 24 = 7.49 \text{ (V)}$$

(2) 测量的相对误差为

$$\gamma = \frac{|测量值 - 真值|}{真值} \times 100\%$$

$$= \frac{|7.49 - 8|}{8} \times 100\% = 6.4\%$$

(3) 若改用灵敏度为 20 kΩ/V 的万用表时，万用表 10 V 挡内阻 $R_V = 10 \times 20 = 200$ (kΩ)，则

$$R = \frac{R_1 R_V}{R_1 + R_V} = \frac{5 \times 200}{5 + 200} = 4.88 \text{ (kΩ)}$$

利用分压公式,求得电表测得的电压数值

$$U''_1 = \frac{R}{R+R_2} \times U = \frac{4.88}{4.88+10} \times 24 = 7.87 \text{ (V)}$$

此时的相对误差为

$$\gamma = \frac{|7.87-8|}{8} \times 100\% = 1.6\%$$

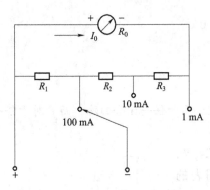

图 1-16 万用表直流挡电路

点评 由上可见,用灵敏度低的万用表测量较大电阻上的电压时,测量误差是比较大的。为了使测量结果准确,应选用灵敏度高的电表。比如可选用高内阻的数字式万用表。

补 1.3 图 1-16 是万用表中直流毫安挡的电路。表头内阻 $R_0 = 280 \text{ Ω}$,满标值电流 $I_0 = 0.6 \text{ mA}$,今欲使其量程扩大为 1 mA、10 mA 及 100 mA,试求分流电阻 R_1、R_2 及 R_3。

解 将欲扩大量程为 1 mA、10 mA、100 mA 的方程式联立如下:

$$\begin{cases} I_0 R_0 = (1-I_0)(R_1+R_2+R_3) \\ I_0(R_0+R_3) = (10-I_0)(R_1+R_2) \\ I_0(R_0+R_2+R_3) = (100-I_0)R_1 \end{cases}$$

代入 I_0 和 R_0 的值为

$$\begin{cases} 0.6 \times 280 = (1-0.6)(R_1+R_2+R_3) \\ 0.6 \times (280+R_3) = (10-0.6)(R_1+R_2) \\ 0.6 \times (280+R_2+R_3) = (100-0.6)R_1 \end{cases}$$

联立求解方程组,得

$$R_1 = 4.2 \text{ Ω}, R_2 = 37.8 \text{ Ω}, R_3 = 378 \text{ Ω}$$

点评 解出三元一次方程组后,可将求出的数据代入原方程组验证。还可利用功率平衡方程式验证。有些同学求出解后不加验证,容易出错。

补 1.4 在图 1-17 的电路中,电阻 R 均为 5 Ω,即 $R_1 = R_2 = R_3 = R_4 = R = 5 \text{ Ω}$,试求在下列各情况下,电流表Ⓐ的读数:

(1) $R_L = 0 \text{ Ω}$;(2) $R_L = \infty$;(3) $R_L = R = 5 \text{ Ω}$。

解 (1) 当 $R_L = 0 \text{ Ω}$ 时

$$I = \frac{U_S}{R_1 // R_2 + R_3 // R_4} = \frac{10}{\frac{5 \times 5}{5+5} + \frac{5 \times 5}{5+5}} = \frac{10}{5} = 2 \text{ (A)}$$

(2) 当 $R_L = \infty$ 时

$$I = \frac{U_S}{(R_2+R_4) // (R_1+R_3)} = \frac{10}{\frac{10 \times 10}{10+10}} = \frac{10}{5} = 2 \text{ (A)}$$

(3) 当 $R_L = 5 \text{ Ω}$ 时, R_L 两端电位相等, $U_A = U_B$,即

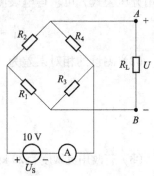

图 1-17 桥式电路

$U=0$，通过 R_L 的电流等于零。此时电路组成一电桥电路，因为电桥各臂的电阻相等，电桥处于平衡状态。电桥达到平衡的条件是
$$R_1R_4 = R_2R_3$$

点评 通过该题的求解，掌握电桥电路平衡的条件，这为以后利用电桥电路精确算出某个臂的电阻阻值奠定基础。

第二章

电路的分析方法

电路的结构形式可分为简单电路和复杂电路。最简单的电路只有一个回路，即所谓单回路电路。凡不能用串并联的方法将多个回路化简为单回路电路的，称为复杂电路。

虽然欧姆定律和基尔霍夫定律是分析电路的基础，但由于实际电路往往比较复杂，计算起来相当繁复。因此，要根据电路的结构特点，寻找分析电路的简单方法。本章首先介绍电阻电路串并联及应用，然后重点讨论几种常用的电路分析方法：电源的等效变换、支路电流法、结点电压法、叠加原理和戴维南定理等。

一、基本要求

（1）了解电阻串、并联的基本方法和应用。

（2）掌握电压源与电流源及其等效变换的方法。

（3）熟练掌握支路电流法的解题步骤，进一步加深理解基尔霍夫定律，达到熟练运用的程度。

（4）理解和掌握结点电压法，它是分析线性电路的系统化方法之一，尤其在计算机辅助电路分析中应用更为广泛。

（5）掌握叠加原理的应用和基本性质。它不仅在电路的计算方法上，而且在理论分析上都起了非常重要的作用。

（6）熟练掌握戴维南定理与诺顿定理，通过变换可以简化电路求解问题。

二、学习要点

本章的重点是掌握支路电流法、叠加原理、戴维南定理及网络的等效化简。

1. 电阻的串联与并联

（1）电阻的串联。

设有 n 个电阻串联，则总电阻

$$R = \sum_{i=1}^{n} R_i$$

电流：

$$I = \frac{U}{R} = \frac{U}{\sum_{i=1}^{n} R_i}$$

分压公式：

$$U_1 = IR_1 = \frac{R_1}{R}U, U_2 = IR_2 = \frac{R_2}{R}U, \cdots$$

功率：

$$P = I^2 R, P_i = I^2 R_i (i = 1, 2, \cdots, n)$$

负载获得最大功率的条件：当负载电阻 R_L 等于电源内阻 R_0 时，即 $R_0 = R_L$，负载能得到最大的功率。

（2）电阻的并联。

设有 n 个电阻并联，则总电阻

$$R = \frac{1}{\sum_{i=1}^{n} \frac{1}{R_i}}$$

两个电阻并联时：

$$R = R_1 // R_2 = \frac{R_1 R_2}{R_1 + R_2}$$

电流和分流公式：

$$I = \frac{U}{R}, I_1 = \frac{U}{R_1}, I_2 = \frac{U}{R_2}, \cdots$$

两个电阻并联时：

$$I_1 = \frac{R_2}{R_1 + R_2}I, I_2 = \frac{R_1}{R_1 + R_2}I$$

功率：

$$P = \frac{U^2}{R}, P_i = \frac{U^2}{R_i}$$

2. 电压源与电流源的等效变换

第一章介绍了理想有源电路元件、理想电压源和理想电流源。本章主要介绍实际电压源和实际电流源的特性和等效变换。通常将实际电压源简称为电压源，实际电流源简称为电流源。

实际电源可用两种模型：电压源（U_S）串联电阻（R_S）模型，简称电压源模型；电流源（I_S）并联电阻（R'_S）模型，简称电流源模型。

两种模型等效变换的条件是

$$\begin{cases} I_S = \dfrac{U_S}{R_S} \\ R'_S = R_S \end{cases} \text{或} \begin{cases} U_S = I_S R'_S \\ R_S = R'_S \end{cases}$$

如图 2-1 所示。

利用电压源与电流源的等效变换，可使复杂电路的计算简单化。但在等效变换时，要注意以下几点：

（1）电压源与电流源的参考方向要一致。即电流源流出的一端应与电压源的正极相对应。

（2）所谓等效，是指它们对外电路等效，电源内部电路不等效。

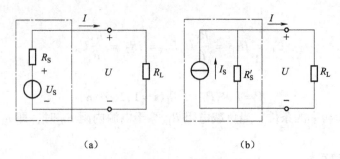

图 2-1 两种电源的等效变换
(a) 电压源；(b) 电流源

(3) 理想电压源与理想电流源之间不能等效变换。因为理想电压源的内阻 $R_S = 0$，而理想电流源的内阻 $R'_S = \infty$，两者不满足等效变换条件。

3. 支路电流法

支路电流法是计算复杂电路的最基本的方法，它是以各支路电流为未知量，应用基尔霍夫定律和欧姆定律对结点和回路列出方程，然后解出支路电流，进而求出电压或功率。

应用支路电流法计算复杂电路的解题步骤归纳如下：

(1) 判定电路的支路数 b 和结点数 n；
(2) 标出各待求支路电流的参考方向和回路的绕行方向；
(3) 根据 KCL 列出 $(n-1)$ 个独立的结点电流方程式；
(4) 根据 KVL 列出 $b-(n-1)$ 个独立回路的电压方程式；
(5) 解联立方程组，求出各支路电流。

在应用支路电流法时，应注意：为了保证独立的回路电压方程式，在选取回路时，依次至少包含一个新的支路。在分析含有电流源的电路时，由于含电流源的支路电流为已知，所以根据 KVL 所列方程的个数应为 $b-(n-1)$ 个再减去含电流源的支路数。另外，初学者在使用含电流源的支路时常忘记电流源两端电压，造成求解的错误。

4. 结点电压法

网络中任一结点与电位参考点之间的电压叫结点电压。支路电压等于对应的结点电压之差。结点分析法以结点电压为直接求解对象，进而求支路电压和支路电流。结点电压数为 $(n-1)$ 个，其中 n 为网络结点数。

结点电压法特别适合求解支路数多，结点数少的复杂电路，其求解过程一般为：

(1) 确立网络的独立结点数，独立结点数为 $(n-1)$ 个。以两结点电路为例，导出结点电压方程（弥尔曼定理）

$$U = \frac{\sum \dfrac{E}{R}}{\sum \dfrac{1}{R}}$$

(2) 上式中分子项可以为正，也可以为负。当电动势 E 和结点电压 U 的正方向相反时取正号，相同时则取负号，而与各支路电流的参考方向无关。应该指出，若分子用电压 U_S 表示时，即 $\sum \dfrac{U_S}{R}$。此时 U_S 与 U 的方向相同取正，反之取负。

(3) 求解结点电压，进而确定各支路电流。

若电路中有三个结点，可设其中一个结点的电位为零，而后计算其余两个结点的电位，即结点与零电位结点间的电压。计算步骤和两结点电路是一样的。

应用结点电压法时应注意：结点电压法适用于平面网络或任意非平面网络。通常选择电压源负端连接点较多的结点或从该结点流出的电流数目较多的结点为参考点，这样得到的独立方程数最少。

5. 叠加原理

在具有 n 个电源的线性电路中，n 个电源共同作用时，在某一支路中所产生的电流（或电压），等于各个电源单独作用时分别在该支路中所产生的电流（或电压）的代数和。这个关于各个电源作用的独立性的原理，称为叠加原理。它说明了线性电路中电源作用的独立性，其实质是将多个电源共同作用的结果分解为每个电源单独作用结果的叠加，将复杂电路分解为许多简单的电路，从而使电路分析过程大大简化。

叠加原理是网络定理中一个最基本的定理，它的重要性并不在于用来计算复杂电路，而在于它是分析线性电路的普遍原理，所以网络中的许多定理都可以由叠加原理来推证，在后续课程中的非正弦交流电路、瞬态分析以及电子电路集成运放的分析中都起到了重要的作用。

应用叠加原理时应注意以下几点：

(1) 叠加原理只适用线性电路。它只能用来分析和计算线性电路的电流和电压。

(2) 所谓某一电源单独作用，就是假设其余电源除去（简称除源），即将电压源中的理想电压源用短路线代替；把电流源中理想电流源 I_S 断开，但电路中的其他元件及电路连接方式都保持不变。

(3) 在对电路中电流或电压进行叠加时，要注意各支路电压或电流的参考方向。凡是电压（或电流）分量的参考方向与原支路电压（或电流）的参考方向一致时，取正号；反之则取负号。

(4) 功率的计算不能用叠加原理。这是因为功率不是电流或电压的一次函数。例如 $I = I' + I''$，则有

$$P = I^2 R = (I' + I'')^2 R \neq I'^2 R + I''^2 R$$

6. 戴维南定理与诺顿定理

任何一个有源二端网络都可以简化为一个等效电源，这个等效电源可以是电压源，也可以是电流源。由此得出戴维南定理和诺顿定理两个等效电源定理。

戴维南定理的内容：任何一个线性有源二端网络，对外电路来讲，都可以用一个电压源和内阻串联的支路来代替。等效电源的电压源就是有源二端网络的开路电压 U_{OC}（将负载断开后二端口间的电压），等效电源的内阻就是有源二端网络中所有电源均不作用（将各个理想电压源短路，理想电流源开路）时，所得的无源二端网络两端间的等效电阻。

诺顿定理的内容：任何一个线性有源二端网络，对外电路来讲，都可以用一个电流为 I_S 的电流源和内阻并联的电源来等效代替。电流源的电流 I_S 等于二端网络端口短路时的短路电流，并联电阻等于线性有源二端网络除源（理想电压源短路，理想电流源开路）后所得到的无源网络二端口之间的等效电阻。

等效电源定理（包括戴维南和诺顿两个定理）是本章的重点，但不是难点。学生要重点掌握，熟练运用。当只求解复杂电路中某一条支路电流或电压时，采用戴维南定理（或诺顿定理）最为简单。求解的关键在于求等效电压源中的电压源和内阻或等效电流源的电流源和内阻。运用等效电源定理时应注意：

（1）等效是对有源二端网络外部而言的，网络的内部是不等效的。

（2）将电路的待求部分（可以是某条支路，也可以是某部分电路）从电路中划去，对剩余有源二端网络求开路电压或短路电流。若为简单电路，只需运用欧姆定律或基尔霍夫定律便可求解，若电路仍较复杂，可利用电阻的串、并联关系、支路电流法、叠加原理、结点电压法等求出开路电压或短路电流。

（3）利用电阻串、并、混联求有源二端网络除源后的端口电阻，除源的方法同叠加原理。也可将除源后的无源网络两端口施加电压 U（或电流 I），计算端口上的电流 I（或电压 U），如图 2-2 所示，则内阻 R_S 为

$$R_S = \frac{U}{I}$$

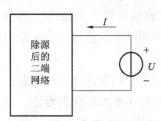

图 2-2 求内阻的电路

这时，内部独立源应去掉，但受控源应保留。

还有一种求内阻的方法，即分别求出开路电压 U_{OC} 和短路电流 I_{SC}，则内阻 R_S 为

$$R_S = \frac{U_{OC}}{I_{SC}}$$

（4）画出戴维南等效电路，并将划出去的部分连接于等效电路，求出未知量。有些同学在求出等效电路后，常常将划出去的电路部分忘记连接于等效电路，却将等效后端口短路，误认为 U_{OC}/R_S 为所求支路电流。切记，不要重复类似的错误。

（5）待求支路可以是无源支路，也可以是有源支路，求解方法步骤相同。

三、习题选解

1.《汽车电工电子基础第二版》书后习题

2.1 求图 2-3（a）和（b）所示的无源二端网络 a、b 的入端电阻 R_{ab}。

解 （1）图 2-3（a）中

$$R_{ab} = 5 + (6 /\!/ 6 + 3) /\!/ 6 + 8 = 5 + 3 + 8 = 16 \ (\Omega)$$

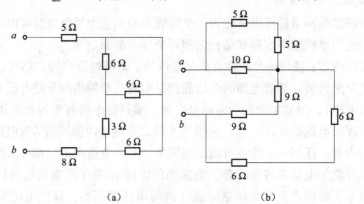

图 2-3 电阻电路

(2) 图 2-3（b）中
$$R_{ab} = (5+5) /\!/ 10 + (9+9) /\!/ (6+6) = 5 + 7.2 = 12.2\ (\Omega)$$

2.2 求图 2-4 所示各二端网络的等效电阻 R_{ab}，其中图 2-4（d）应分别在 S 打开和闭合时求解。

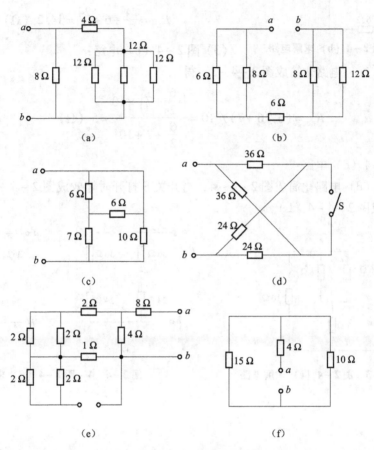

图 2-4 求等效电阻的电路

解 （1）图 2-4（a）电路：

从 a、b 两端看进去，3 个 12 Ω 的电阻并联，其等效电阻为 12/3 = 4（Ω），如图 2-4-1（a）所示。

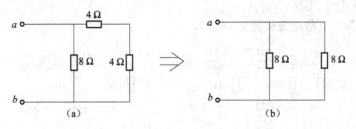

图 2-4-1 图 2-4（a）求解电路

由图 2-4-1（a）再化简成图 2-4-1（b）的并联电路，则

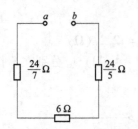

$$R_{ab} = \frac{1}{2} \times 8 = 4 \ (\Omega)$$

(2) 图 2-4 (b) 电路：

将 2-4 (b) 化简成图 2-4-2，得

$$R_{ab} = \frac{24}{7} + 6 + \frac{24}{5} = 14.2 \ (\Omega)$$

图 2-4-2　图 2-4 (b) 求解电路

(3) 图 2-4 (c) 电路：

将图 2-4 (c) 电路化简成图 2-4-3，得

$$R_{ab} = (6 /\!/ 6 + 7) /\!/ 10 = \frac{\left(\frac{6}{2} + 7\right) \times 10}{\frac{6}{2} + 7 + 10} = 5 \ (\Omega)$$

(4) 图 2-4 (d) 电路：

将图 2-4 (d) 电路化简成图 2-4-4，当开关 S 打开时等效成图 2-4-4 (a)，开关 S 闭合时等效成图 2-4-4 (b)。

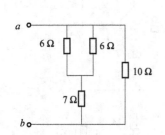

图 2-4-3　图 2-4 (c) 求解电路

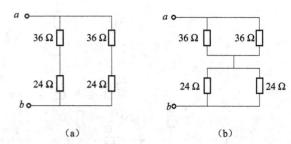

图 2-4-4　图 2-4 (d) 求解电路

则

S 打开时

$$R_{ab} = \frac{1}{2} \times (36 + 24) = 30 \ (\Omega)$$

S 闭合时

$$R_{ab} = \frac{1}{2} \times 36 + \frac{1}{2} \times 24 = 30 \ (\Omega)$$

(5) 图 2-4 (e) 电路：

将图 2-4 (e) 电路化简成图 2-4-5。

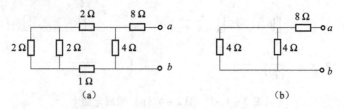

图 2-4-5　图 2-4 (e) 求解电路

则
$$R_{ab} = 8 + (2 /\!/ 2 + 1 + 2) /\!/ 4 = 8 + \frac{(1+1+2) \times 4}{(1+1+2) + 4} = 8 + 2 = 10 \text{ （Ω）}$$

(6) 图 2-4 (f) 电路：

将图 2-4 (f) 电路化简成图 2-4-6，则

$$R_{ab} = 4 + 15 /\!/ 10 = 4 + \frac{15 \times 10}{15 + 10} = 4 + 6 = 10 \text{ （Ω）}$$

2.8 图 2-5 是一衰减电路，共有四挡，当输入电压 $U_1 = 20$ V 时，试计算各挡的输出电压 U_2。

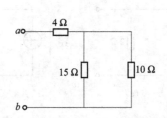

图 2-4-6 图 2-4 (f) 求解电路图

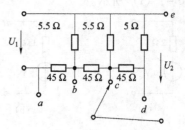

图 2-5 衰减电路

解 (1) 当开关置于 a 时，则
$$U_{2a} = U_1 = 20 \text{ V}$$

(2) 当开关置于 b 时，则
$$U_{2b} = U_1 \frac{R_{ab}}{R_{ab} + R_{eb}}$$

其中
$$R_{eb} = [(5 + 45) /\!/ 5.5 + 45] /\!/ 5.5 \approx 5 \text{ （Ω）}, \; R_{ab} = 45 \text{ Ω}$$

故
$$U_{2b} = 20 \times \frac{5}{45 + 5} = 2 \text{ （V）}$$

(3) 当开关置于 c 时，则
$$U_{2c} = U_{2b} \frac{R_{ec}}{R_{cd} + R_{ec}}$$

其中
$$R_{ec} = (5 + 45) /\!/ 5.5 \approx 5 \text{ （Ω）}, \; R_{cb} = 45 \text{ Ω}$$
$$U_{2c} = U_{2b} \times \frac{5}{45 + 5} = 0.2 \text{ （V）}$$

(4) 当开关置于 d 时，则
$$U_{2d} = U_{2c} \times \frac{R_{ed}}{R_{dc} + R_{ed}}$$

其中
$$R_{ed} = 5 \text{ Ω}, \; R_{dc} = 45 \text{ Ω}$$
$$U_{2d} = U_{2c} \times \frac{5}{45 + 5} = 0.02 \text{ （V）}$$

2.9 将图 2-6 所示的电压源网络变换为一个等效的电流源网络。将电流源网络变换为

一个等效的电压源网络。

解 图 2-6 (a)、(b) 可直接利用电压源与电流源等效变换条件求出。它们的等效电流源模型分别如图 2-6-1 (a)、(b) 所示。图 2-6 (c) 中与理想电压源并联的 3 Ω 电阻可以去掉，因其并不影响电压源两端的电压。先去掉 3 Ω 电阻，再做等效变换，其等效电流源如图 2-6-1 (c) 所示。

图 2-6 (d)、(e) 可直接利用电流源与电压源等效变换条件求出。等效电压源模型分别如图 2-6-1 (d)、(e) 所示。图 2-6 (f) 中与理想电流源串联的电阻可以去掉，这样并不影响理想电流源对外电路供给的电流。因此，应先去掉串联的电阻 3 Ω，再做变换，如图 2-6-1 (f) 所示。

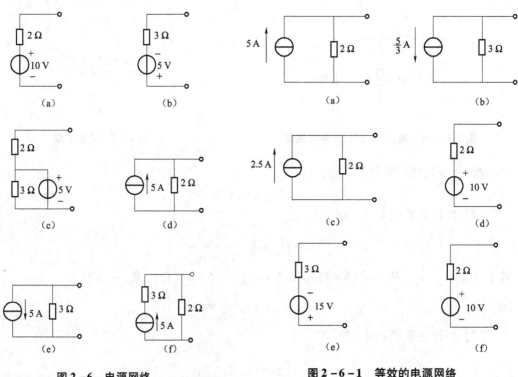

图 2-6 电源网络

图 2-6-1 等效的电源网络

点评 在进行电压源与电流源等效变换时，应注意电压源与电流源的参考方向一致。即电流源流出的一端应与电压源的正极相对应。

另外，不要把与电压源并联的电阻作为电源的内阻而加以变换，只有与电压源串联的电阻才能作为内阻看待。不要把与电流源串联的电阻作为电源的内阻而加以变换，只有与电流源并联的电阻才能作为电源内阻看待。

2.17 求图 2-7 所示电路中 U。

解 设待求电压的两个端点为 A、B。根据电压源与电流源等效变换的条件，将原电路依次变换成图 2-7-1 (a)、(b)、(c)。

由图 2-7-1 (c) 可知，因左边支路电压

图 2-7 复杂电路的求解

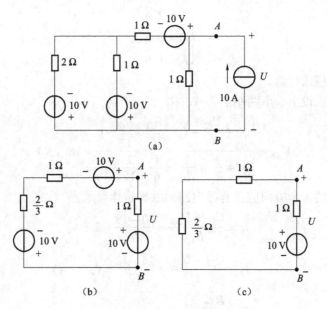

图 2-7-1 等效电路

大小相等，方向相反，所以支路电压为零，则 AB 间电压为

$$U = 10 - 10 \times \frac{1}{1+1+\frac{2}{3}} = 6.25 \text{（V）}$$

或

$$U = \frac{10}{1+1+\frac{2}{3}} \times \left(1+\frac{2}{3}\right) = 6.25 \text{（V）}$$

2.20 用支路电流法和结点电压法求图 2-8 所示电路中的各支路电流，并求三个电源的输出功率和电阻 R_3 取用的功率。已知 $U_{S1} = 30$ V，$U_{S2} = 24$ V，$I_S = 1$ A，$R_1 = 6\ \Omega$，$R_2 = R_3 = 12\ \Omega$。

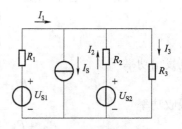

图 2-8 求支路电流

解 （1）用支路电流法计算。

本题有四个支路电流，其中一个是已知的，故列出三个方程，即

$$\begin{cases} I_1 + I_2 - I_S - I_3 = 0 \\ I_1 R_1 - I_2 R_2 + U_{S2} - U_{S1} = 0 \\ I_2 R_2 + I_3 R_3 - U_{S2} = 0 \end{cases}$$

代入数据得

$$\begin{cases} I_1 + I_2 - I_3 = 1 \\ 6I_1 - 12I_2 + 24 - 30 = 0 \\ 12I_2 + 12I_3 - 24 = 0 \end{cases}$$

解方程得

$$\begin{cases} I_1 = 2 \text{ A} \\ I_2 = 0.5 \text{ A} \\ I_3 = 1.5 \text{ A} \end{cases}$$

（2）用结点电压法计算。

因有两个结点，设上、下两结点为 A、B，则

$$U_{AB} = \frac{\dfrac{U_{S1}}{R_1} + \dfrac{U_{S2}}{R_2} - I_S}{\dfrac{1}{R_1} + \dfrac{1}{R_2} + \dfrac{1}{R_3}} = \frac{\dfrac{30}{6} + \dfrac{24}{12} - 1}{\dfrac{1}{6} + \dfrac{1}{12} + \dfrac{1}{12}} = 18 \text{ (V)}$$

而后按各支路电流的参考方向应用有源电路的欧姆定律可求得

$$I_1 = \frac{U_{S1} - U_{AB}}{R_1} = \frac{30 - 18}{6} = 2 \text{ (A)}$$

$$I_2 = \frac{U_{S2} - U_{AB}}{R_2} = \frac{24 - 18}{12} = 0.5 \text{ (A)}$$

$$I_3 = \frac{U_{AB}}{R_3} = \frac{18}{12} = 1.5 \text{ (A)}$$

（3）功率计算。

三个电源的输出功率分别为

$$P_1 = -U_{S1}I_1 = -30 \times 2 = -60 \text{ (W)}（发出功率，为电源）$$

$$P_2 = -U_{S2}I_2 = -24 \times 0.5 = -12 \text{ (W)}（发出功率，为电源）$$

$$P_3 = +U_{AB}I_S = +18 \times 1 = 18 \text{ (W)}（吸收功率，为负载）$$

（4）求 R_3 上取用的功率。

$$P_{R_3} = I_3^2 \times R_3 = 1.5^2 \times 12 = 27 \text{ (W)}$$

（5）验算功率是否平稳。

$$P_{R_1} = I_1^2 \times R_1 = 2^2 \times 6 = 24 \text{ (W)}$$

$$P_{R_2} = I_2^2 \times R_2 = 0.5^2 \times 12 = 3 \text{ (W)}$$

则发出功率

$$P_1 + P_2 = -60 + (-12) = -72 \text{ (W)}$$

吸收功率

$$P_{R_1} + P_{R_2} + P_{R_3} + P_3 = 24 + 3 + 27 + 18 = 72 \text{ (W)}$$

可见两者是平衡的。

2.23 用结点电压法求图 2-9 所示电路中电压 $U_{N'N}$ 和电流 I_1、I_2、I_3。已知 $U_{S1} = 150$ V，$U_{S2} = U_{S3} = 330$ V，电源的内阻 $R_{S1} = R_{S2} = R_{S3} = 1\ \Omega$，负载电阻 $R_1 = R_2 = R_3 = 9\ \Omega$。

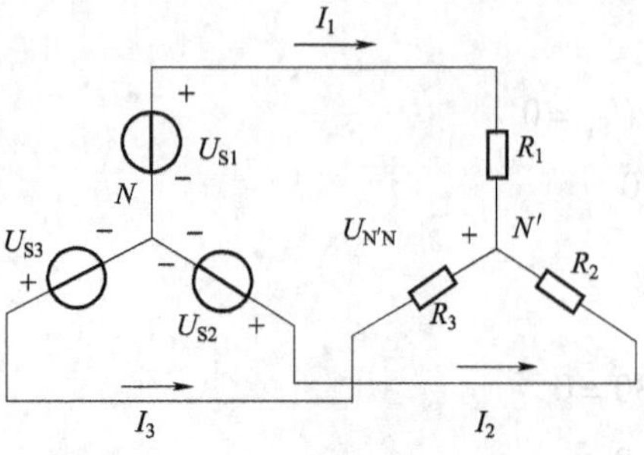

图 2-9 求结点电压和支路电流

解 $$U_{N'N} = \frac{\dfrac{U_{S1}}{R_{S1} + R_1} + \dfrac{U_{S2}}{R_{S2} + R_2} + \dfrac{U_{S3}}{R_{S3} + R_3}}{\dfrac{1}{R_{S1} + R_1} + \dfrac{1}{R_{S2} + R_2} + \dfrac{1}{R_{S3} + R_3}}$$

$$= \frac{\dfrac{150}{10} + \dfrac{330}{10} + \dfrac{330}{10}}{\dfrac{1}{10} + \dfrac{1}{10} + \dfrac{1}{10}} = 270 \text{ (V)}$$

$$I_1 = \frac{U_{S1} - U_{N'N}}{R_{S1} + R_1} = \frac{150 - 270}{1 + 9} = -12 \text{ (A)}$$

$$I_2 = \frac{U_{S2} - U_{N'N}}{R_{S2} + R_2} = \frac{330 - 270}{1 + 9} = 6 \text{ (A)}$$

$$I_3 = \frac{U_{S3} - U_{N'N}}{R_{S3} + R_3} = \frac{330 - 270}{1 + 9} = 6 \text{ (A)}$$

2.26 应用叠加原理求解图 2-10 电路中的电流 I_3 值。

解 根据叠加原理可将图 2-10 电路按 U_{S1}、U_{S2}、I_S 分别作用,分成图 2-10-1 (a)、(b)、(c) 三个电路,分别求出 I'_3,I''_3,I'''_3,则

$$I_3 = I'_3 + I''_3 + I'''_3$$

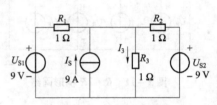

图 2-10 求解电流的电路

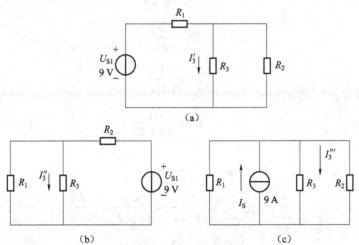

图 2-10-1 等效电路

根据电路及已知各元件值可得

$$I'_3 = \frac{U_{S1}}{R_1 + R_2 /\!/ R_3} \times \frac{R_2}{R_2 + R_3} = \frac{9}{1 + \dfrac{1}{2}} \times \frac{1}{2} = 3 \text{ (A)}$$

$$I''_3 = \frac{U_{S2}}{R_2 + R_1 /\!/ R_3} \times \frac{R_1}{R_1 + R_3} = \frac{9}{1 + \dfrac{1}{2}} \times \frac{1}{2} = 3 \text{ (A)}$$

$$I'''_3 = \frac{9}{3} = 3 \text{ (A)}(因 3 个电阻相同,分别电流相等)$$

所以

$$I_3 = 3 + 3 + 3 = 9 \text{ (A)}$$

2.28 如图 2-11 所示为 $R-2R$ 梯形网络，用于电子技术的数模转换中，试用叠加原理证明 $I = \dfrac{U_R}{3R \times 2^4}(2^3 + 2^2 + 2^1 + 2^0)$。

解 任何一个电源 U_R 单独作用时，其他三个电源短路，电路可化简为图 2-11-1 所示电路。由电阻串联等效变换及分流公式，四个电源从右至左依次分别作用时，在输出端分别得出电流

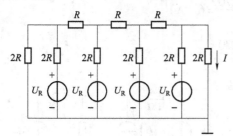

图 2-11 $R-2R$ 梯形网络

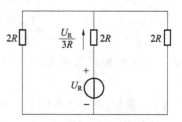

图 2-11-1 梯形网络等效电路

$$I' = \frac{U_R}{3R \times 2}$$

$$I'' = \frac{U_R}{3R \times 2^2}$$

$$I''' = \frac{U_R}{3R \times 2^3}$$

$$I'''' = \frac{U_R}{3R \times 2^4}$$

则

$$I = I' + I'' + I''' + I''''$$
$$= \frac{U_R}{3R \times 2} + \frac{U_R}{3R \times 2^2} + \frac{U_R}{3R \times 2^3} + \frac{U_R}{3R \times 2^4}$$
$$= \frac{U_R}{3R \times 2^4}(2^3 + 2^2 + 2^1 + 2^0)$$

2.29 如图 2-12 所示电路，已知 $U_{S1} = 72$ V，$U_{S2} = 80$ V，$R_1 = 1.5$ kΩ，$R_2 = 3$ kΩ，$R_3 = R_4 = 2$ kΩ，负载电阻 $R = 2$ kΩ，试用戴维南定理求 R 中电流 I。

解 将图 2-12 待求支路断开，化为求解开路电压 U_{OC} 和内阻 R_S 的电路，如图 2-12-1 (a)、(b) 所示。图 2-12 化为求解等效电路，如图 2-12-1 (c) 所示。

(1) 求开路电压 U_{OC}（U_{AB}），如图 2-12-1 (a) 所示

$$U_{AC} = \frac{U_{S1}}{R_1 + R_2} \times R_2 = \frac{72}{1.5 + 3} \times 3 = 48 \text{ (V)}$$

$$U_{BC} = \frac{U_{S2}}{R_3 + R_4} \times R_4 = \frac{80}{2 + 2} \times 2 = 40 \text{ (V)}$$

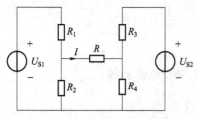

图 2-12 求解电流的电路

第二章 电路的分析方法 27

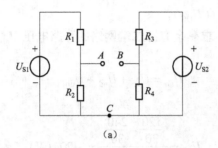

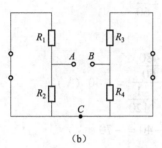 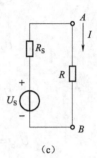

图 2-12-1 等效电路

则
$$U_S = U_{OC} = U_{AC} - U_{BC} = 48 - 40 = 8 \text{ (V)}$$

(2) 求内阻 R_S (R_{AB}),如图 2-12-1 (b) 所示。
$$R_S = R_{AB} = R_1 /\!/ R_2 + R_3 /\!/ R_4$$
$$= \frac{1.5 \times 3}{1.5 + 3} + \frac{2 \times 2}{2 + 2} = 1 + 1 = 2 \text{ (k}\Omega\text{)}$$

(3) 求 R 中电流 I,如图 2-12-1 (c) 所示 (这时必须将断开支路接上)。
$$I = \frac{U_S}{R_S + R} = \frac{8}{2 + 2} = 2 \text{ (mA)}$$

点评 有些同学在求出开路电压 U_{OC} 和内阻 R_S 后,不再将断开支路接上,结果求得 $I = \frac{U_S}{R_S} = \frac{8}{2} = 4$ (mA),切记不能如此求解。

2.35 求图 2-13 所示电路中流过 ab 支路和 cd 支路的电流 I_{ab} 和 I_{cd}。

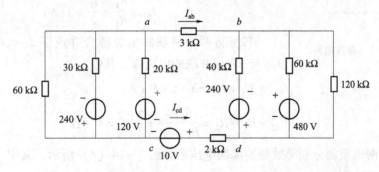

图 2-13 求支路电流的电路

解 (1) 求开路电压 U_{ab}（U_{OC}）。

将 ab 支路从电路中除去，求剩余有源二端网络的开路电压 U_{ab}。

因

$$U_{ab} = U_{ac} + U_{cd} + U_{db}$$

利用结点电压法，得

$$U_{ac} = \frac{\frac{120}{20} - \frac{240}{30}}{\frac{1}{20} + \frac{1}{30} + \frac{1}{60}} = -20 \text{（V）}$$

$$U_{cd} = -10 \text{ V}$$

$$U_{db} = \frac{\frac{240}{40} - \frac{480}{60}}{\frac{1}{40} + \frac{1}{60} + \frac{1}{120}} = -40 \text{（V）}$$

则

$$U_{ab} = -20 - 10 - 40 = -70 \text{（V）}$$

(2) 求等效内阻。

$$R_{ab} = R_{ac} + R_{cd} + R_{db}$$
$$= 20 // 30 // 60 + 2 + 40 // 60 // 120$$
$$= 10 + 2 + 20 = 32 \text{（k}\Omega\text{）}$$

(3) 画出等效电路，连接除去的 ab 支路，等效后的电路如图 2-13-1 所示。

$$I_{ab} = -\frac{70}{32 + 3} = -2 \text{（mA）}$$

(4) 根据基尔霍夫电流定律（KCL）得

$$I_{cd} = -I_{ad} = 2 \text{ mA}$$

2. 补充题

补 2.1 图 2-14（a）电路中各参数已知，求 R_4 中的电流 I。

解 (1) 将图 2-14（a）中的电压源等效变换为电流源，如图 2-14（b）所示，其中

$$I_{S1} = \frac{E_1}{R_1} = \frac{6}{2} = 3(\text{A})$$

(2) 将两个并联的电流源合并成图 2-14（c）所示的 I_{S12} 与 R_{12} 相并联的电流源。其中

$$I_{S12} = I_{S1} + I_{S2} = 3 + 6 = 9 \text{（A）}$$

$$R_{12} = R_1 // R_2 = \frac{R_1 R_2}{R_1 + R_2} = \frac{2 \times 2}{2 + 2} = 1 \text{（}\Omega\text{）}$$

(3) 再将两电流源分别等效变换成两电压源如图 2-14（d）所示。其中

$$E_{12} = I_{S12} R_{12} = 9 \times 1 = 9 \text{（V）}$$

$$E_3 = I_{S3} R_3 = 2 \times 2 = 4 \text{（V）}$$

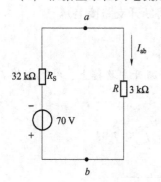

图 2-13-1 等效电路

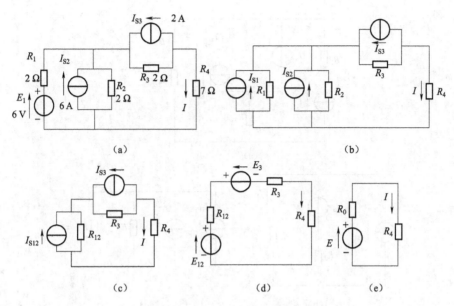

图 2-14 利用电源变换求解电路

(4) 将两个电压源合并成如图 2-14 (e) 所示的电压源。其中

$$E = E_{12} - E_3 = 9 - 4 = 5 \text{ (V)}$$
$$R_0 = R_{12} + R_3 = 1 + 2 = 3 \text{ (}\Omega\text{)}$$

(5) 按等效电路图 2-14 (e)，可求得电流 I 为

$$I = \frac{E}{R_0 + R_4} = \frac{5}{3 + 7} = 0.5 \text{ (A)}$$

点评 由本题解可见，利用电源等效变换，可简化电路，使复杂电路的计算变得简便。

补 2.2 电路如图 2-15 (a) 所示，已知 $U_S = 13 \text{ V}$, $I_{S1} = 1 \text{ A}$, $R_1 = 10 \text{ }\Omega$, $R_2 = 5 \text{ }\Omega$, $R_3 = 2 \text{ }\Omega$, $R_4 = 4 \text{ }\Omega$，试求：(1) I_4；(2) 分析 I_{S2} 输出和取用电功率的条件。

解 (1) 根据理想电流源和理想电压源的特性，将图 2-15 (a) 化简为图 2-15 (b) 的形式。再根据电源等效变换的方法将电路化简为图 2-15 (c) 和 (d) 的形式。

根据图 2-15 (c) 或 (d) 求出 I_4：

$$I_4 = \left(I_{S1} + \frac{U_S}{R_2}\right)\frac{R_2}{R_2 + R_4}$$
$$= \left(1 + \frac{13}{5}\right) \times \frac{5}{5 + 4}$$
$$= \frac{5 + 13}{5} \times \frac{5}{9} = 2 \text{ (A)}$$

(2) 由题意，由等效电路图 2-15 (e) 得

$$U_I = I_{S2}R_3 - U_S = 2I_{S2} - 13$$

当 $I_{S2} > 6.5 \text{ A}$ 时，$U_I > 0 \text{ V}$，电压和电流关联方向相反，I_{S2} 起电源作用，输出电功率。

当 $I_{S2} < 6.5 \text{ A}$ 时，$U_I < 0 \text{ V}$，电压和电流关联方向相同，I_{S2} 起负载作用，取用电功率。

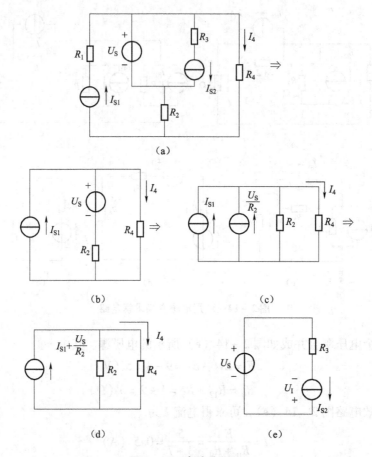

图 2-15 电路分析图

点评 此题一是考察了对理想电压源和理想电流源特性的理解,即和理想电流源串联的元件,对外电路来讲可以去掉(短路)。与理想电压源并联的元件,对外电路来讲可以去掉(开路)。

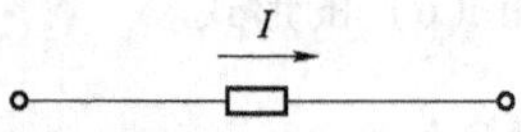

二是根据电路图中电压和电流的实际方向可确定某一电路元件是电源还是负载。如图 2-15-1 所示;如果 U 和 I 参考方向选的一致时,则

图 2-15-1 由 U 和 I 的参考方向确定电源与负载

电源　　$P = UI$(负值)

负载　　$P = UI$(正值)

如果 U 和 I 的参考方向选得相反时,则电源的功率为正值,负载为负值。

补 2.3 如图 2-16 所示电路,试求各支路中的电流。

解 首先设定各支路电流方向和回路绕行方向,如图 2-16-1 所示。

根据 KCL 可得

$$I_1 + I_2 = I_3$$

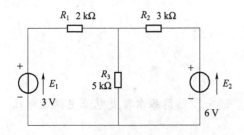

图2-16 求支路电流的电路

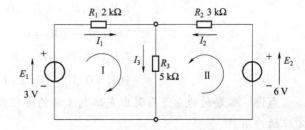

图2-16-1 等效电路

根据KVL可得

$$2\,000I_1 + 5\,000I_3 = 3$$
$$3\,000I_2 + 5\,000I_3 = 6$$

联立(1)、(2)、(3)求解,得

$$I_1 = -0.194 \text{ mA}, I_2 = 0.871 \text{ mA}, I_3 = 0.677 \text{ mA}$$

点评 电流I_1为负值,说明假设的参考方向与实际电流方向相反,有些同学为此重新假设I_1的方向再解一遍,这就没有任何必要。

补2.4 如图2-17所示电路,已知$E = 12$ V,$R_1 = R_2 = 5\ \Omega$,$R_3 = 10\ \Omega$,$R_4 = 5\ \Omega$,$R_5 = 10\ \Omega$,$R = 0.5\ \Omega$,试用支路电流法列出求解各支路电流的方程式。

解 设电路中各支路电流的参考方向及回路的绕行方向如图2-17-1所示,此电路有4个节点。

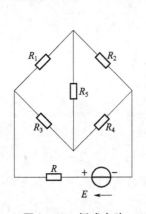

图2-17 桥式电路

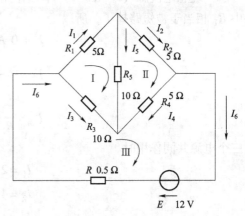

图2-17-1 等效电路

根据KCL可得

$$I_6 = I_1 + I_3 \quad (1)$$
$$I_1 = I_2 + I_5 \quad (2)$$
$$I_3 + I_4 + I_5 = 0 \quad (3)$$

根据KVL可得

$$I_1R_1 + I_5R_5 - I_3R_3 = 0$$
$$5I_1 + 10I_5 - 10I_3 = 0 \quad (4)$$

$$I_2R_2 + I_4R_4 - I_5R_5 = 0$$
$$5I_2 + 5I_4 - 10I_5 = 0 \quad (5)$$
$$I_3R_3 + I_6R - I_4R_4 = E$$
$$10I_3 + 0.5I_6 - 5I_4 = 12 \quad (6)$$

点评 本题的题意是列写出支路电流法的方程式。进一步熟悉基尔霍夫电流定律和电压定律的应用。

补 2.5 在图 2-18（a）所示电路中，已知 $R_2 = R_3$，且当 $I_S = 0$ A 时，$I_1 = 2$ A，$I_2 = I_3 = 4$ A。求 $I_S = 16$ A 时的 I_1、I_2 和 I_3。

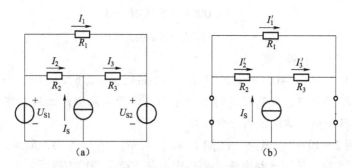

图 2-18 用叠加原理求解的电路

解 理想电流源（$I_S = 16$ A）单独作用时，等效电路如图 2-18（b）所示。因等效电路中 R_1 相当于被短路掉了，所以

$$I_1' = 0 \text{ A}$$
$$I_2' = -\frac{R_3}{R_2 + R_3}I_S = -8 \text{ A}$$
$$I_3' = \frac{R_2}{R_2 + R_3}I_S = 8 \text{ A}$$

则三个电源共同作用时

$$I_1 = 2 + 0 = 2 \text{ (A)}$$
$$I_2 = 4 - 8 = -4 \text{ (A)}$$
$$I_3 = 4 + 8 = 12 \text{ (A)}$$

点评 由此题进一步说明叠加原理特别适用求解 n 个电源作用下，只有一个电源发生变化的情况，此时利用叠加原理求解更简单。

补 2.6 应用叠加原理计算图 2-19 所示电路中各支路的电流和各元件（电源和电阻）两端的电压。

解 根据叠加原理可得图 2-19-1（a）、（b）两电源单独作用时的等效电路。

由图 2-19-1（a）可得

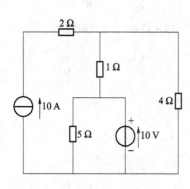

图 2-19 求解电流和电压的电路

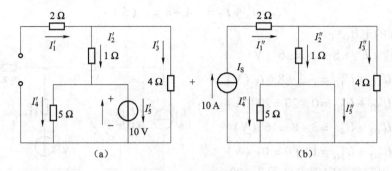

图 2-19-1 等效电路

$$I'_1 = 0, \quad I'_2 = \frac{-10}{1+4} = -2 \text{ (A)}$$

$$I'_3 = -I'_2 = 2 \text{ (A)}, \quad I'_4 = \frac{10}{5} = 2 \text{ (A)}$$

10 V 电源供出电流

$$I'_5 = I'_2 - I'_4 = -2 - 2 = -4 \text{ (A)}$$

2 Ω 电阻上的电压

$$U'_{2\Omega} = I'_1 \times 2 = 0$$

1 Ω 电阻上的电压

$$U'_{1\Omega} = I'_2 \times 1 = -2 \times 1 = -2 \text{ (V)}$$

4 Ω 电阻上的电压

$$U'_{4\Omega} = I'_3 \times 4 = 2 \times 4 = 8 \text{ (V)}$$

5 Ω 电阻上的电压

$$U'_{5\Omega} = I'_4 \times 5 = 2 \times 5 = 10 \text{ (V)}$$

电流源两端的电压为 4 Ω 时，电阻两端的电压（因 $I'_1 = 0$，2 Ω 电阻上的压降为 0）

$$U'_S = U'_{4\Omega} = 8 \text{ V}$$

同理，由图 2-19-1（b）可得

$$I'' = 10 \text{ A}, \quad I''_2 = I_S \cdot \frac{4}{1+4} = 8 \text{ A}, \quad I''_3 = I_S \cdot \frac{1}{1+4} = 2 \text{ A}$$

$$I''_4 = 0, \quad I''_5 = 8 \text{ A}$$

$$U''_{2\Omega} = 20 \text{ V}, \quad U''_{1\Omega} = 8 \text{ V}, \quad U''_{4\Omega} = 8 \text{ V}$$

$$U''_{5\Omega} = 0 \text{ V}$$

10 A 电流源两端电压

$$U''_S = U''_{2\Omega} + U''_{4\Omega} = 20 + 8 = 28 \text{ (V)}$$

各支路电流为

$$I_1 = I'_1 + I''_1 = 0 + 10 = 10 \text{ (A)}$$

$$I_2 = I'_2 + I''_2 = -2 + 8 = 6 \text{ (A)}$$

$$I_3 = I'_3 + I''_3 = 2 + 2 = 4 \text{ (A)}$$

$$I_4 = I'_4 + I''_4 = 2 + 0 = 2 \text{ (A)}$$

$$I_5 = I'_5 + I''_5 = -4 + 8 = 4 \text{ (A)}$$

各元件上的电压为

$$U_S = U'_S + U''_S = 8 + 28 = 36 \text{ (V)}$$
$$U_{1\Omega} = U'_{1\Omega} + U''_{1\Omega} = -2 + 8 = 6 \text{ (V)}$$
$$U_{2\Omega} = U'_{2\Omega} + U''_{2\Omega} = 0 + 20 = 20 \text{ (V)}$$
$$U_{4\Omega} = U'_{4\Omega} + U''_{4\Omega} = 8 + 8 = 16 \text{ (V)}$$
$$U_{5\Omega} = U'_{5\Omega} + U''_{5\Omega} = 10 + 0 = 10 \text{ (V)}$$

补2.7 用戴维南定理求解图2-20所示电路 R_L 中所通过的电流 I_L。

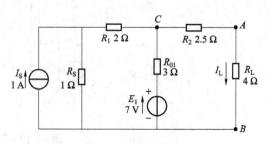

图2-20 求解电流的电路

解 （1）求开路电压，将 R_L 从 A、B 处断开得图2-20-1（a）所示电路。首先将其左边 I_S 与 R_S 相并联的电流源变换成电压源，如图2-20-1（b）所示。由图看出

$$U_{AB} = U_{CB}$$

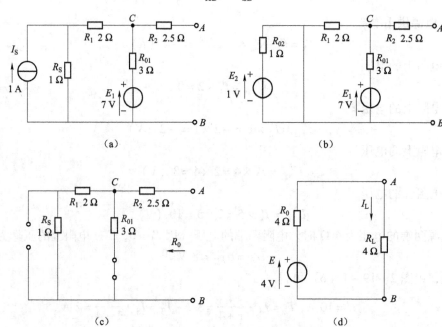

图2-20-1 等效电路

回路中电流

$$I = \frac{E_1 - E_2}{R_{01} + R_{02} + R_1} = \frac{7-1}{3+1+2} = 1 \text{ (A)}$$

于是可得开路电压 $U_{OC}(E)$

$$U_{OC} = E = U_{AB} = U_{CB} = E_1 - IR_{01}$$
$$= 7 - 1 \times 3 = 4 \text{ (V)}$$

（2）求 R_0。

根据图2-20-1（a）所示二端网络，将 I_S 开路、E_1 短路，得图2-20-1（c）所示

电路,从 AB 端往左看进去的等效电阻为

$$R_0 = R_2 + \frac{(R_1+R_S)R_{01}}{R_1+R_S+R_{01}}$$

$$= 2.5 + \frac{(2+1)\times 3}{2+1+3} = 4 \text{ (Ω)}$$

(3) 画出戴维南等效电路,如图 2-20-1 (d) 所示,得

$$I_L = \frac{E}{R_0+R_L} = \frac{4}{4+4} = 0.5 \text{ (A)}$$

点评 由该题可知,应用戴维南定理计算复杂电路时,最重要的是计算开路电压 U_{OC} 和 R_0。在计算 U_{OC} 时,最好画出输出端开路时的有源二端网络的电路图;在计算 R_0 时,最好画出有源二端网络中各理想电压源短路以及理想电流源开路的电路图。这样既便于计算,也可避免错误。

补 2.8 一个有源二端网络 N_A,测得其开路电压为 18 V,当输出端接一个 9 Ω 电阻时,流过的电流为 1.8 A,现将这个 N_A 连接成如图 2-21 所示的电路,求它的输出电流 I 及输出功率 P。

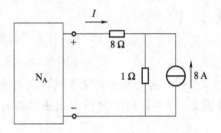

图 2-21 有源二端网络电路

解 有源二端网络 N_A 的戴维南等效电路可以等效为两种,如图 2-21-1 (a)、(b) 所示的框中电路。

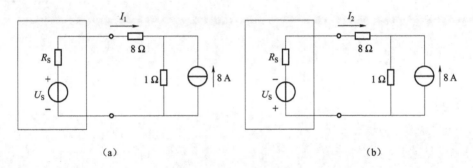

图 2-21-1 等效电路

当有源二端网络接 9 Ω 电阻时,电流为 1.8 A,U_{OC} = 18 V,则

$$R_S = \frac{18}{1.8} - 9 = 10 - 9 = 1 \text{ (Ω)}$$

此时 $U_S = U_{OC} = 18$ V。

图 2-21-1 (a) 中,根据叠加原理,U_S 单独作用时为 I'_1,电流源单独作用时为 I''_1,则

$$I_1 = I'_1 - I''_1$$

$$= \frac{U_S}{R_S+8+1} - 8 \times \frac{1}{1+R_S+8}$$

$$= \frac{18}{10} - \frac{8}{10} = 1 \text{ (A)}$$

输出功率
$$P_1 = U_S I_1 - I_1^2 R_S = 18 \times 1 - 1^2 \times 1 = 17 \text{ (W)}$$

图 2-21-1（b）中，同样根据叠加原理，U_S 单独作用时为 I_2'，电流源单独作用时为 I_2''，则

$$\begin{aligned}
I_2 &= -I_2' - I_2'' \\
&= -\frac{U_S}{R_S + 8 + 1} - 8 \times \frac{1}{1 + R_S + 8} \\
&= -\frac{18}{10} - \frac{8}{10} = -2.6 \text{ (A)}
\end{aligned}$$

输出功率
$$\begin{aligned}
P_2 &= -U_S I_2 - I_2^2 R_S = -[18 \times (-2.6)] - (-2.6)^2 \times 1 \\
&= 46.8 - 6.76 = 40.04 \text{ (W)}
\end{aligned}$$

点评 因题目中并没有说明实际电压方向，所以等效框中电压 U_S 有两种不同的方向。在图 2-21-1（b）中计算输出功率时，要注意电压和电流的方向。

第三章

正弦交流电路

现代工农业生产、国防以及人们日常生活中广泛应用交流电。正弦交流电是电工技术课程的重点内容之一,是学习电机、电器和电子技术课程的理论基础。

所谓交流电,是指大小和方向随时间做周期性交替变化的电动势、电压和电流。按正弦规律变化的交流电称为正弦交流电。本章仅讨论正弦交流电及其解析方法,以下所称的交流电在本章中均指正弦交流电。

直流电路的分析方法原则上也适用于交流电路。由于交流电路中电压和电流的大小和方向随时间做周期性变化,因此交流电路的分析和计算比直流电路要复杂得多。所以,在学习中要注意掌握交流电路的特点和规律。

一、基本要求

(1)理解交流信号和正弦交流信号特征,特别是正弦交流电的三要素、相位差以及有效值的概念。

(2)熟悉正弦交流电的各种表示方法以及相互间的关系,正确掌握相量表示法。相量表示法可作为分析交流电路的基本方法。

(3)会用相量法分析和计算简单正弦交流电路。

(4)理解交流电路中有功功率、无功功率、视在功率和功率因数的意义,掌握用并联电容器提高功率因数的方法。

(5)了解串并联谐振电路的频率特性。

二、学习要点

本章学习的重点是:正弦量的三要素、相位差、有效值、相量表示法。R、L、C元件的电压与电流间的关系。感抗、容抗和阻抗的概念。学会用相量法分析交流电路,理解交流电路的有功功率和功率因数的提高以及谐振电路的特点。难点是:相位的概念,相量图和无功功率。

1. 正弦交流电的基本概念

正弦交流电是时间的周期函数,它随时间做正弦变化。

由于正弦交流电的实际极性与电流的实际方向是随时间而变的,所以在电路图上所标出的方向是参考方向。在正半周期时,它们的参考方向与真实方向一致,故为正值。在负半周期时,参考方向与真实方向相反,故为负值。

正弦交流电的三要素为频率、幅值和初相位。

(1) 频率 f、周期 T 和角频率 ω 表示正弦量变化的快慢，三者之间的关系为

$$\omega = 2\pi f = \frac{2\pi}{T}$$

注意 在本章所研究的交流电路中，各部分电压和电流的频率是相同的，因而对交流电路的分析将集中于研究各部分电压和电流的大小之间和相位之间的关系以及功率问题。

(2) 幅值和有效值表示正弦量的大小。有效值与幅值之间的关系为

$$有效值(I) = \frac{幅值(I_m)}{\sqrt{2}}$$

这一关系一般只适用于正弦交流电，其他波形的有效值与最大值之间的关系，要根据具体情况具体分析。

(3) 初相位是用来确定正弦量初始值的。计时起点（$t=0$）选取的不同，初相位也就不同。而相位差 φ 是两个同频率正弦量的初相位之差，φ 是不随起始点的变化而变的，它是一个固定值。

$$\varphi = (\omega t + \varphi_1) - (\omega t + \varphi_2) = \varphi_1 - \varphi_2$$

相位差 φ 的大小决定了两个正弦量之间的相位关系，即

$\varphi = \varphi_1 - \varphi_2 > 0$　　　　表示正弦量 1 比 2 超前 φ 角。

$\varphi = \varphi_1 - \varphi_2 < 0$　　　　表示正弦量 1 比 2 滞后 φ 角。

$\varphi = \varphi_1 - \varphi_2 = 0$　　　　表示正弦量 1 与 2 同相。

$\varphi = \varphi_1 - \varphi_2 = 180°$　　表示正弦量 1 与 2 反相。

必须指出：对频率不同的正弦量，比较其相位关系是没有意义的。

2. 正弦量的相量表示法

一个正弦量可以用三角函数式（瞬时表达式）、正弦波形、相量图和相量式四种方法来表示。学习时必须熟悉这四种表示方法以及相互之间的关系，要能熟练地由一种表示形式写出（或画出）其他几种表示形式。因三角函数式和波形图不便于运算和测量，所以通常用相量法分析和计算正弦交流电路。它通过简单的代数或几何方法可将交流电路的电压与电流的大小及相位关系表示清楚。根据元件约束和结构约束的相量形式，直接应用直流电路中介绍的定理、定律和分析方法进行分析，十分简便。

在应用相量法分析正弦交流电路时，要注意以下几点：

(1) 要明确只有正弦波形的电压和电流才能用相量表示，只有同频率的正弦交流电才能进行相量运算。相量的加减通常用代数式运算，相量的乘除通常用极坐标式或指数式运算。

(2) 要明确相量是表示正弦交流电的复数，而正弦交流电是时间的函数，相量并不等于正弦交流电。

例如，相量 $\dot{U} = 220\angle 60°$ （V），它还可写成

$$\dot{U} = 220e^{j60°} = 220\cos 60° + j220\sin 60°$$
$$= 110 + j110\sqrt{3} \text{ (V)}$$

其中　　　　　　　　　　　　　　$U = 220 \text{ V}$

而
$$U_m = 220\sqrt{2} \text{ V}$$

注意：这里有效值和幅值只是个数值！而该相量用正弦交流电表示时，有
$$u = 220\sqrt{2}\sin(\omega t + 60°) \text{ V}$$

显然
$$\dot{U} = 220\angle 60° \text{ V} \neq 220 \text{ V} \neq 220\sqrt{2} \text{ V} \neq 220\sqrt{2}\sin(\omega t + 60°) \text{ V}$$

同学们在初学正弦交流电路时极易造成以上这样的混淆。因此在书写电压和电流等正弦量的文字符号时，必须注意瞬时值、有效值、幅值以及文字符号的小写、大写及下标。还要注意在大写字母上有无"·"，其表示的正弦量意义完全不一样，打"·"的为相量，无"·"的为有效值。

如写成：
$$i = 10\sin(\omega t - 60°) = 10e^{-j60°} \text{ A}$$
$$U = 220\sqrt{2}\sin(\omega t + 45°) \text{ V}$$
$$I = 10\angle 45° \text{ A}$$

那就错了。

（3）在画波形时，横轴上要标上 t 或 ωt。纵轴上要标有正弦量 u 和 i（瞬时值），而不是 U 或 I（有效值）。计时起点处标上0，定量时要注意相应单位。同时，计算的结果都必须有单位。这些都是同学们常忽略的地方。

3. R、L、C 单一参数的交流电路

分析电阻、电感、电容单一参数的交流电路的方法步骤一样：列出电压电流瞬时值的关系式；设电压（或电流）为参考正弦量，而后由上述关系式求得电流（或电压），并用三角函数式、正弦波形图、相量图和相量式表示；比较电压和电流的相位和大小关系；求出瞬时功率，并由此解释能量的转换，接着讨论有功功率和无功功率。无功功率是难点，但不是重点。

（1）电阻电路两端的电压与流过的电流遵循欧姆定律，它们成正比关系并且同相位，电阻永远是耗能元件，消耗功率。

（2）电感电路两端的电压与流过电感的电流的变化率成正比，因而电压与电流不成正比关系并且不同相位。电感以自感电动势的形式反抗交流电流的变化，它是不消耗能量的元件。

（3）电容电路中的电流与电容两端电压的变化率成正比，因而电压与电流不成正比关系并且不同相位。电容在交流电路中时而充电、时而放电，成为交流电的一种阻碍作用。它也是不消耗能量的元件。

电路中有电感或电容存在，就要与电源进行能量交换，就有无功功率。无功功率只表明能量互换的规模。感抗 X_L 和容抗 X_C 和电阻 R 一样都具有阻碍电流的作用，它们也等于电压 U 与电流 I 的比值。它们还与频率 f 有密切的关系。

正弦交流电路中电压与电流的关系见表3–1。

表3-1 正弦交流电路中电压与电流的关系

电路	瞬时关系	相位及相量图	大小关系	复数式
R ($X_L = X_C = 0$)	$u = iR$	$\varphi = 0$	$I = \dfrac{U}{R}$	$\dot{I} = \dfrac{\dot{U}}{R}$
L ($R = X_C = 0$)	$u = L\dfrac{di}{dt}$	$\varphi = 90°$	$I = \dfrac{U}{X_L}$	$\dot{I} = \dfrac{\dot{U}}{jX_L}$
C ($R = X_L = 0$)	$u = \dfrac{1}{C}\int i\,dt$	$\varphi = -90°$	$I = \dfrac{U}{X_C}$	$\dot{I} = -\dfrac{\dot{U}}{jX_C} = j\dfrac{\dot{U}}{X_C}$
RL 串联 ($X_C = 0$)	$u = iR + L\dfrac{di}{dt}$	$\varphi = \arctan\dfrac{X_L}{R}$ $0 < \varphi < 90°$	$I = \dfrac{U}{\lvert Z\rvert} = \dfrac{U}{\sqrt{R^2 + X_L^2}}$	$\dot{I} = \dfrac{\dot{U}}{Z} = \dfrac{\dot{U}}{R + jX_L}$
RC 串联 ($X_L = 0$)	$u = iR + \dfrac{1}{C}\int i\,dt$	$\varphi = \arctan\dfrac{-X_C}{R}$ $-90° < \varphi < 0$	$I = \dfrac{U}{\lvert Z\rvert} = \dfrac{U}{\sqrt{R^2 + X_C^2}}$	$\dot{I} = \dfrac{\dot{U}}{Z} = \dfrac{\dot{U}}{R - jX_C}$
RLC 串联	$u = iR + L\dfrac{di}{dt} + \dfrac{1}{C}\int i\,dt$	$\varphi = \arctan\dfrac{X_L - X_C}{R}$ $\varphi > 0$(u超前i,感性) $\varphi < 0$(u滞后i,容性) $\varphi = 0$(u与i同相,电阻性)	$I = \dfrac{U}{\lvert Z\rvert} = \dfrac{U}{\sqrt{R^2 + (X_L - X_C)^2}}$	$\dot{I} = \dfrac{\dot{U}}{Z} = \dfrac{\dot{U}}{R + j(X_L - X_C)}$

4. RLC 串联交流电路

RLC 串联交流电路是本章的重点,所得结论是分析交流电路的基础,因此一定要深入理解和掌握。本部分内容是以单一参数电路为基础,即由特殊到一般,总结出的内容见表3-1。既有 RL 串联电路,也有 RC 串联电路,最后是 RLC 串联电路。在记忆电压与电流的各个关系式时,可以从一般到特殊,就是只要记住 RLC 串联的公式,其他只是缺少某个元件的特例,公式自然容易写出。在分析串联交流电路时,应注意以下几个问题:

(1) 电压平衡关系:

$$u = u_R + u_L + u_C = iR + L\frac{di}{dt} + \frac{1}{C}\int i dt$$

$$\dot{U} = \dot{U}_R + \dot{U}_L + \dot{U}_C = \dot{I}R + j\dot{I}X_L - j\dot{I}X_C$$

不能写成

$$U = U_R + U_L + U_C$$

这是不成立的。

正确的公式应该是

$$U = \sqrt{U_R^2 + (U_L - U_C)^2}$$

(2) 电路的伏安特性:

$\dot{I} = \dfrac{\dot{U}}{Z}$,是相量之间的伏安特性。

$I = \dfrac{U}{|Z|}$,是有效值之间的伏安特性。

不能写成

$$i = \frac{u}{|Z|}$$

此式是不成立的。

(3) 电压 u 和 i 之间的相位差为

$$\varphi = \arctan\frac{U_L - U_C}{U_R} = \arctan\frac{X_L - X_C}{R}$$

在频率一定的情况下,其大小和正负由电路参数决定,即

当 $X_L > X_C$ 时,$\varphi > 0$,u 超前 i,为电感性负载。

当 $X_L < X_C$ 时,$\varphi < 0$,u 滞后 i,为电容性负载。

当 $X_L = X_C$ 时,$\varphi = 0$,u 与 i 同相,为电阻性负载,电路出现谐振。

(4) 电路的功率表示:

有功功率 　　　　$P = U_R I = UI\cos\varphi$ 　(总是正值)

无功功率

$$Q = (U_L - U_C)I = UI\sin\varphi$$

感性负载时,$Q > 0$;容性负载时,$Q < 0$。

视在功率

$$S = UI = I^2|Z|$$

或

$$S = \sqrt{P^2 + Q^2}$$

(5) 电路的阻抗:

复阻抗

$$Z = \frac{\dot{U}}{\dot{I}} = R + j(X_L - X_C)$$

$$= \sqrt{R^2 + (X_L - X_C)^2}\, e^{j\arctan\frac{X_L - X_C}{R}}$$

$$= |Z|e^{j\varphi} = |Z|\underline{/\varphi}$$

阻抗
$$|Z| = \sqrt{R^2 + (X_L - X_C)^2} = \sqrt{R^2 + X^2} = \frac{U}{I}$$

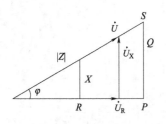

图 3-1 阻抗、电压、功率三角形

综上所述，通过分析电压、功率和阻抗之间的关系，可知得到的电压、功率和阻抗三角形是相似的。因为将电压三角形每边乘以电流 I 即可得到功率三角形，而将电压三角形每边除以电流 I 即可得到阻抗三角形，如图 3-1 所示。我们把它们同时表示在图中，目的是便于分析和记忆。

但应注意：三角形中阻抗和功率只是数值，而电压是相量（正弦量）。

5. 阻抗的串联与并联

阻抗串、并联等效公式与电阻串、并联等效公式在形式上是相同的。

（1）阻抗的串联与并联。

若两个阻抗 $Z_1 = |Z_1|\underline{/\varphi_1}$ 和 $Z_2 = |Z_2|\underline{/\varphi_2}$ 在串联或并联时，应注意：

两个阻抗串联 $\qquad Z = Z_1 + Z_2$

$\varphi_1 = \varphi_2$ 时 $\qquad |Z| = |Z_1| + |Z_2|$

$\varphi_1 \neq \varphi_2$ 时 $\qquad |Z| \neq |Z_1| + |Z_2|$

即性质不同时阻抗模不等于各分阻抗模相加。

两个阻抗并联 $\qquad \dfrac{1}{Z} = \dfrac{1}{Z_1} + \dfrac{1}{Z_2}$ 或 $Z = \dfrac{Z_1 Z_2}{Z_1 + Z_2}$

$\varphi_1 = \varphi_2$ 时 $\qquad \dfrac{1}{|Z|} = \dfrac{1}{|Z_1|} + \dfrac{1}{|Z_2|}$ 或 $|Z| = \dfrac{|Z_1||Z_2|}{|Z_1| + |Z_2|}$

$\varphi_1 \neq \varphi_2$ 时 $\qquad \dfrac{1}{|Z_1|} \neq \dfrac{1}{|Z_1|} + \dfrac{1}{|Z_2|}$ 或 $|Z| \neq \dfrac{|Z_1||Z_2|}{|Z_1| + |Z_2|}$

（2）复导纳与复阻抗的关系。

复导纳 $\qquad Y = \dfrac{1}{Z} = \dfrac{1}{R + jX} = \dfrac{R}{R^2 + X^2} - j\dfrac{X}{R^2 + X^2} = G - jB$

其中，G 称为电导，而 $G \neq \dfrac{1}{R}$，$G = \dfrac{R}{R^2 + X^2}$；

B 称为电纳，而 $B \neq \dfrac{1}{X}$，$B = \dfrac{X}{R^2 + X^2}$。

初学者在运算时，常犯以上类似的错误，这里要特别注意。n 个复导纳并联时

$$Y = Y_1 + Y_2 + \cdots + Y_n = (G_1 + G_2 + \cdots + G_n) - \mathrm{j}(B_1 + B_2 + \cdots + B_n) = G - \mathrm{j}B = |Y| \underline{/\varphi}$$

6. 功率因数的提高

功率因数取决于电压与电流的相位差，这个相位差完全由负载的 R、L、C 参数决定。通常使用的电气设备多为感性的，由于感性负载的功率因数较低，将会增加线路的损耗，降低供电质量，并且使电源的能量不能充分利用。因此，提高功率因数对于国民经济的发展有着重要的意义。提高功率因数时要正确理解以下问题。

（1）提高功率因数，常用的方法就是与电感性负载并联电容器。若将电路的功率因数由 $\cos\varphi_1$ 提高到 $\cos\varphi_2$，需要并联的电容为

$$C = \frac{P}{U^2\omega}(\tan\varphi_1 - \tan\varphi_2)$$

必须指出：$\cos\varphi$ 的提高，应当适当，更没有必要过补偿，一般将 $\cos\varphi$ 提高到 0.9 左右。否则所需的电容量过大，设备费用增加很多，但收益并不大。

（2）电感性负载并联电容提高功率因数时，负载本身的功率因数、有功功率、无功功率和电流都未改变，只是整个电路的功率因数提高了。电路的总有功功率不变，而总无功功率和总电流减少了。

（3）补偿电容尽可能靠近负载端，这样可以使总的线路电流减少，线路损耗降低。

7. 电路中的谐振

在含有电感和电容元件的电路中，由于感抗 X_L 和容抗 X_C 都是频率的函数，在一定条件下 $\omega_0 = \dfrac{1}{\sqrt{LC}}$，电路表现为纯电阻性，这种现象叫做电路的谐振。谐振电路具有的某些特征在无线电和电信工程中得到广泛的应用。另一方面，在电力系统中若发生谐振时，可能破坏系统的正常工作状态，应尽量避免。所以对谐振现象的研究，具有一定意义。根据电路的连接方法，谐振可分为串联谐振和并联谐振。

（1）串联谐振。

① 谐振时，$|Z| = \sqrt{R^2 + (X_L - X_C)^2} = R$（注：这里的 R 是与 L、C 串联的 R），其值最小。

② 谐振时，电压与电流同相位，电路为纯电阻性。

③ 谐振时，由于阻抗最小，所以 $I = I_0 = \dfrac{U}{|Z|} = \dfrac{U}{R}$ 最大。

④ 谐振时，因为 $X_L = X_C$，于是有 $U_L = U_C = I_0 X_C = I_0 X_L$ 且 $U = I_0|Z| = I_0 R = U_R$。即电路总电压等于电阻电压降。如果电路参数满足 $X_L = X_C \gg R$ 的条件，则各元件端电压的关系是 $U_L = U_C \gg U_R = U$。于是出现电路的局部电压大于电源电压 U 的现象，所以串联谐振又称电压谐振。

品质因数

$$Q = \frac{U_L}{U} = \frac{U_C}{U} = \frac{\omega_0 L}{R} = \frac{1}{\omega_0 C R}$$

（2）并联谐振。

① 谐振时，阻抗 $Z = R$，其值最大（注：这里的 R 是与 L、C 并联的 R）。

② 谐振时，电压与电流同相位，电路为纯电阻性。

③ 谐振时，由于阻抗最大，所以 $I = I_0 = \dfrac{U}{\frac{L}{RC}} = \dfrac{U}{R}$ 最小。

④ 谐振时，因为 $X_L = X_C$，所以 $\dot{I}_L + \dot{I}_C = 0$，但 I_L 和 I_C 并不为零，于是可能出现 $I_L \approx I_C \gg I_0$ 的情况，所以并联谐振又称电流谐振。

品质因数

$$Q = \dfrac{I_C}{I_0} = \dfrac{\omega_0 C U}{\frac{U}{L/RC}} = \dfrac{\omega_0 L}{R} = \dfrac{1}{\omega_0 C R}$$

三、习题选解

1. 《汽车电工电子基础第二版》书后习题

3.1 已知正弦电压 $u = 100\sqrt{2}\sin\left(100\pi t - \dfrac{\pi}{4}\right)$ V，

（1）画出波形图；

（2）求该正弦电压的幅值、角频率、频率、周期和初相位；

（3）该正弦电压与下列各正弦交流电流的相位关系如何？

① $i_1 = 10\sqrt{2}\cos 100\pi t$ A   ② $i_2 = 10\sqrt{2}\sin 100\pi t$ A

③ $i_3 = 20\sqrt{2}\sin\left(100\pi t - \dfrac{\pi}{3}\right)$ A   ④ $i_4 = 4\sqrt{2}\sin\left(200\pi t + \dfrac{\pi}{4}\right)$ A

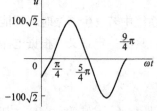

图 3-2 波形图

解（1）根据已知条件，该正弦电压的幅值为 $100\sqrt{2}$ V，初相角 $\varphi = -\dfrac{\pi}{4}$，波形如图 3-2 所示。

（2）幅值　　$U_m = 100\sqrt{2}$ V

角频率　　$\omega = 314$ rad/s

频率　　$f = \dfrac{\omega}{2\pi} = 50$ Hz

周期　　$T = \dfrac{1}{f} = 0.02$ s

初相位　　$\varphi = -\dfrac{\pi}{4}$

（3）① $i_1 = 10\sqrt{2}\cos 100\pi t = 10\sqrt{2}\sin\left(100\pi t + \dfrac{\pi}{2}\right)$

则 u 与 i_1 的相位差为

$\varphi_1 = \varphi_u - \varphi_{i1} = -\dfrac{\pi}{4} - \dfrac{\pi}{2} = -\dfrac{3\pi}{4}$　　（i_1 超前电压 $u \dfrac{3}{4}\pi$）

② $\varphi_2 = \varphi_u - \varphi_{i2} = -\dfrac{\pi}{4} - 0 = -\dfrac{\pi}{4}$　　（i_2 超前电压 $u \dfrac{\pi}{4}$）

③ $\varphi_3 = \varphi_u - \varphi_{i3} = -\dfrac{\pi}{4} - \left(-\dfrac{\pi}{3}\right) = \dfrac{\pi}{12}$　　（u 超前电流 $i_3 \dfrac{\pi}{12}$）

④ 因 u 与 i_4 频率不同，所以无法确定相位关系。

3.5 已知 $\dot{I}_1 = 3 - j4$ A，$\dot{I}_2 = -3 - j4$ A，$\dot{I}_3 = 5 \angle 36.1°$ (A)，$\dot{U} = 100e^{j30°}$ V。试分别用三角函数式、相量图表示它们。

解 (1) 三角函数式

$$i_1 = 5\sqrt{2}\sin(\omega t - 53.1°) \text{ A}$$
$$i_1 = 5\sqrt{2}\sin(\omega t - 129.6°) \text{ A}$$
$$i_1 = 5\sqrt{2}\sin(\omega t + 36.1°) \text{ A}$$
$$u = 100\sqrt{2}\sin(\omega t + 30°) \text{ V}$$

(2) 相量图如图 3-3 所示。

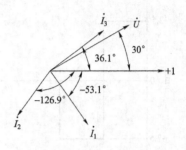

图 3-3 相量图

3.7 设电压 $\dot{U}_1 = 11 - j24$ V，$\dot{U}_2 = 7.2 + j3.8$ V，$\dot{U}_3 = 8.6 \angle 120°$ V。求 $\dot{U} = \dot{U}_1 + \dot{U}_2 - \dot{U}_3$。

解
$$\dot{U}_3 = 8.6 \angle 120° = 8.6\cos 120° + j8.6\sin 120°$$
$$= -4.3 + j7.5 \text{ (V)}$$

则
$$\dot{U} = \dot{U}_1 + \dot{U}_2 - \dot{U}_3 = 11 - j24 + 7.2 + j3.8 - (-4.3 + j7.5)$$
$$= 22.5 - j27.7 = 35.7 \angle -50.9° \text{ (V)}$$

点评 相量的加减，应为实部与实部相加减，虚部与虚部相加减。

3.8 电压 u_C 如图 3-4(a) 所示，施加于一个电容 $C = 500 \text{ μF}$ 上，如图 3-4(b) 所示。试求 $i(t)$，并绘出波形图。

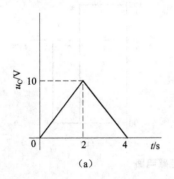
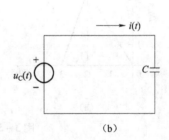

图 3-4 电容电路

解 根据 $u_C(t)$ 的波形图写出 $u_C(t)$ 的表达式为

$$u_C(t) = \begin{cases} 5t \text{ (V)} & 0 \leq t \leq 2 \text{ (s)} \\ (-5t + 20) \text{ (V)} & 2 \leq t \leq 4 \text{ (s)} \\ 0 \text{ (V)} & t \geq 4 \text{ (s)} \end{cases}$$

$u_C(t)$、$i(t)$ 取关联方向，则 $i(t) = C\dfrac{du_C(t)}{dt}$，所以

$$i(t) = \begin{cases} 2.5(\text{mA}) & 0 \leq t \leq 2(\text{s}) \\ -2.5(\text{mA}) & 2 \leq t \leq 4(\text{s}) \\ 0(\text{mA}) & t \geq 4(\text{s}) \end{cases}$$

$i(t)$ 波形如图 3-4-1 所示。

点评 解这类习题时，有些同学往往忽略电容元件须用标准单位法［拉］进行运算，从而造成单位换算的错误。如代入公式 $i(t) = C\dfrac{du_C(t)}{dt}$ 计算 $0 \leq t \leq 2$（s）这段电流值时，$i(t)$ 应为 $500 \times 10^{-6} \times 5 = 2\,500 \times 10^{-6} = 2.5 \times 10^{-3}(\text{A}) = 2.5\,\text{mA}$。

3.9 如图 3-5（a）所示电路，已知电感 $L = 100\,\text{mH}$，其电流如图 3-5（b）所示。

（1）计算并绘出 $t \geq 0$ 时的电压 $u_L(t)$；

（2）求出 $t = 1\,\mu\text{s}$ 时电感元件的功率和储能。

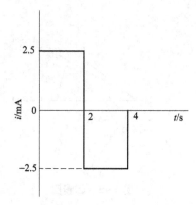

图 3-4-1 电流波形图

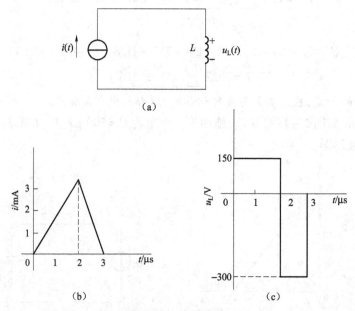

图 3-5 电感电路

解 （1）由图 3-5（b）可得

$$i(t) = \begin{cases} \dfrac{3}{2}t(\text{mA}) & 0 \leq t \leq 2(\mu\text{s}) \\ -3t + 9(\text{mA}) & 2 \leq t \leq 3(\mu\text{s}) \\ 0(\text{mA}) & t \geq 3(\mu\text{s}) \end{cases}$$

$$u_L(t) = L\dfrac{di(t)}{dt}$$

点评 若电压以"V"为单位，则上式计算时 L 应以"H"单位值代入，电流应以"A"单位值代入，时间 t 应以"s"单位值代入。

因此，该题电感 $L = 100\ \text{mH} = 1 \times 10^{-1}\ \text{H} = 0.1\ \text{H}$。同时注意到电流表达式中 t 的单位是"μs"，电流 i 的单位是"mA"，由 $1\ \text{μs} = 10^{-6}\ \text{s}$，$1\ \text{mA} = 10^{-3}\ \text{A}$ 可知，若直接以电流表达式微分求电压，则关系式前应乘以单位换算系数 $10^{-3}/10^{-6} = 10^3$。这是许多同学运算过程中易忽略的问题，解类似题时应多加注意！

明确各单位之间关系后再求解。即

$$u_L(t) = 0.1 \times 10^3 \frac{\mathrm{d}i(t)}{\mathrm{d}t} = 100\ \frac{\mathrm{d}i}{\mathrm{d}t}$$

由此得

$$u_L(t) = \begin{cases} 150\ (\text{V}) & 0 \leq t < 2\ (\text{μs}) \\ -300\ (\text{V}) & 2 \leq t < 3\ (\text{μs}) \\ 0\ (\text{V}) & t \geq 3\ (\text{μs}) \end{cases}$$

电压 $u_L(t)$ 的波形如图 3-5 (c) 所示。

(2)

$$P(1\ \text{μs}) = UI \bigg|_{t=1\ \text{μs}} = 150 \times 1.5 \times 10^{-3} = 225\ (\text{mW})$$

$$W_L(1\ \text{μs}) = \frac{1}{2} L i^2(t) \bigg|_{t=1\ \text{μs}} = \frac{1}{2} \times 0.1 \times \frac{9}{4} = 0.1125\ (\text{μJ})$$

以上算式中电压的单位为 V，电感 L 以 0.1 H 代入。电流的单位为"mA"，则 W_L 的单位为"μJ"。

3.10 在单一参数的正弦交流电路中，判断下列各式哪些是正确的，哪些是错误的。

$$i = \frac{u}{R}, i = \frac{u}{X_C}, i = \frac{u}{X_L}$$

$$I = \frac{U}{R}, I = \frac{U}{X_C}, I = \frac{U}{X_L}$$

$$\dot{I} = \frac{\dot{U}}{R}, \dot{I} = \frac{\dot{U}}{X_C}, \dot{I} = \frac{\dot{U}}{X_L}$$

答：第一行中，第一式正确，另两式错误。第二行中三个式子都是正确的，第三行中，第一式是正确的，另两式错误。

3.11 电阻 R 接在 $u = \sqrt{2} U \sin \omega t$ 的交流电源上，如图 3-6 所示，已知电压表和电流表的读数分别为 220 V 和 20 A，试计算 R 的阻值和消耗和功率。

解 $R = \dfrac{U}{I} = \dfrac{220}{20} = 11\ (\Omega)$

$P = UI = 220 \times 20 = 4400\ (\text{W})$

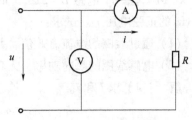

图 3-6　求功耗的电路

点评 电子仪表测量出的电压和电流均为有效值，而示波器观察的波形为瞬时电压的变化情况，其 $U_m/\sqrt{2} = U$。

3.12 电路如图 3-7 所示，设 $u = 100\sqrt{2} \sin 314t$ V，当 N_P 为 (1) 纯电阻 $R = 10\ \Omega$；(2) 纯电感 $L = 10\ \text{mH}$；(3) 纯电容 $C = 10\ \text{μF}$ 时，求输入电流 i，并画出其相量图。

解 (1) 二端网络为纯电阻时

$$I = \frac{U}{R} = \frac{100}{10} = 10 \ (A)$$

$$i = 10\sqrt{2}\sin\omega t = 10\sqrt{2}\sin 314t \ (A)$$

相量图如图 3-7-1 (a) 所示。

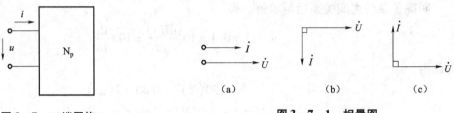

图 3-7 二端网络　　　　　　　　图 3-7-1 相量图

(2) 二端网络为纯电感时

$$X_L = \omega L = 314 \times 10 \times 10^{-3} = 3.14 \ (\Omega)$$

$$\dot{I} = \frac{\dot{U}}{jX_L} = \frac{100 \angle 0°}{j3.14} = 31.8 \angle -90° \ (A)$$

$$i = 31.8\sqrt{2}\sin(314t - 90°) \ A$$

相量图如图 3-7-1 (b) 所示。

(3) 二端网络为纯电容时

$$X_C = \frac{1}{\omega C} = \frac{1}{314 \times 10 \times 10^{-6}} = 318 \ (\Omega)$$

$$\dot{I} = j\frac{\dot{U}}{X_C} = j\frac{100 \angle 0°}{318} = 0.314 \angle 90° \ (A)$$

$$i = 0.314\sqrt{2}\sin(314t + 90°) \ (A)$$

相量图如图 3-7-1 (c) 所示。

点评 在一个相量图中，因电压和电流单位不同，所以两者之间可不按比例画。但若同为电压相量或电流相量在一个相量图下，则必须按比例大小画出。

3.14 有一个电感 $L = 318.5$ mH 的线圈，略去内阻不计，接在有效值 $U = 220$ V，$f = 50$ Hz 的正弦电压上。试求：

(1) 通过线圈的电流有效值，并写出电流的瞬时值表达式。

(2) 电感线圈的瞬时功率、无功功率。

解 (1) 求 I 和 i。

$$X_L = \omega L = 2\pi f L$$

$$= 2 \times 3.14 \times 50 \times 0.3185 = 100 \ (\Omega)$$

$$I = \frac{U}{X_L} = \frac{220}{100} = 2.2 \ (A)$$

设电压 u 初相位为 $0°$，则

$$i = 2.2\sqrt{2}\sin(314t - 90°) \ A$$

(2) 求 p_L 和 Q_L。

$$p_L = ui = U_m I_m \sin\omega t \sin(\omega t - 90°)$$
$$= \sqrt{2}U \cdot \sqrt{2}I \sin\omega t(-\cos\omega t)$$
$$= -2UI\sin\omega t\cos\omega t = -UI\sin 2\omega t$$
$$= -220 \times 2.2\sin 628t = -484\sin 628t \text{ (W)}$$
$$Q_L = 220 \times 2.2 = 484 \text{ (var)}$$

3.15 在 $C = 10$ μF 的电容器两端加上 $u = 100\sqrt{2}\sin(314t - 60°)$ V 的正弦电压。求：
(1) 电流有效值 I 和电流的瞬时值表达式。
(2) 电容器的无功功率。
(3) 当频率为 100 Hz 时，I 和 i 结果又是怎样？

解 (1) 求 I 和 i。

$$X_C = \frac{1}{\omega C} = \frac{1}{314 \times 10 \times 10^{-6}} = 318.5 \text{ (Ω)}$$

$$I_C = \frac{U}{X_C} = \frac{100}{318.5} = 0.314 \text{ (A)}$$

$$\varphi_i = \varphi_u + 90° = -60° + 90° = 30°$$

则 $$i = 0.314\sqrt{2}\sin(314t + 30°) \text{ A}$$

(2) 求 Q_C。

$$Q_C = U_C I = 100 \times 0.314 = 31.4 \text{ (var)}$$

(3) 当 $f = 100$ Hz 时，求 I' 和 i'。

此时 $\omega' = 2\pi f = 628$ rad/s，则

$$X'_C = \frac{1}{\omega' C} = \frac{1}{628 \times 10 \times 10^{-6}} = 159.2 \text{ (Ω)}$$

$$I' = \frac{U}{X'_C} = \frac{100}{159.2} = 0.628 \text{ (A)}$$

则 $$i' = 0.628\sqrt{2}\sin(628t + 30°) \text{ A}$$

点评 由计算结果知，在电容器电路中，如果频率增加一倍，则电流有效值也增加一倍。

3.16 如图 3-8 所示的电路中，除安培计 Ⓐ 和伏特计 Ⓥ 外，其余安培计和伏特计的读数在图上都已标出（有效值），试求安培计 Ⓐ 和伏特计 Ⓥ 的指示值。

解 图 3-8 (a) $\quad A_0 = \sqrt{A_1^2 + A_2^2} = \sqrt{10^2 + 10^2} = 10\sqrt{2}$ (A)

图 3-8 (b) $\quad V_0 = \sqrt{V_2^2 - V_1^2} = \sqrt{100^2 - 60^2} = 80$ (V)

图 3-8 (c) $\quad A_0 = A_1 - A_2 = 5 - 3 = 2$ (A)

图 3-8 (d) $\quad V_0 = \sqrt{V_2^2 + V_1^2} = \sqrt{10^2 + 10^2} = 10\sqrt{2}$ (V)

3.17 一个电感线圈接在 $U = 120$ V 的直流电源上，电流为 20 A。若接在 $f = 50$ Hz，$U = 220$ V 交流电源上，则电流为 28.2 A。求该线圈的电阻和电感。

解 (1) 因线圈对直流电相当于短路，所以

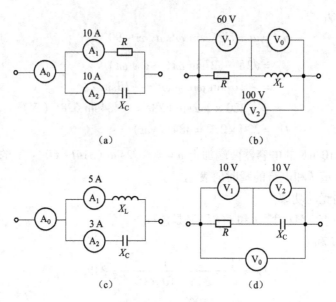

图 3-8 测量电路

$$R = \frac{U}{I} = \frac{120}{20} = 6 \ (\Omega)$$

(2) 对交流电而言，该电路相当于 RL 串联电路，所以

$$|Z| = \frac{U}{I} = \sqrt{R^2 + X_L^2}$$

代入已知数据得

$$|Z| = \frac{U}{I} = \frac{220}{28.2} = 7.8 \ (\Omega)$$

则

$$7.8 = \sqrt{R^2 + X_L^2} = \sqrt{6^2 + X_L^2}$$

所以

$$X_L = \sqrt{7.8^2 - 6^2} \approx 5 \ (\Omega)$$

$$L = \frac{X_L}{2\pi f} = \frac{5}{314} = 15.9 \ (\text{mH})$$

3.22 在 RL 串联电路中，已知 $u = 220\sqrt{2}\sin 314t$ (V)。试求：(1) 当 $R = 20\ \Omega$，$L = 0.1$ H 时；(2) 当 $R = 4\ \Omega$，$L = 17.2$ mH 时，电路的阻抗 $|Z|$，阻抗角 φ、$\dot{I}$、$\dot{U}_R$、$\dot{U}_L$ 以及功率 P。

解 (1) 由题意知 $\omega = 314$ rad/s，当 $R = 20\ \Omega$，$L = 0.1$ H 时
则

$$Z = R + jX_L = 20 + j314 \times 0.1$$
$$= 20 + j31.4 = 37.2\ \underline{/57.5°}\ (\Omega)$$
$$|Z| = 37.2\ \Omega,\ \varphi = 57.5°$$

$$\dot{I} = \frac{\dot{U}}{Z} = \frac{220\ \underline{/0°}}{37.2\ \underline{/57.5°}} = 5.91\ \underline{/-57.5°}\ (A)$$

$$\dot{U}_R = \dot{I} R = 5.91 \angle{-57.5°} \times 20 = 118.2 \angle{-57.5°} \text{ (V)}$$
$$\dot{U}_L = \dot{I} jX_L = 59.1 \angle{-57.5°} \times 31.4 \angle{90°} = 185.6 \angle{32.5°} \text{ (V)}$$
$$P = I^2 R = 5.91^2 \times 20 = 698.2 \text{ (W)}$$

(2) 当 $R = 4 \ \Omega$, $L = 17.2 \text{ mH}$ 时

$$Z = R + jX_L = 4 + j314 \times 0.017\ 2$$
$$= 4 + j5.4$$
$$= 6.72 \angle{53.5°} \text{ (}\Omega\text{)}$$
$$|Z| = 6.72 \ \Omega, \varphi = 53.5°$$

$$\dot{I} = \frac{\dot{U}}{Z} = \frac{220 \angle{0°}}{6.72 \angle{53.5°}} = 32.7 \angle{-53.5°} \text{ (A)}$$
$$\dot{U}_R = \dot{I}R = 32.7 \angle{-53.5°} \times 4 = 130.8 \angle{-53.5°} \text{ (V)}$$
$$\dot{U}_L = \dot{I} jX_L = 32.7 \angle{-53.5°} \times 5.4 \angle{90°} = 176.58 \angle{36.5°} \text{ (V)}$$
$$P = I^2 R = 32.7^2 \times 4 = 427\ 7 \text{ (W)}$$

3.23 一个 RC 串联电路，当输入电压 $U = 220$ V 时，$I = 2.5$ A，已知电路的有功功率 $P = 325$ W，$f = 50$ Hz。试计算 R、C、U_R、U_C、Q 和 S，并画出相量图。

解

$$R = \frac{P}{I^2} = \frac{325}{2.5^2} = 52 \text{ (}\Omega\text{)}$$

$$|Z| = \frac{U}{I} = \frac{220}{2.5} = 88 \text{ (}\Omega\text{)}$$

$$X_C = \sqrt{|Z|^2 - R^2} = \sqrt{88^2 - 52^2} = 71 \text{ (}\Omega\text{)}$$

$$C = \frac{1}{\omega X_C} = \frac{1}{314 \times 71} = 44.9 \text{ (}\mu\text{F)}$$

$$\varphi = \arctan\left(\frac{-X_C}{R}\right) = \arctan\left(-\frac{71}{52}\right) = -53.8°$$

$$U_R = IR = 2.5 \times 52 = 130 \text{ (V)}$$
$$U_C = IX_C = 2.5 \times 71 = 177.5 \text{ (V)}$$
$$Q = Q_L - Q_C = -Q_C$$
$$Q_C = I^2 X_C = 2.5^2 \times 71 = 443.75 \text{ (var)}$$
$$S = UI = 220 \times 2.5 = 550 \text{ (V} \cdot \text{A)}$$

相量图如图 3-9 所示。

3.25 电路如图 3-10 所示。已知电路中 $R_1 = 300 \ \Omega$，$R_2 = 40 \ \Omega$，电感 $L = 1.3$ H。交流电压的有效值 $U = 220$ V。当频率 $f = 50$ Hz 时，分别求出电流 I、电压 U_1 和 U_2。画出电压的相量图。

解 因题目只要求求解有效值，所以可用阻抗的模运算。

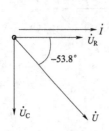

图 3-9 相量图

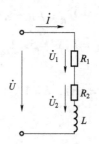

图 3-10 RL 串联电路

总电阻

$$R = R_1 + R_2 = 300 + 40 = 340 \ (\Omega)$$
$$X_L = \omega L = 2\pi \times 50 \times 1.3 = 408.2 \ (\Omega)$$
$$|Z| = \sqrt{R^2 + X_L^2} = \sqrt{340^2 + 408.2^2} = 531 \ (\Omega)$$

电流有效值

$$I = \frac{U}{|Z|} = \frac{220}{531} = 0.414 \ (A)$$

电压有效值

$$U_1 = IR_1 = 0.414 \times 300 = 124.2 \ (V)$$
$$U_2 = I\sqrt{R^2 + X_L^2} = 0.414 \times \sqrt{40^2 + 408.2^2} = 169.8 \ (V)$$

为画出电压相量图,还需分别求出

$$U_{R_2} = IR_2 = 0.414 \times 40 = 16.56 \ (V)$$
$$U_L = IX_L = 0.414 \times 408.2 = 169 \ (V)$$

相量如图 3-10-1 所示。

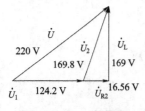

图 3-10-1 相量图

3.30 已知一个线圈的内阻 $R = 16 \ \Omega$,电感 $L = 38.2 \ \text{mH}$,与一个电容 $C = 188.4 \ \mu F$ 的电容器串联,接在 $u = 220\sqrt{2}\sin(314t + 60°) \ V$ 的电源上,试用相量法计算电路中的电流 i、线圈两端的电压 u_{RL} 和电容器的电压 u_C,并求出电路的有功功率、无功功率、视在功率和功率因数。

解 (1) 先求出复阻抗:

$$X_L = \omega L = 314 \times 38.2 \times 10^{-3} = 12 \ (\Omega)$$
$$X_C = \frac{1}{\omega C} = \frac{1}{314 \times 188.4 \times 10^{-6}} = 16.9 \ (\Omega)$$
$$Z = R + j(X_L - X_C) = 16 + j(12 - 16.9)$$
$$= 16 - j4.9 = 16.7 \angle -17° \ (\Omega)$$

(2) 求电流 i。

注意题目要求瞬时值,因此用相量计算后还需写出瞬时值表达式。

$$\dot{I} = \frac{\dot{U}}{Z} = \frac{220 \angle 60°}{16.7 \angle -17°} = 13.17 \angle 77° \ (A)$$

电流 i 为

$$i = 13.17\sqrt{2}\sin(314t + 77°)\,\text{A}$$

(3) 求电压 u_{RL} 和 u_C。
线圈的复阻抗

$$Z_{RL} = R + jXL = 16 + j12 = 20\,\underline{/36.9°}$$

$$\dot{U}_{RL} = \dot{I}\,Z_{RL} = 13.17\,\underline{/77°} \times 20\,\underline{/36.9°}$$

$$= 263.4\,\underline{/113.9°}\quad(\text{V})$$

则

$$u_{RL} = 263.4\sqrt{2}\sin(314t + 113.9°)\,\text{V}$$

$$\dot{U}_C = \dot{I}\,(-jX_C) = 13.17\,\underline{/77°} \times 16.9\,\underline{/-90°}$$

$$= 222.6\,\underline{/-13°}\quad(\text{V})$$

则

$$u_C = 222.6\sqrt{2}\sin(314t - 13°)\,\text{V}$$

(4) 求功率。

求功率的方法很多，如求有功功率 $P = U_R I = \dfrac{U_R^2}{R} = I^2 R = UI\cos\varphi$ 等，本题中

$$P = I^2 R = 13.17^2 \times 16 = 2\,775\ (\text{W})$$

或

$$P = UI\cos\varphi = 220 \times 13.17 \times \cos(\varphi_u - \varphi_i) = 220 \times 13.17 \times \cos(60° - 77°) = 2\,771\ (\text{W})$$

或

$$P = UI\cos\varphi = UI \cdot \frac{R}{|Z|} = 220 \times 13.17 \times \frac{16}{16.7} = 2\,776\ (\text{W})$$

$$\cos\varphi = \frac{R}{|Z|} = \frac{16}{16.7} = 0.96$$

点评 以上方法都能将有功功率求解出，其中误差是因计算过程中四舍五入消去小数后所致。但必须注意：$P \neq UI$。许多同学最易犯此类错误。

同理，无功功率也有很多方法求解

$$Q = Q_L - Q_C = I^2 X_L - I^2 X_C$$

$$= 13.17^2 \times 12 - 13.17^2 \times 16.9$$

$$= -850\ (\text{var})$$

或

$$Q = UI\sin\varphi = 220 \times 13.17 \times \sin(60° - 77°) = -847\ (\text{var})$$

或

$$Q = UI\frac{X_L - X_C}{|Z|} = 220 \times 13.17 \times \frac{12 - 16.9}{16.7} = -850\ (\text{var})$$

视在功率

$$S = UI = 220 \times 13.17 = 2\,897.4\ (\text{V}\cdot\text{A})$$

或

$$S = \sqrt{P^2 + Q^2} = \sqrt{2775^2 + (-850)^2} = 2\,902.2 \text{ (V·A)}$$

点评 求解功率的方法很多,以上仅举几种方法供同学们参考,尤其要注意的是,有功功率、无功功率、视在功率的单位各不相同,有些同学往往计算结果正确,但单位写错。

另外,计算方法的不同,又因运算中小数点后通常保留两位以内,所以结果略有误差,这在工程估算中是允许的。

3.32 在 R、L、C 并联电路中,如图 3 – 11 所示,已知 $R = 10\ \Omega$,$L = 0.047$ H,$C = 300\ \mu$F,电路端电压为 220 V,$f = 50$ Hz,求电路中的总电流 I、功率因数、有功功率、视在功率并画出相量图。

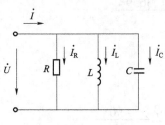

图 3 – 11 *RLC* 并联电路

解 (1) 求电路电流。

$$I_R = \frac{U}{R} = \frac{220}{10} = 22 \text{ (A)}$$

$\dot{I}_R$ 与 $\dot{U}$ 同相位。

$$I_L = \frac{U}{X_L} = \frac{U}{2\pi f L} = \frac{220}{2 \times 3.14 \times 50 \times 0.047} = 14.9 \text{ (A)}$$

$\dot{I}_L$ 滞后 $\dot{U}$ 90°。

$$I_C = \frac{U}{X_C} = \frac{U}{1/\omega C} = 220 \times 2 \times 3.14 \times 50 \times 300 \times 10^{-6} = 20.7 \text{ (A)}$$

$\dot{I}_C$ 超前 $\dot{U}$ 90°。

(2) 由电压、电流关系画出相量图如图 3 – 11 – 1 所示。

(3) 由相量图知

$$I = \sqrt{I_R^2 + (I_C - I_L)^2} = \sqrt{22^2 + (20.7 - 14.9)^2} = 22.75 \text{(A)}$$

$$\varphi = \arctan \frac{I_C - I_L}{I_R} = \arctan \frac{20.7 - 14.9}{22} = 14.8°$$

(4) 求功率因数。

功率因数角 φ 是电压与电流之间的相位差,即

$$\varphi = \varphi_u - \varphi_i = 0° - 14.8° = -14.8°$$

则

$$\lambda = \cos \varphi = \cos(-14.8°) = 0.967$$

(5) 求 P 和 S。

$$P = UI\cos \varphi = 220 \times 22.75 \times 0.967 = 4\,839.8 \text{ (W)}$$

或

$$P = I_R^2 R = 22^2 \times 10 = 4\,840 \text{ (W)}$$

$$S = UI = 220 \times 22.75 = 5\,005 \text{ (V·A)}$$

3.35 如图 3 – 12 所示日光灯电路,接于 220 V、50 Hz 交流电源上工作,测得灯管两端电压为 80 V,电流为 0.375 A,镇流器的功率为 4.2 W。试求:

(1) 灯管的电阻 R_L 及镇流器的内阻 r 和电感 L。

(2) 灯管消耗的有功功率、电路消耗的总有功功率以及电路的功率因数。

(3) 若使电路的功率因数提高到 0.9,需并联多大的电容器?

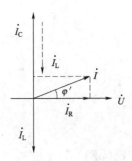

图 3-11-1 相量图

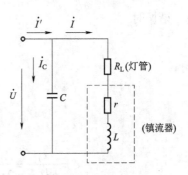

图 3-12 日光灯电路

解 (1)

$$R_L = \frac{U_{RL}}{I} = \frac{80}{0.375} = 213.3 \ (\Omega)$$

$$r = \frac{P_r}{I^2} = \frac{4.2}{0.375^2} = 30 \ (\Omega)$$

$$|Z| = \frac{U}{I} = \frac{220}{0.375} = 586.7 \ (\Omega)$$

$$X_L = \sqrt{|Z|^2 - (R_L + r)^2} = \sqrt{586.7^2 - (213.3 + 30)^2} = 533.9 \ (\Omega)$$

$$L = \frac{X_L}{2\pi f} = \frac{533.9}{2 \times 3.14 \times 50} = 1.7 \ (H)$$

(2)

$$P_{RL} = U_{RL} I = 80 \times 0.375 = 30 \ (W)$$

$$P = P_{RL} + P_r = 30 + 4.2 = 34.2 \ (W)$$

$$\lambda = \cos \varphi = \frac{P}{S} = \frac{34.2}{220 \times 0.375} = 0.415$$

(3)

$$\varphi = \arccos \lambda = \arccos 0.415 = 65.5°$$

$$\varphi' = \arccos \lambda' = \arccos 0.9 = 25.84°$$

$$\tan \varphi = \tan 65.5° = 2.19$$

$$\tan \varphi' = \tan 25.84° = 0.48$$

$$C = \frac{P}{\omega U^2}(\tan \varphi - \tan \varphi')$$

$$= \frac{34.2}{2 \times 3.14 \times 50 \times 220^2} \times (2.19 - 0.48)$$

$$= 3.85 \ (\mu F)$$

3.37 在图 3-13 所示的电路中，电源电压 $U = 12$ V，$f = 465$ kHz，调节电容 C 使电路达到谐振，此时测得电流 $I_0 = 100$ mA，电容端谐振电压 $U_{C0} = 200$ V，试求各参数 R、L、C 的值及电路的品质因数 Q。

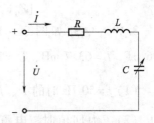

图 3-13 串联谐振电路

解 谐振时

$$I_0 = \frac{U}{R}$$

所以
$$R = \frac{U}{I_0} = 120 \ \Omega$$

$$U_{CO} = I_0 \cdot \frac{1}{\omega C}$$

所以
$$C = \frac{I_0}{\omega U_{CO}} = \frac{0.1}{2\pi \times 465 \times 10^3 \times 200} = 171 \ (\text{pF})$$

因为
$$f_0 = \frac{1}{2\pi \sqrt{LC}}$$

所以
$$L = \frac{1}{(2\pi f_0)^2 C} = 0.69 \ \text{mH}$$

$$Q = \frac{U_{CO}}{U} = \frac{200}{12} = 16.7$$

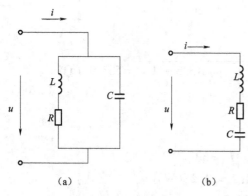

图 3-14 谐振电路

3.39 电路分别由电感 $L = 640 \ \mu\text{H}$，电阻 $R = 20 \ \Omega$ 和电容 $C = 400 \ \text{pF}$ 三个元件组成，如图 3-14 所示。求两电路谐振时的谐振频率和谐振阻抗。

解 （1）在图 3-14（a）电路中为并联谐振电路，谐振频率

$$f_0 = \frac{1}{2\pi \sqrt{LC}}$$

$$= \frac{1}{2 \times 3.14 \times \sqrt{640 \times 10^{-6} \times 400 \times 10^{-12}}}$$

$$= 314.7 \ (\text{kHz})$$

并联谐振时的阻抗

$$|Z_0| = \frac{L}{RC} = \frac{640 \times 10^{-6}}{20 \times 400 \times 10^{-12}} = 80 \ (\text{k}\Omega)$$

（2）图 3-14（b）为串联谐振电路，谐振频率
$$f_0' = f_0 = 314.7 \ \text{kHz}$$

串联谐振时的阻抗
$$|Z_0|' = R = 20 \ \Omega$$

3.40 电路如图 3-15 所示，已知 $R = 80 \ \Omega$，$C = 106 \ \mu\text{F}$，$L = 63.7 \ \text{mH}$，$\dot{U} = 150 \underline{/0°}$（V）。求：

（1）$f = 50 \ \text{Hz}$ 时的 $\dot{I}$、$\dot{I}_C$ 和 $\dot{I}_L$。

（2）f 为何值时，电流最小，这时的 $\dot{I}$、$\dot{I}_C$ 和 $\dot{I}_L$ 为多少？

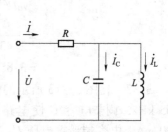

图 3-15 并联谐振电路

解 （1）

$$X_C = \frac{1}{\omega C} = \frac{1}{2 \times 3.14 \times 50 \times 106 \times 10^{-6}} = 30 \ (\Omega)$$

$$X_L = \omega L = 2 \times 3.14 \times 50 \times 63.7 \times 10^{-3} = 20 \ (\Omega)$$

$$Z_{LC} = jX_L // (-jX_C) = \frac{j20 \times (-j30)}{j20 + (-j30)} = j60 = 60 \underline{/90°} \ (\Omega)$$

$$Z = R + Z_{LC} = 80 + j60 = 100 \underline{/36.9°} \ (\Omega)$$

$$\dot{I} = \frac{\dot{U}}{Z} = \frac{150 \underline{/0°}}{100 \underline{/36.9°}} = 1.5 \underline{/-36.9°} \ (A)$$

$$\dot{I}_C = \frac{jX_L}{jX_L + (-jX_L)} \cdot \dot{I} = \frac{j20}{j20 + (-j30)} \times 1.5 \underline{/-36.9°}$$

$$= -3 \underline{/-36.9°}$$

$$= 3 \underline{/143.1°} \ (A)$$

$$\dot{I}_L = \dot{I} - \dot{I}_C = 1.5 \underline{/-36.9°} + 3 \underline{/-36.9°} = 4.5 \underline{/-36.9°} \ (A)$$

（2）当 f 使电路发生并联谐振时，总电流最小，则谐振频率

$$f_0 = \frac{1}{2\pi \sqrt{LC}}$$

$$= \frac{1}{2 \times 3.14 \times \sqrt{63.7 \times 10^{-3} \times 106 \times 10^{-6}}} = 61.3 \ (Hz)$$

$$X_C = \frac{1}{\omega_0 C} = \frac{1}{2 \times 3.14 \times 61.3 \times 106 \times 10^{-6}} = 24.5 \ (\Omega)$$

$$X_L = X_C = 24.5 \ (\Omega)$$

由于并联谐振时的阻抗 $Z_{LC} \to \infty$（因 L 支路无电阻），则 $Z = (R + Z_{LC}) \to \infty$，使总电流 $\dot{I} = 0$，由 $\dot{I} = 0$，得 $\dot{U}_R = 0$

所以

$$\dot{I}_L = \frac{\dot{U}}{jX_L} = \frac{150 \underline{/0°}}{j24.5} = 6.12 \underline{/-90°} \ (A)$$

$$\dot{I}_C = \frac{\dot{U}}{-jX_C} = \frac{150 \underline{/0°}}{-j24.5} = 6.12 \underline{/90°} \ (A)$$

2. 补充题

补 3.1 在下面几种表示正弦交流电路基尔霍夫定律的公式中，哪些是正确的？哪些是错误的？

(1) $\sum i = 0, \sum u = 0$；   (2) $\sum I = 0, \sum U = 0$；   (3) $\sum \dot{I} = 0, \sum \dot{U} = 0$。

答：(1) 和 (3) 是正确的。(2) 是错误的。

补 3.2 已知一正弦电流的有效值为 6 A，频率为 100 Hz，初相位 $\varphi_i = 45°$，试写出其瞬时值表达式，计算 $t = 0.5$ s 时的电流值。

解 因为
$$I_m = \sqrt{2}I = 6\sqrt{2}$$
$$\omega = 2\pi f = 200\pi$$

所以
$$i = 6\sqrt{2}\sin(200\pi t + 45°) \text{ A}$$

若 $t = 0.5$ s 时，
$$i = 6\sqrt{2}\sin(200\pi \times 0.5 + 45°) = 6 \text{ (A)}$$

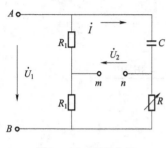

图 3-16 移相电路

补 3.3 图 3-16 所示电路称为移相器，在一些需要改变电压相位的控制电路中常应用它。设电阻 R_1 和电容 C 为已知。试讨论电阻 R 变化范围为 $0 \sim \infty$ 时，m、n 两端的电压 U_2 的变化情况。

解 设 $\dot{U}_1 = U_1\angle 0°$。由于两个 R_1 相等，所以
$$\dot{U}_{Am} = \dot{U}_{mB} = \frac{1}{2}\dot{U}_1$$

$$\dot{U}_{nB} = \frac{\dot{U}_1}{R - jX_C} \cdot R$$

则
$$\dot{U}_2 = \dot{U}_{nB} - \dot{U}_{mB} = \frac{\dot{U}_1}{R - jX_C} \cdot R - \frac{\dot{U}_1}{2}$$

$$= \frac{2\dot{U}_1 R - (R - jX_C)\dot{U}_1}{2(R - jX_C)} = \frac{(R + jX_C)\dot{U}_1}{2(R - jX_C)}$$

$$= \frac{\dot{U}_1}{2} \cdot \frac{\sqrt{R^2 + X_C^2}\angle \arctan(X_C/R)}{\sqrt{R^2 + X_C^2}\angle \arctan(-X_C/R)} = \frac{\dot{U}_1}{2}\angle 2\arctan(X_C/R)$$

$$= U_2\angle \theta$$

则
$$U_2 = \frac{U_1}{2}$$
$$\theta = 2\varphi$$

当 R 从 0 变到 ∞ 时，$\dot{U}_2$ 的大小不变，而相位 $\theta = 2\arctan\dfrac{X_C}{R} = 2\varphi$。相对于 $\dot{U}_1$，θ 从 π 变到 0。

补 3.4 图 3-17 所示是振荡电路的一部分。试证明：

当 $f = f_0 = \dfrac{1}{2\pi RC}$ 时，$\dfrac{\dot{U}_2}{\dot{U}_1} = \dfrac{1}{3}\angle 0°$。

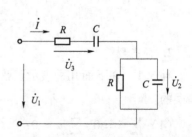

图 3-17 振荡器的反馈网络

证明

$$\dot{U}_2 = \frac{R \cdot \dfrac{1}{j\omega C}}{R + \dfrac{1}{j\omega C}} \cdot \dot{I}$$

$$\dot{U}_1 = \left(R + \frac{1}{j\omega C} + \frac{R \cdot \dfrac{1}{j\omega C}}{R + \dfrac{1}{j\omega C}}\right) \cdot \dot{I} = \frac{R^2 - \dfrac{1}{(\omega C)^2} + \dfrac{3R}{j\omega C}}{R + \dfrac{1}{j\omega C}} \cdot \dot{I}$$

则

$$\frac{\dot{U}_2}{\dot{U}_1} = \frac{R \cdot \dfrac{1}{j\omega C}}{R^2 - \dfrac{1}{(\omega C)^2} + \dfrac{3R}{j\omega C}}$$

$$f_0 = \frac{1}{2\pi RC}, \quad \frac{1}{\omega_0 C} = R$$

即

$$R^2 = \frac{1}{(\omega_0 C)^2}$$

所以

$$\frac{\dot{U}_2}{\dot{U}_1} = \frac{1}{3} \angle 0°$$

补 3.5 电路如图 3-18 所示。已知 $u = 220\sqrt{2}\sin(314t - 30°)$ V，$R_1 = 100\ \Omega$，$R_2 = 50\ \Omega$，$L = 318.5$ mH，$C = 63.7\ \mu$F，$Z = 25 - j25\ \Omega$，试求阻抗 Z 两端电 $\dot{U}_{ab}$。

解 （1）

$$\dot{U} = 220 \angle -30°\ (V)$$
$$X_L = \omega L = 314 \times 318.5 \times 10^{-3} = 100\ (\Omega)$$
$$X_C = \frac{1}{\omega C} = \frac{10^6}{314 \times 63.7} = 50\ (\Omega)$$

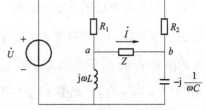

图 3-18 求端电压的电路

求解某一条支路的电压或电流，应用戴维南定理最方便，等效电路如图 3-18-1 所示。

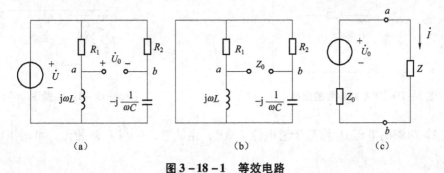

图 3-18-1 等效电路

(2) 由图 3-18-1 (a) 求解开路电压 $\dot{U}_0$,

$$\dot{U}_0 = \frac{jX_L}{R_1 + jX_L}\dot{U} - \frac{-jX_C}{R_1 - jX_C}\dot{U}$$

$$= \left(\frac{j100}{100 + j100} - \frac{-j50}{50 - j50}\right) \times 220 \angle -30°$$

$$= \left(\frac{j}{1+j} + \frac{j}{1-j}\right) \times 220 \angle -30°$$

$$= j220 \angle -30° = 220 \angle 60° \text{ (V)}$$

(3) 由图 3-18-1 (b) 求解等效阻抗 Z_0,其中 R_1 与 $j\omega L$ 并联,R_2 与 $\left(-j\frac{1}{\omega C}\right)$ 并联,而后两者串联,则

$$Z_0 = \frac{R_1 \cdot jX_L}{R_1 + jX_L} + \frac{R_2 \cdot (-jXC)}{R_2 - jXC} = \frac{j10\,000}{100 + j100} - \frac{j2\,500}{50 - j50}$$

$$= \frac{j100}{1+j} - \frac{j50}{1-j} = 75 + j25 = 79 \angle 18.4° \text{ (Ω)}$$

(4) 由图 3-18-1 (c) 求解 $\dot{U}_{ab}$。

$$\dot{U}_{ab} = \frac{\dot{U}_0}{Z_0 + Z} \times Z = \frac{220 \angle 60°}{75 + j25 + 25 - j25} \times (25 - j25)$$

$$= 2.2 \angle 60° \times 35.4 \angle -45° = 77.88 \angle 15° \text{ (V)}$$

补 3.6 如图 3-19 所示电路中,$I_1 = I_2 = 10$ A,$U = 200$ V。$\dot{U}$ 和 $\dot{I}$ 同相位,试求 I、R、X_L 及 X_C。

解 (1) 先根据题意画相量图。

法一:以电压 $\dot{U}_{ab}$ 为参考相量画在水平位置上,电阻 R 上的电流 $\dot{I}_2$ 和 $\dot{U}_{ab}$ 同相位,感抗 X_L 上的电流 $\dot{I}_1$ 滞后于电压 $\dot{U}_{ab}$ 90°,又由于 $I_1 = I_2 = 10$ A,所以电流 $\dot{I}$ 必定滞后于电压 $\dot{U}_{ab}$ 45° ($\dot{I} = \dot{I}_1 + \dot{I}_2$),如图 3-19-1 所示。

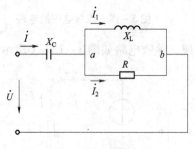

图 3-19 求电路参数的电路

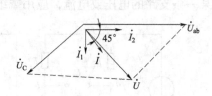

图 3-19-1 相量图

容抗 X_C 两端的电压 $\dot{U}_C$ 滞后于总电流 $\dot{I}$ 90°,由题意,$\dot{U}$ 与 $\dot{I}$ 同相位,可画出电压相量 $\dot{U} = \dot{U}_C + \dot{U}_{ab}$。

(2) 根据相量图可得

$$I = \frac{I_1}{\cos 45°} = \sqrt{2} \times 10 = 14.1 \text{ （A）}$$

$$U_C = U\tan 45° = 200 \times 1 = 200 \text{ （V）}$$

$$U_{ab} = \frac{U}{\cos 45°} = 1.41 \times 200 = 282 \text{ （V）}$$

或

$$U_{ab} = \sqrt{U_C^2 + U^2} = \sqrt{200^2 + 200^2} = 282 \text{ （V）}$$

(3) 电阻、感抗、容抗为

$$R = \frac{U_{ab}}{I_2} = \frac{282}{10} = 28.2 \text{ （Ω）}$$

$$X_L = \frac{U_{ab}}{I_1} = \frac{282}{10} = 28.2 \text{ （Ω）}$$

$$X_C = \frac{U_C}{I} = \frac{200}{14.1} = 14.18 \text{ （Ω）}$$

法二：设

$$\dot{I}_2 = 10 \angle 0° \text{ （A）}$$

$$\dot{I}_1 = 10 \angle -90° \text{ （A）}$$

$$\dot{I} = \dot{I}_1 + \dot{I}_2 = 10 - \text{j}10 = 10\sqrt{2} \angle -45° \text{ （A）}$$

因 $\dot{U}$ 与 $\dot{I}$ 同相，则

$$\dot{U} = 200 \angle -45° \text{ V}$$

又知，总电压

$$\dot{U} = \dot{U}_{ab} + \dot{U}_C$$
$$= \dot{I}_2 R + \dot{I}(-\text{j}X_C)$$

即

$$200 \angle -45° = 10 \angle 0° \times R + 10\sqrt{2} \angle -45° \cdot (-\text{j}X_C)$$

则

$$200\cos(-45°) + \text{j}200\sin(-45°)$$
$$= 10R + 10\sqrt{2}X_C\cos(-135°) + \text{j}10\sqrt{2}X_C\sin(-135°)$$

即

$$100\sqrt{2} - \text{j}100\sqrt{2} = 10R - 10X_C - \text{j}10X_C$$

根据相量相等即为实部和实部相等，虚部和虚部相等的原则：

实部 $\qquad 100\sqrt{2} = 10R - 10X_C$

虚部 $\qquad 100\sqrt{2} = 10X_C$

由虚部相等知

$$X_C = 10\sqrt{2} = 14.1 \ (\Omega)$$

由实部相等知

$$R - X_C = 10\sqrt{2}$$

则

$$R = 10\sqrt{2} + X_C = 10\sqrt{2} + 10\sqrt{2} = 28.2 \ (\Omega)$$

因 $I_1 = I_2$，所以

$$X_L = R = 28.2 \ \Omega$$

补 3.7 如图 3-20 所示交流电路，已知 $U = 220$ V，当开关 S 闭合时，$U_R = 80$ V，$P = 320$ W；当开关 S 断开时，$P = 500$ W，电路为电感性。试求 R、X_L 和 X_C。

解 （1）当 S 闭合时，电路为 RL 串联电路，则

$$R = \frac{U_R^2}{P} = \frac{80^2}{320} = 20 \ (\Omega)$$

$$I = \frac{U_R}{R} = \frac{80}{20} = 4 \ (A)$$

$$|Z_{RL}| = \frac{U}{I} = \frac{220}{4} = 55 \ (\Omega)$$

$$X_L = \sqrt{|Z_{RL}|^2 - R^2} = \sqrt{55^2 - 20^2} = 51.2 \ (\Omega)$$

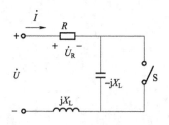

图 3-20 求电路参数的电路

（2）当 S 断开时，电路为 RLC 串联电路，则

$$I' = \sqrt{\frac{P}{R}} = \sqrt{\frac{500}{20}} = \sqrt{25} = 5 \ (A)$$

$$|Z| = \frac{U}{I'} = \frac{220}{5} = 44 \ (\Omega)$$

因为 $|Z| = \sqrt{R^2 + (X_L - X_C)^2}$，且呈感性，即 $X_L > X_C$

则

$$X_C = X_L - \sqrt{|Z|^2 - R^2} = 51.2 - \sqrt{44^2 - 20^2}$$
$$= 51.2 - 39.2 = 12 \ (\Omega)$$

补 3.8 有一电动机，其输入功率为 121 kW，接在 220 V 交流电源上，流入电动机的电流为 11 A，试计算电动机的功率因数。如果要把功率因数提高到 0.91，试问应该将电动机并联多大电容的电容器？并联电容后，电动机的功率因数、电动机中的电流、线路电流及电路的有功功率和无功功率有无变化？

解 （1）在已知 U、I、P 的情况下，电动机的功率因数可由公式求出，即

$$\lambda_1 = \cos\varphi_1 = \frac{P}{UI} = \frac{1.21 \times 10^3}{220 \times 11} = 0.5$$

（2）若将功率因数由 $\lambda_1 = 0.5$ 提高到 $\lambda_2 = 0.91$，则

$$\varphi_1 = \arccos 0.5 = 60°, \tan 60° = 1.732$$

$$\varphi_2 = \arccos 0.91 = 24.5°, \tan 24.5° = 0.455$$

所以需并联电容器的电容量为

$$C = \frac{P}{\omega U^2}(\tan\varphi_1 - \tan\varphi_2)$$

$$= \frac{1\,210}{314 \times 220^2} \times (\tan 60° - \tan 24.5°)$$

$$= \frac{1\,210}{152 \times 10^5} \times (1.732 - 0.455) = 101.7 \ (\mu F)$$

(3) 当并上电容器后,因为外加电压及电动机的参数没有变化,所以电动机中的电流及功率因数都不会改变。但线路的总电流减少,这是因为电动机和电容的无功电流互相补偿了一部分,使线路无功电流减小。

由于电容器是不消耗电能的,所以并上电容后,有功功率不变。而电动机所需的无功功率却从电容器获得了部分补偿,因此电源供给的无功功率减小。

补 3.9 一用电设备(感性负载)接于交流电源 $U = 220$ V,如图 3-21 所示,电源频率 $f = 50$ Hz,测得电流表 $I = 0.41$ A,功率表 $P = 40$ W。试求:

(1) 该用电设备的功率因数 λ_1。

(2) 若并联电容 $C = 4.75 \ \mu F$,电流表的读数和整个电路的功率因数 λ_2。

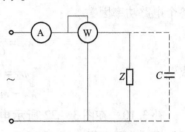

图 3-21 提高功率因数的电路

解 (1) 求用电设备的 λ_1

$$\lambda_1 = \frac{P}{UI} = \frac{40}{220 \times 0.41} = 0.443\,5$$

(2) 求并电容后的电流和 λ_2

法一:由公式

$$C = \frac{P}{\omega U^2}(\tan \varphi_1 - \tan \varphi_2)$$

可解出 $\tan \varphi_2$,进而解出 λ_2。

因 $\cos \varphi_1 = 0.443\,5$,所以

$$\varphi_1 = \arccos 0.443\,5 = 63.7°$$

$$\tan \varphi_1 = \tan 63.7° = 2$$

则

$$4.75 \times 10^{-6} = \frac{40}{2\pi \times 50 \times 220^2}(2 - \tan \varphi_2)$$

即

$$\tan \varphi_2 = 2 - \frac{4.75 \times 10^{-6} \times 314 \times 220^2}{40}$$

$$= 2 - 1.8 = 0.2$$

所以

$$\varphi_2 = \arctan 0.2 = 11.3°$$

$$\lambda_2 = \cos \varphi_2 = \cos 11.3° = 0.98$$

所以

$$I' = \frac{P}{U\lambda_2} = \frac{40}{220 \times 0.98} = 0.186 \ (A)$$

法二:设 $\dot{U} = 220 \underline{/0°}$,并联电容前的电流为 $\dot{I}_{RL}$,则

$$\dot{I}_{RL} = I\lambda_1 - jI\sqrt{1-\lambda_1^2} \qquad (因为 \sqrt{1-\lambda^2} = \sqrt{1-\cos^2\varphi} = \sin\varphi)$$

电容上的电流为 $\dot{I}_C = j\omega C\dot{U}$，并上电容后的总电流

$$\dot{I} = \dot{I}_{RL} + \dot{I}_C = I\lambda_1 - jI\sqrt{1-\lambda_1^2} + j\omega C\dot{U}$$

$$= 0.41 \times 0.4435 - j0.41 \times \sqrt{1-0.4435^2} + j314 \times 4.75 \times 10^{-6} \times 220$$

$$= 0.1818 - j0.0394 = 0.186\angle -12.2° \text{ (A)}$$

即电流表读数

$$I' = 0.186 \text{ A}$$

整个电路功率因数

$$\lambda_2 = \frac{P}{UI'} = \frac{40}{220 \times 0.186} = 0.9775 \approx 0.98$$

或

$$\varphi_2 = \varphi_u - \varphi_i = 0° - (-12.2°) = 12.2°$$

$$\lambda_2 = \cos\varphi_2 = \cos 12.2° = 0.9774 \approx 0.98$$

补3.10 在图3-22所示电路中，已知线圈参数 $R = 2.5 \text{ }\Omega$，$L = 25 \text{ }\mu\text{H}$，电容器 $C = 400 \text{ pF}$，电源内阻 R_S 为 $25 \text{ k}\Omega$，电压 $U_S = 10 \text{ V}$。

试求：(1) 电路的 Q 值和通频带 f_{BW}。

(2) 如 R_S 增大，对 f_{BW} 有何影响？

(3) 谐振时电源输出电流 I、电路两端电压 U 及电容中的电流 I_C。

解 (1) 求 Q 值和 f_{BW}。并联谐振时的电路阻抗

$$|Z_0| = \frac{L}{RC} = \frac{25 \times 10^{-6}}{2.5 \times 400 \times 10^{-12}} = 25 \text{ (k}\Omega)$$

与电源内阻并联后的总的等效阻抗如图3-22-1所示。据电阻并联公式

$$|Z|' = \frac{R_S|Z_0|}{R_S + |Z_0|} = \frac{25 \times 25}{25 + 25} = 12.5 \text{ (k}\Omega)$$

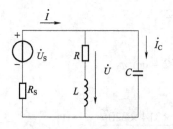

图3-22 并联谐振电路

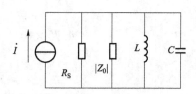

图3-22-1 等效电路

电路的品质因数

$$Q = \frac{|Z|'}{X_L} = \frac{|Z|'}{\sqrt{\frac{L}{C}}} = \frac{12.5 \times 10^3}{\sqrt{\frac{25 \times 10^{-6}}{400 \times 10^{-12}}}} = 50$$

并联电路的谐振频率

$$f_0 = \frac{1}{2\pi\sqrt{LC}}$$

$$= \frac{1}{2 \times 3.14 \times \sqrt{25 \times 10^{-6} \times 400 \times 10^{-12}}}$$

$$= 1\,590 \text{ (kHz)}$$

因此电路的通频带

$$f_{BW} = \frac{f_0}{Q} = \frac{1\,590 \times 10^3}{50} = 31.8 \text{ (kHz)}$$

(2) 由上述计算结果可分析，当电源内阻 R_S 增大时，$|Z|'$ 增大，Q 值增加，而 Q 值增加引起通频带 f_{BW} 变窄。

点评 计算类似电路时，一定要注意电源内阻的影响，显然等效后的 $|Z|'$ 不等于谐振阻抗 $|Z_0|$，这一点应引起同学们的足够重视。

(3) 求电路中的 I、U 和 I_C。因并联谐振电路的阻抗 $|Z_0| = 25$ kΩ，则根据全电路欧姆定律

$$I = \frac{U_S}{R_S + |Z_0|} = \frac{10}{25 + 25} = 0.2 \text{ (mA)}$$

并联谐振电路的两端电压

$$U = I|Z_0| = 0.2 \times 25 = 5 \text{ (V)}$$

电容支路电流 I_C

$$I_C = \frac{U}{X_C} = U_{\omega 0}C = 5 \times 2 \times 3.14 \times 1\,590 \times 10^3 \times 400 \times 10^{-12} = 0.02 \text{ (A)}$$

可见，谐振时的支路电流 I_C 大于电路总电流 I。

第四章

三相正弦交流电路

自从19世纪末世界上首次出现三相制以来，它几乎占据了电力系统的全部领域。三相制就是由三个幅值相等、频率相同、相位互差120°的电动势组成的供电体系，由这种电源供电的电路叫做三相交流电路。

三相交流电比单相交流电有很多优越性。在用电方面，三相电动机比单相电动机结构简单，价格便宜，性能好；在送电方面，采用三相制，在相同条件下比单相输电节省输电线的用铜量。实际上单相电源就是取三相交流电源的一相，因此三相交流电得到了广泛的应用。

一、基本要求

(1) 了解三相交流电的产生、三相电源、三相电路、对称三相电压及相序的意义，电能的传输和分配过程。

(2) 熟练掌握负载为星形连接与三角形连接的对称电路线电压与相电压、线电流与相电流间的关系。

(3) 掌握对称三相电路中电压、电流与功率的计算方法，并能计算不对称负载做星形连接时（有中线）电路的电流，理解中线的作用。

(4) 在已知电源电压及负载额定电压的条件下，会确定三相负载的连接方式（星形或三角形）。

(5) 了解不对称三相电路的分析方法。

二、学习要点

本章的重点是：负载做星形连接和三角形连接时三相对称电路的分析。掌握其线电压与相电压、线电流与相电流之间的关系。对称三相电路中电压、电流、功率的计算方法。三相负载的正确接法。

难点是：各电压、电流间相位的确定。在何种连接下，电压及电流之间的超前与滞后。三相不对称负载采用星形连接又无中线时三相电路的分析。

1. 三相交流电源

三相正弦交流电由三相交流发电机产生。实际的三相发电机都是对称的三相电源，即它的三个线电压（或三个相电压）大小相等、频率相同、相位互差120°。若设相电压 u_A 初相位为零，则

$$u_A = U_m \sin \omega t$$
$$u_B = U_m \sin(\omega t - 120°)$$
$$u_C = U_m \sin(\omega t - 240°) = U_m \sin(\omega t + 120°)$$

采用三相交流电的目的在于利用三相交流电的相位对称关系，使之在传送交流电能时互成回路，可节省输电线材料，减少电耗；此外，更重要的是利用三相交变电流能够产生旋转磁场的特性来制造三相交流电动机等，使电能的应用更为广泛。

线路电压的大小，在额定相电压一定的情况下，决定于电源绕组的连接方式，即有星形（Y）接法和三角形（△）接法两种形式。

（1）星形接法——三相四线制供电。

星形接法三相交流电源的中点，一般都进行工作接地，所以将电源的中点定为零电位。于是电源中每一相电压的正方向，就规定为从相线指向中点的方向，再根据关联正方向，规定电流的正方向和线电压的正方向。

中点引出的线称为中性线或零线。每一相线与零线之间的电压称为相电压，常用 $\dot{U}_A$、$\dot{U}_B$、$\dot{U}_C$ 表示。每两条相线之间的电压称为线电压，常用 $\dot{U}_{AB}$、$\dot{U}_{BC}$、$\dot{U}_{CA}$ 表示。若设 $\dot{U}_A = U \angle 0°$，根据 KVL，对称三相电源的线电压与相电压关系为

$$\dot{U}_{AB} = \dot{U}_A - \dot{U}_B = U \angle 0° - U \angle -120° = \sqrt{3}U \angle 30° \quad (V)$$
$$\dot{U}_{BC} = \dot{U}_B - \dot{U}_C = U \angle -120° - U \angle 120° = \sqrt{3}U \angle -90° \quad (V)$$
$$\dot{U}_{CA} = \dot{U}_C - \dot{U}_A = U \angle 120° - U \angle 0° = \sqrt{3}U \angle 150° \quad (V)$$

由此可见，对称三相电源星形连接时，三个线电压和三个相电压都是对称的。且线电压为相电压的 $\sqrt{3}$ 倍，线电压相位分别超前对应相电压 30°。线电压通常用 U_l 表示，相电压通常用 U_p 表示则

$$U_l = \sqrt{3} U_p$$

必须指出：三相四线制供电系统中，负载可以从电源获得线电压和相电压两种不同数值的电压。我国的低压供电系统使用的三相四线制电源额定电压为 380 V/220 V，即线电压为 380 V，相电压为 220 V。

（2）三角形接法——三相三线制供电。

电源采用三角形接法时，各相电源直接接在两根相线上，所以 $U_l = U_p$。三角形接法的三相绕组形成闭合回路，三相电压之和为零，即 $\dot{U}_{AB} + \dot{U}_{BC} + \dot{U}_{CA} = 0$，因此电源内部无环流。但是，如果接错一相绕组，其后果是严重的。

综上所述：星形接法有中线时可以提供两种电压：380 V 和 220 V，因此得到广泛的应用。星形接法无中线的三相三线制电源只能提供 380 V 的线电压。而三角形接法时也仅能向负载提供一种电压。

2. 三相负载的连接

电源的对称是指三相电压对称。而三相负载的对称与否，要根据构成三相负载的各相负载的阻抗和阻抗角是否完全相同，分为对称三相负载和不对称三相负载。

各相负载的阻抗和阻抗角完全相同的叫对称三相负载,即

$$|Z_a| = |Z_b| = |Z_c| = |Z|$$

$$\varphi_a = \varphi_b = \varphi_c = \varphi = \arctan \frac{X}{R}$$

三相电动机就是一种三相对称负载。

各相负载不相同的叫不对称三相负载,如三相照明负载等。还有一些电气设备本身只需单相电源,如日光灯、家用电器、单相电动机等,它们可以接在三相电源的任一相线与中线之间,但也往往将单相负载平均分接在电源的三个相电压或线电压上。所以对电源来讲,这些单相负载的总体也可以看成是三相负载。

在三相供电系统中,三相负载有两种基本接法:星形连接和三角形连接。

3. 三相负载的星形连接

对于三相四线制的供电系统,当三相负载的额定相电压等于电源的相电压时,负载需星形连接。如果略去连接线上的电压降,则负载上的线电压和相电压之间的关系就是电源线电压和相电压之间的关系,即 $U_l = \sqrt{3} U_p$。此时的相电流就是对应的线电流。通常电源相电压或线电压的下标采用大写字母,负载两端电压的下标采用小写字母。即各相负载电流具有以下关系

$$\dot{I}_A = \dot{I}_a = \frac{\dot{U}_a}{Z_a} = \frac{\dot{U}_A}{Z_a}$$

$$\dot{I}_B = \dot{I}_b = \frac{\dot{U}_b}{Z_b} = \frac{\dot{U}_B}{Z_b}$$

$$\dot{I}_C = \dot{I}_c = \frac{\dot{U}_c}{Z_c} = \frac{\dot{U}_C}{Z_c}$$

中线电流:
$$\dot{I}_N = \dot{I}_A + \dot{I}_B + \dot{I}_C$$

(1) 负载对称,即 $Z_a = Z_b = Z_c = Z$,复阻抗相同。

此时
$$U_l = \sqrt{3} U_p$$

线电压为 $\sqrt{3}$ 倍的相电压,线电压超前于对应相电压 30°。

此时
$$I_l = I_p$$

线电流与相电流大小相等,相位相同。

此时
$$\dot{I}_N = \dot{I}_A + \dot{I}_B + \dot{I}_C = 0$$

即各相电流大小相等,相位互差 120°,中线电流 $\dot{I}_N$ 为零。

由于三相负载对称相等,因而可省去中性线。

(2) 负载不对称。

在有中性线时,其每相负载都与三相电源的每一相直接相连,所以可以视为三个单相负载,分别进行计算和分析。

此时 $U_l = \sqrt{3} U_p$,$I_l = I_p$,但中线电流 $\dot{I}_N$ 不为零。负载越不对称,中线电流越大。

如果中线断开,虽然线电压仍然是对称的,但由于没有中线,负载的相电压就不等于电

源的相电压，对于某一相负载小（电阻大或阻抗大）的相电压就要超过额定电压而使该相的用电设备受到损坏。

因此，不对称负载作星形连接时，必须要有中线。中线的作用保证三相负载的相电压对称，使负载正常工作。

照明负载是不对称的，应采用三相四线制供电，并且严禁在中线上安装开关或熔断器。

4. 三相负载的三角形连接

当每相负载的额定电压等于电源线电压时，三相负载应作三角形连接。负载接成三角形时，无论负载是否对称，负载两端的电压等于电源线电压，即

$$U_p = U_l$$

相电压和线电压大小相等，相位相同。

三相负载作三角形连接时，负载的相电流为

$$\dot{I}_{ab} = \frac{\dot{U}_{ab}}{Z_{ab}} = \frac{\dot{U}_{AB}}{Z_{ab}}$$

$$\dot{I}_{bc} = \frac{\dot{U}_{bc}}{Z_{bc}} = \frac{\dot{U}_{BC}}{Z_{bc}}$$

$$\dot{I}_{ca} = \frac{\dot{U}_{ca}}{Z_{ca}} = \frac{\dot{U}_{CA}}{Z_{ca}}$$

各线电流为 $\dot{U}_{ab} = \dot{U}_A - \dot{U}_B = U\angle 0° - U\angle 120° = \sqrt{3}U\angle 30°$

$$\dot{I}_A = \dot{I}_{ab} - \dot{I}_{ca}$$

$$\dot{I}_B = \dot{I}_{bc} - \dot{I}_{ab}$$

$$\dot{I}_C = \dot{I}_{ca} - \dot{I}_{bc}$$

（1）负载对称时，线电流是负载相电流的$\sqrt{3}$倍，即

$$I_l = \sqrt{3}I_p$$

线电流滞后于与其相对应的相电流30°。因此，只要计算出其中一相的电流相量，其他两相可根据对称关系，直接写出其表达式。

（2）若负载不对称时，线电流和负载相电流就需按原始公式分别计算。另外，三角形连接不能引出中线，故采用三相三线制供电。

5. 三相电路的功率

三相电路的功率与单相电路一样，分为有功功率、无功功率和视在功率。

（1）当三相负载对称时，无论是星形连接还是三角形连接，都可用下式求其功率。

$$P = \sqrt{3}U_l I_l \cos\varphi$$

$$Q = \sqrt{3}U_l I_l \sin\varphi$$

$$S = \sqrt{P^2 + Q^2} = \sqrt{3}U_l I_l$$

其中，φ为相电压与相电流之间的相位差。

（2）当三相负载不对称时，

有功功率 $P = P_A + P_B + P_C$

无功功率 $Q = Q_A + Q_B + Q_C$

视在功率 $S = \sqrt{P^2 + Q^2}$

6. 分析计算三相电路应注意的问题

（1）三相负载从电源取用的电流是线电流，但是线电流不能直接计算。因三相负载无论是星形连接还是三角形连接，其任何两根相线之间，都无法用简单的串并联关系推导出其间的等效阻抗，所以计算三相电路时，一般需要通过相电压、相电流、相阻抗、相功率因数、相功率的计算，推导出线电流、线电压和总功率。

（2）根据电源提供的电压和负载的连接方式，首先确定负载的相电压，再从一相入手，用单相电路的求解方法求出三相电路的相电流；然后再根据三相负载的不同连接方式时的线电流与相电流之间的关系，线电压与相电压之间的关系，确定各待求量。

（3）当三相电路的功率为已知量时，可直接通过三相功率的公式求出三相电路的相电流或线电流，再依次求出各待求量。此种方法往往可简化计算过程。

（4）三相交流电源具有一定的相序，而三相负载本身没有相序之分，当三相负载接在三相电源的供电线路上时，三相电流的相序就被确定了。电源相序以 A、B、C 的顺序来表示，即相电压 $\dot{U}_A$ 超前于 $\dot{U}_B$ 120°，$\dot{U}_B$ 超前于 $\dot{U}_C$ 120°，$\dot{U}_C$ 超前于 $\dot{U}_A$ 120°。确定各负载的相电压、线电压、相电流、线电流间的相位关系时，既要考虑电源的相序，又要考虑负载的性质，还要考虑负载的连接方法。当需要某两个电流或两个电压相加减时，仍然像单相正弦交流电路一样，为相量相加减，而不是有效值相加减。

三、习题选解

1.《汽车电工电子基础第二版》书后习题

4.1 若已知星形连接的三相电源的相电压 $u_A = U_m \sin(\omega t + \varphi)$，试写出 $\dot{U}_B$、$\dot{U}_C$、$\dot{U}_{AB}$、$\dot{U}_{BC}$、$\dot{U}_{CA}$ 各电压相量。

解 因三相电源具有最大值相等、频率相同、相位互差 120°的特点，所以已知其中一相后，其他两相便可确定。以正相序为例：

因为 $U_m = \sqrt{2} U$

则 $\dot{U}_A = U \underline{/\varphi}$

所以

$\dot{U}_B = U \underline{/\varphi - 120°}$ $\dot{U}_C = U \underline{/\varphi + 120°}$

$\dot{U}_{AB} = \sqrt{3} U \underline{/\varphi + 30°}$ $\dot{U}_{BC} = \sqrt{3} U \underline{/\varphi - 90°}$

$\dot{U}_{CA} = \sqrt{3} U \underline{/\varphi + 150°}$

4.2 一台三相电动机有三个绕组，每个绕组的额定电压是 220 V。现有两种电源，一种是线电压为 380 V，另一种是线电压为 220 V。问在这两种电源下，三相电动机的绕组应如何连接？

解 为保证电动机每相定子绕组都在额定电压 220 V 下运行，则当电源线电压为 380 V

时，定子绕组应接成星形，则相电压 $U_P = \dfrac{U_1}{\sqrt{3}} = 220$ V。

当电源线电压为 220 V 时，定子绕组接成三角形，相电压 $U_P = U_1 = 220$ V。

4.3 在以下三相负载的连接形式电路中，若其中一相负载改变后，对其他两相有无影响？(1) 星形负载有中线；(2) 星形负载无中线；(3) 三角形负载。

答 (1) 当电源与负载之间有中线时，由于它强制电源中点与负载中点处于等电位，不产生位移，所以负载上的相电压仍保持对称，其他两相负载不受影响。

(2) 若星形负载对称，则无论有无中线，电源中点与负载中点的电位相同，负载上的相电压对称。如若有一相负载改变，则电路便变成不对称了。因此，无中线时，将使负载上的相电压也变成不对称，从而影响其他两相负载的正常运行。

(3) 在三角形负载的三相电路中，如每相负载上的电压都是线电压，它与各相负载的变化无关，所以任一相负载的改变对其他两相负载都没有影响。

4.4 指出下列各结论连接中哪个正确，哪个错误。

(1) 当负载作星形连接时，必须有中线。

(2) 凡负载作三角形连接时，线电流必为相电流的 $\sqrt{3}$ 倍。

(3) 当三相负载越接近对称时，中线电流就越小。

(4) 负载作星形连接时，线电流必等于相电流。

(5) 三相对称负载作星形或三角形连接时，其总有功功率为 $P = \sqrt{3}U_1 I_1 \cos\varphi$。所以说在同一电源下，其总有功功率是相等的。

答 (1) 负载作星形连接时不一定要有中线。只有在负载不对称的情况下，才需连上中线，以促使负载中点不发生位移，从而保证三相负载得到对称的相电压。

(2) 负载作三角形连接时的线电流不一定等于相电流的 $\sqrt{3}$ 倍，只有在三角形负载的对称三相电路中，线电流才为相电流的 $\sqrt{3}$ 倍。

(3) 因中线电流 $\dot{I}_N = \dot{I}_A + \dot{I}_B + \dot{I}_C$，所以三相负载越接近对称，中线电流就越小。

(4) 负载作星形连接时，无论三相电路对称与否，各相的相电流必定等于和该相连接的线电流，因为两者是同一电流。当电路负载对称时，此时三相电的线电流、相电流的大小都相等、频率相同、相位互差 120°。

(5) 任一个对称三相负载作星形或三角形连接时，在同一电源作用下所吸取的有功功率分别为：

Y形：
$$P_Y = \sqrt{3} U_1 I_1 \cos\varphi$$

但此时
$$U_1 = \sqrt{3} U_P, \quad I_P = I_1$$

所以上式
$$P_Y = \sqrt{3} U_1 I_P \cos\varphi = \sqrt{3} U_1 \dfrac{U_P}{|Z|} \cos\varphi = \dfrac{U_1^2}{|Z|} \cos\varphi$$

△形：
$$P_\triangle = \sqrt{3} U_1 I_1 \cos\varphi$$

因此时
$$U_1 = U_P, \quad I_1 = \sqrt{3} I_P$$

所以上式

$$P_\triangle = \sqrt{3}U_l\sqrt{3}I_p\cos\varphi = 3U_l\frac{U_P}{|Z|}\cos\varphi = \frac{3U_l^2}{|Z|}\cos\varphi$$

点评 显然两者是不相等的,后者是前者所吸取功率的3倍。通过比较可知,在同一电源下,不同的连接方式,消耗的有功功率相差较大。若上述负载的额定电压是220 V,接在线电压 $U_l = 380$ V 的电源上工作时,该负载应接成星形,若错误地接成三角形,则由于有功功率增大了3倍,该负载上的电压和电流都将超过额定值,负载将会损坏。若上述负载的额定电压为380 V,接在线电压 $U_l = 380$ V 的电源上时,该负载应接成三角形,若错误地接成星形,则负载不能正常工作。

4.6 有一星形连接的三相对称负载,接在对称的三相电源上,已知 $u_A = 220\sqrt{2}\sin(314t + 30°)$ V,各相负载阻抗为 $Z = (40 + j30)\ \Omega$,求相电流 i_a、i_b、i_c。

解

$$\dot{U}_A = 220\underline{/30°}\ (\text{V})$$

$$Z = 40 + j30 = 50\underline{/36.9°}\ (\Omega)$$

$$\dot{I}_a = \frac{\dot{U}_A}{Z} = \frac{220\underline{/30°}}{50\underline{/36.9°}} = 4.4\underline{/-6.9°}\ (\text{A})$$

因为负载对称:

$$\dot{I}_b = 4.4\underline{/-6.9° - 120°} = 4.4\underline{/-126.9°}\ (\text{A})$$

$$\dot{I}_c = 4.4\underline{/-6.9° + 120°} = 4.4\underline{/113.1°}\ (\text{A})$$

所以

$$i_a = 4.4\sqrt{2}\sin(314t - 6.9°)\ \text{A}$$

$$i_b = 4.4\sqrt{2}\sin(314t - 126.9°)\ \text{A}$$

$$i_c = 4.4\sqrt{2}\sin(314t + 113.1°)\ \text{A}$$

4.8 在图4-1中,三相对称负载作三角形连接,电路中的各安培计在正常情况下读数为26 A,伏特计的读数为380 V,分别求下列情况下的负载相电流和线电流。

(1) ab 间负载开路;

(2) 相线 A 开路。

解 正常情况下,已知线电流 $I_l = I_A = I_B = I_C = 26$ A,则

相电流 $I_{ab} = I_{bc} = I_{ca} = \dfrac{26}{\sqrt{3}} = 15$ (A)

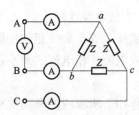

图4-1 三角形连接负载

(1) ab 间负载开路。

相电流 $I_{ab} = 0,\ I_{bc} = I_{ca} = 15$ A

线电流 $I_A = I_{ac} = 15$ A,$I_B = I_{bc} = 15$ A

因为 $\dot{I}_C = \dot{I}_{ca} - \dot{I}_{bc}$

所以 $I_C = \sqrt{3}I_p = \sqrt{3} \times 15 = 26$ (A)

(2) 相线 A 开路。

相电流
$$I_{ba} = I_{ac} = \frac{15}{2} = 7.5 \text{ (A)}$$
$$I_{bc} = 15 \text{ A}$$

线电流
$$I_A = 0$$
$$I_B = I_{ba} + I_{bc} = 7.5 + 15 = 22.5 \text{ (A)}$$
$$I_C = I_B = 22.5 \text{ A}$$

4.10 星形接法的对称三相负载，接在 $U_l = 380$ V 的三相电源上，已知负载消耗的总功率为 8.68 kW，每相负载的功率因数为 0.6（电流滞后），试求：(1) 每相负载的相电流和线电流。(2) 负载的电阻和感抗。

解 (1) 因为
$$P = \sqrt{3} U_l I_l \cos \varphi$$

所以
$$I_l = \frac{P}{\sqrt{3} U_l \cdot \cos \varphi} = \frac{8.68 \times 10^3}{\sqrt{3} \times 380 \times 0.6} = 22 \text{ (A)}$$

因为 Y 形连接：
$$I_p = I_l = 22 \text{ A}$$

(2) 因为每相负载消耗的功率为总功率的 $\frac{1}{3}$，所以

$$R = \frac{P/3}{I_p^2} = \frac{8.68 \times 10^3}{3 \times 22^2} \approx 6 \text{ (Ω)}$$

因为
$$|Z| = \frac{R}{\cos \varphi} = \frac{6}{0.6} = 10 \text{ (Ω)}$$

所以
$$X_L = \sqrt{|Z|^2 - R^2} = \sqrt{10^2 - 6^2} = 8 \text{ (Ω)}$$

4.11 如上题已知条件，负载为三角形连接，试求：(1) 负载的额定电压；(2) 每相负载的相电流和线电流；(3) 负载的电阻和感抗。

解 (1) $$U_N = U_l = 380 \text{ V}$$

(2) $$I_l = \frac{P}{\sqrt{3} U_l \cos \varphi} = \frac{8.68 \times 10^3}{\sqrt{3} \times 380 \times 0.6} = 22 \text{ (A)}$$

因此 △ 形连接
$$I_p = \frac{I_l}{\sqrt{3}} = \frac{22}{\sqrt{3}} = 12.7 \text{ (A)}$$

(3) $$|Z| = \frac{U_p}{I_p} = \frac{380}{12.7} = 29.9 \text{ (Ω)}$$

或
$$|Z| = \frac{U_p}{I_p} = \frac{\sqrt{3} U_p}{I_l} = \frac{\sqrt{3} \times 380}{22} = 30 \text{ (Ω)}$$

$$\varphi = \arccos 0.6 = 53.1°$$

$$Z = |Z| \cos \varphi + j|Z| \sin \varphi = 29.2 \times 0.6 + j29.9 \times 0.8$$
$$= 17.94 + j23.92 \text{ (Ω)}$$

或
$$Z = |Z| \underline{/\varphi} = 30 \underline{/53.1°} = 18 + j24 \text{ (Ω)}$$

负载的电阻 $R = 18\ \Omega$

负载的感抗 $X_L = 24\ \Omega$

点评 由以上两题可知,在相同电源,负载消耗功率相同的情况下,阻抗相差3倍。

4.17 已知380 V/220 V三相四线制电网上接有一个三相电炉为三角形连接,其每相电阻 $R_1 = 38\ \Omega$。同时还在电网上接有若干白炽灯,电灯为星形连接,工作时每相总电阻 $R_2 = 10\ \Omega$,如图4-2所示。求总的线电流和总的有功功率。

解 电路图4-2简化成图4-2-1所示求解电路。R_2 为电灯每相等效电阻。因电路负载均为对称负载,故只需计算一相即可。

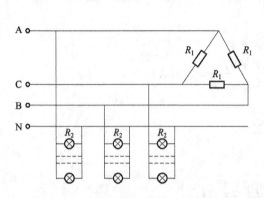
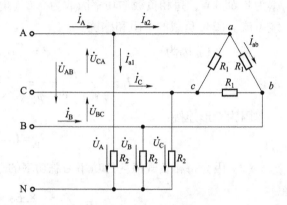

图4-2 三相负载的星形和三角形连接   图4-2-1 等效电路

设相电压 $\dot{U}_A = 220\angle 0°$ V,则线电压 $\dot{U}_{AB} = 380\angle 30°$ V,对于Y形连接的电灯,负载 $I_l = I_p$,且

$$\dot{I}_{a1} = \frac{\dot{U}_A}{R_2} = \frac{220\angle 0°}{10} = 22\angle 0°\ (A)$$

对于△形连接的电炉负载,其相电流

$$\dot{I}_{ab} = \frac{\dot{U}_{AB}}{R_1} = \frac{380\angle 30°}{38} = 10\angle 30°\ (A)$$

因 $I_l = \sqrt{3}I_p$,且相位线电流滞后相电流30°,则线电流

$$\dot{I}_{a2} = \sqrt{3}\times 10\angle 30°-30° = 17.32\angle 0°\ (A)$$

总的线电流

$$\dot{I}_A = \dot{I}_{a1} + \dot{I}_{a2} = 22\angle 0° + 17.32\angle 0° = 39.32\angle 0°\ (A)$$

故

$$\dot{I}_B = 39.32\angle -120°\ (A)$$

$$\dot{I}_C = 39.32\angle 120°\ (A)$$

三相电路总的有功功率 P 为Y形连接的 P_Y 与△形连接的 $P_\triangle$ 之和。

$$P_Y = \sqrt{3}U_l I_{a1}\cos\varphi = \sqrt{3}\times 380\times 22\times 1 = 14\ 440\ (W)$$

$$P_\triangle = \sqrt{3}U_l I_{a2}\cos\varphi = \sqrt{3}\times 380\times 17.32\times 1 = 11\,400\ (\text{W})$$

则

$$P = P_Y + P_\triangle = 14\,440 + 11\,400 = 25\,840(\text{W}) = 25.84\ \text{kW}$$

或

$$P = \sqrt{3}U_l I_l\cos\varphi = \sqrt{3}\times 380\times 39.32\times 1 = 25\,880(\text{W}) = 25.88\ \text{kW}$$

稍许误差是运算过程中小数点后四舍五入引起的。

点评 在计算三相电路的总线电流时，一定要用相量的概念，即便是纯阻性的负载，也要养成相量运算的方法。否则极易出错！

4.18 电路如图 4-3 所示为对称三相四线制电路，已知三相电源线电压为 380 V，供给两组对称的三相负载和一组单相负载。第一组三相负载为星形连接，每相阻抗 $Z_1 = 22\ \Omega$，经过阻抗 $Z_0 = 2\ \Omega$ 接到中线。第二组三相负载为三角形连接，每相阻抗为 $Z_2 = -\text{j}10\sqrt{3}\ \Omega$。单相负载 $R = 11\ \Omega$，接在 A 相和中线之间，求各线电流 $\dot{I}_A$、$\dot{I}_B$、$\dot{I}_C$ 和中线电流 $\dot{I}_N$。

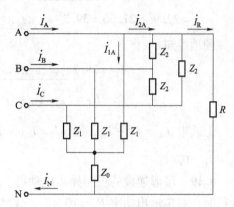

图 4-3 对称三相四线制电路

解 因第一组负载是星形连接的对称负载，所以通过 Z_0 的电流为零。设 A 相电压

$$\dot{U}_A = 220\angle 0°\ \text{V}$$

则

$$\dot{I}_{1A} = \dot{I}_{1a} = \frac{\dot{U}_A}{Z_1} = \frac{220\angle 0°}{22} = 10\ (\text{A})$$

即线电流等于相电流。由于对称，则 B、C 相电流为

$$\dot{I}_{1B} = \dot{I}_{1b} = 10\angle -120°\ (\text{A})$$

$$\dot{I}_{1C} = \dot{I}_{1c} = 10\angle 120°\ (\text{A})$$

第二组负载的相电流为（线电压比相电压超前 30°）

$$\dot{I}_{2ab} = \frac{\dot{U}_{AB}}{Z_2} = \frac{380\angle 30°}{-\text{j}10\sqrt{3}} = 22\angle 120°\ (\text{A})$$

则另两相的相电流

$$\dot{I}_{2bc} = 22\angle 0°\ (\text{A})$$

$$\dot{I}_{2ca} = 22\angle -120°\ (\text{A})$$

第二组负载的线电流为（线电流 $I_l = \sqrt{3}I_p$ 相电流，但线电流滞后相电流 30°）

$$\dot{I}_{2A} = 22\sqrt{3}\angle 120°-30° = 38\angle 90°\ (\text{A})$$

另两相的线电流

$$\dot{I}_{2B} = 38 \angle -30° \text{ (A)} \qquad \dot{I}_{2C} = 38 \angle -150° \text{ (A)}$$

单相负载电流

$$\dot{I}_R = \frac{\dot{U}_A}{R} = \frac{220 \angle 0°}{11} = 20 \angle 0° \text{ (A)}$$

因而电源线电流

$$\dot{I}_A = \dot{I}_{1A} + \dot{I}_{2A} + \dot{I}_R = 10 \angle 0° + 38 \angle 90° + 20 \angle 0° = 30 + j38 = 48.4 \angle 51.7° \text{ (A)}$$

$$\dot{I}_B = \dot{I}_{1B} + \dot{I}_{2B} = 10 \angle -120° + 38 \angle -30° = -5 - j8.66 + 32.9 - j19$$

$$= 27.9 - j27.66 = 39.3 \angle -44.8° \text{ (A)}$$

同理可知

$$\dot{I}_C = 39.3 \angle -44.8° - 120° = 39.3 \angle -164.8° \text{ (A)}$$

$$\dot{I}_N = \dot{I}_A + \dot{I}_B + \dot{I}_C = \dot{I}_R = 20 \angle 0° = 20 \text{ (A)}$$

上式中 $\dot{I}_A = \dot{I}_A' + \dot{I}_R$，而 $\dot{I}_A' = \dot{I}_{1A} + \dot{I}_{2A}$，由于星形和三角形三相负载对称，因此 $\dot{I}_A' + \dot{I}_B + \dot{I}_C = 0$。

4.19 星形连接的三相异步电动机，接入电源线电压为 380 V 的电网中，当电动机满载运行时，额定输出功率 $P_o = 10$ kW，效率 $\eta = 0.9$，线电流 $I_1 = 20$ A。但该电动机轻载运行时，输出功率 $P_o' = 2$ kW，效率 $\eta' = 0.6$，线电流 $I_1' = 10.5$ A。试求在满载和轻载两种情况下的功率因数。

解 电动机为对称三相负载，且满载运行时，根据电动机效率公式可得电动机的输入电功率 P_i

$$P_i = \frac{P_o}{\eta} = \frac{10}{0.9} = 11.1 \text{ (kW)}$$

根据对称三相电路的有功功率计算公式

$$P = \sqrt{3} U_1 I_1 \cos \varphi$$

则

$$\cos \varphi = \frac{P}{\sqrt{3} U_1 I_1} = \frac{11\,100}{\sqrt{3} \times 380 \times 20} = 0.845$$

当电动机在轻载情况下运行时

$$P_i' = \frac{P_o'}{\eta'} = \frac{2}{0.6} = 3.33 \text{ (kW)}$$

$$\cos \varphi' = \frac{P_i'}{\sqrt{3} U_1 I_1'} = \frac{3\,330}{\sqrt{3} \times 380 \times 10.5} = 0.482$$

由计算结果可知，$\cos \varphi' < \cos \varphi$，因此电动机不宜在轻载下工作，功率因数和效率均低。

4.20 有一星形连接的电感性对称负载，额定线电压 $U_1 = 380$ V，额定功率因数 $\cos \varphi = 0.6$，$f = 50$ Hz，负载消耗的有功功率 $P = 6$ kW。

（1）若利用一组星形连接的电容器与三相负载并联，使得每相电路的功率因数提高到

0.9，试求每相的电容值及其耐压值。

（2）若改用三角形连接的电容器，试求每相的电容值及其耐压值。

解　（1）利用一组星形连接的电容器，电容器的相电压

$$U_p = \frac{U_l}{\sqrt{3}} = \frac{380}{\sqrt{3}} = 220 \text{（V）}$$

并联电容前后的功率因数角

$$\varphi_1 = \arccos 0.6 = 53.1°$$
$$\varphi_2 = \arccos 0.9 = 25.8°$$

因求每一相的电容值，所以每相负载的有功功率

$$P_p = \frac{P}{3} = \frac{6}{3} = 2 \text{（kW）}$$

则

$$C = \frac{P_p}{\omega U_p^2}(\tan \varphi_1 - \tan \varphi_2) = \frac{2\,000}{314 \times 220^2} \times (\tan 53.1° - \tan 25.8°)$$

$$= 111.9 \times 10^{-6} \text{（F）} = 111.9 \text{ μF}$$

电容器耐压

$$U_{CN} = \sqrt{2} U_p = 1.41 \times 220 = 311 \text{（V）}$$

可选取耐压为 400 V 的电容器。

（2）利用一组三角形连接的电容器，电容器的相电压

$$U_p = U_l = 380 \text{ V}$$

$$C = \frac{P_p}{\omega U_p^2}(\tan \varphi_1 - \tan \varphi_2)$$

$$= \frac{2\,000}{314 \times 380^2} \times (\tan 53.1° - \tan 25.8°)$$

$$= 37.3 \text{（μF）}$$

$$U_{CN} = \sqrt{2} U_p = 1.41 \times 380 = 537 \text{（V）}$$

可选耐压为 600 V 的电容器。

2. 补充题

补 4.1　有一电源为一星形连接的三相电路，已知电源相电压为 220 V，负载对称，每相阻抗模 $|Z|$ 为 10 Ω，试求：

（1）负载星形连接时的相电流和线电流。

（2）负载三角形连接时的相电流和线电流。

解　（1）由于电源和负载均为星形连接，所以

电源线电压

$$U_l = \sqrt{3} U_p = \sqrt{3} \times 220 = 380 \text{（V）}$$

负载线电压

$$U_l = 380 \text{（V）}$$

相电压

相电流

$$U_p = 220 \text{ V}$$

$$I_p = \frac{U_p}{|Z|} = \frac{220}{10} = 22 \text{ A}$$

因Y形连接

$$I_1 = I_p = 22 \text{ A}$$

（2）由于负载为三角形连接，故相电压等于线电压，即

$$U_p = U_1 = 380 \text{ V}$$

相电流

$$I_p = \frac{U_p}{|Z|} = \frac{380}{10} = 38 \text{ (A)}$$

线电流

$$I_1 = \sqrt{3} I_p = \sqrt{3} \times 38 = 66 \text{ (A)}$$

显然，负载三角形连接时，相电流和线电流都比负载星形连接时要大。

补4.2 有一组额定电压为220 V的白炽灯照明负载，如图4-4所示，其各相的阻值分别为 $R_a = 10 \text{ Ω}$，$R_b = 10 \text{ Ω}$，$R_c = 20 \text{ Ω}$，电源的线电压 $U_1 = 380 \text{ V}$。试求：

（1）计算各相电流、线电流及中线电流。

（2）画出其相量图。

（3）若中线断开及A相负载开路时会发生什么事故？

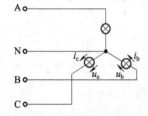

图4-4 照明负载

解　（1）因三相电源对称，则设相电压 $\dot{U}_A = 220 \angle 0° \text{ (V)}$，则相电流等于线电流。

$$\dot{I}_A = \dot{I}_a = \frac{\dot{U}_A}{R_a} = \frac{220 \angle 0°}{10} = 22 \angle 0° \text{ (A)}$$

$$\dot{I}_B = \dot{I}_b = \frac{\dot{U}_B}{R_b} = \frac{220 \angle -120°}{10} = 22 \angle -120° \text{ (A)}$$

$$\dot{I}_C = \dot{I}_c = \frac{\dot{U}_C}{R_c} = \frac{220 \angle 120°}{20} = 11 \angle 120° \text{ (A)}$$

中线电流

$$\dot{I}_N = \dot{I}_A + \dot{I}_B + \dot{I}_C = 22 \angle 0° + 22 \angle -120° + 11 \angle 120° = 11 \angle -60° \text{ (A)}$$

（2）相量如图4-4-1所示。

（3）若中线断开，A相负载又开路时，A相灯泡两端电压为零，B相和C相灯泡串联起来接于线电压 U_{BC} 上，这时B相灯泡承受的电压为

$$U_b = \frac{R_b}{R_b + R_c} \times U_{BC} = \frac{10}{10 + 20} \times 380 = 127 \text{ (V)}$$

C相承受的电压为

$$U_C = \frac{R_c}{R_b + R_c} \times U_{BC} = \frac{20}{10 + 20} \times 380 = 253 \text{ (V)}$$

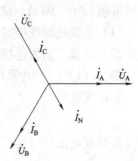

图4-4-1 相量图

显然 C 相灯泡两端的电压已超过灯泡额定电压,故灯丝将被烧断,这是不允许的。

点评 通过此题分析,负载不对称时,中线电流就有电流了。此时不对称负载作星形连接时必须要有中线,中线的作用在于能保证三相负载的相电压对称,使负载能正常工作。

补 4.3 在图 4-5 所示电路中,已知电源线电压 $U_1 = 380$ V,各相负载的阻抗都等于 10 Ω,试求中线电流 $\dot{I}_N$。

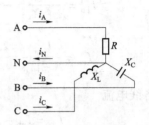

图 4-5 求中线电流

解 虽然各相负载阻抗模值相等,但由于各相负载的性质不同,也就是阻抗角不同,所以本题是不对称三相负载。但由于有中线,所以各相负载的电压等于电源的相电压,即

$$U_P = \frac{U_1}{\sqrt{3}} = \frac{380}{\sqrt{3}} = 220 \text{ (V)}$$

设

$$\dot{U}_A = 220 \angle 0° \text{ V}$$

则

$$\dot{U}_B = 220 \angle -120° \text{ V}, \dot{U}_C = 220 \angle 120° \text{ V}$$

各线电流与其对应的各相电流相等,即

$$\dot{I}_A = \dot{I}_a = \frac{\dot{U}_A}{R} = \frac{220 \angle 0°}{10} = 22 \angle 0° \text{ (A)}$$

$$\dot{I}_B = \dot{I}_b = \frac{\dot{U}_B}{-jX_C} = \frac{220 \angle -120°}{10 \angle -90°} = 22 \angle -30° \text{ (A)}$$

$$\dot{I}_C = \dot{I}_c = \frac{\dot{U}_C}{jX_L} = \frac{220 \angle 120°}{10 \angle 90°} = 22 \angle 30° \text{ (A)}$$

中线电流为

$$\dot{I}_N = \dot{I}_A + \dot{I}_B + \dot{I}_C = 22 \angle 0° + 22 \angle -30° + 22 \angle 30°$$

$$= 22 + 19.1 - j11 + 19.1 + j11 = 60.2 \text{ (A)}$$

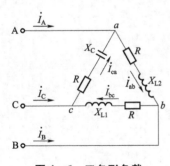

图 4-6 三角形负载

补 4.4 三相不对称负载以△连接方式接到对称的三相电源上,如图 4-6 所示。已知 $R = 5$ Ω,$X_{L1} = 10$ Ω,$X_{L2} = 5$ Ω,$X_C = 10$ Ω,电源的线电压 $\dot{U}_{AB} = 220 \angle 0°$ (V),$\dot{U}_{BC} = 220 \angle -120°$ (V),$\dot{U}_{CA} = 220 \angle 120°$ (V)。试求负载的相电流 $\dot{I}_{ab}$、$\dot{I}_{bc}$、$\dot{I}_{ca}$ 及线电流 $\dot{I}_A$、$\dot{I}_B$、$\dot{I}_C$。

解 因三相电路不对称,所以需分别计算各相电流和线电流。因负载为△形连接,其相电压等于线电压仍对称。则相电流

$$\dot{I}_{ab} = \frac{\dot{U}_{ab}}{R + jX_{L2}} = \frac{220 \angle 0°}{5 + j5} = \frac{220 \angle 0°}{7.07 \angle 45°} = 31.1 \angle -45° \text{ (A)}$$

$$\dot{I}_{bc} = \frac{\dot{U}_{bc}}{R + jX_L} = \frac{220 \angle -120°}{5 + j10} = \frac{220 \angle -120°}{11.2 \angle 63.4°} = 19.7 \angle -183.4° \quad (A)$$

$$\dot{I}_{ca} = \frac{\dot{U}_{ca}}{R - jX_c} = \frac{220 \angle 120°}{5 - j10} = \frac{220 \angle 120°}{11.2 \angle -63.4°} = 19.7 \angle 183.4° \quad (A)$$

各线电流

$$\dot{I}_A = \dot{I}_{ab} - \dot{I}_{ca} = 31.1 \angle -45° - 19.7 \angle 183.4°$$
$$= 22 - j22 + 19.6 + j1.17 = 46.5 \angle -26.6° \quad (A)$$

$$\dot{I}_B = \dot{I}_{bc} - \dot{I}_{ab} = 19.7 \angle -183.4° - 31.1 \angle -45°$$
$$= -19.6 + j1.17 - 22 + j22 = 47.6 \angle 151° \quad (A)$$

$$\dot{I}_C = \dot{I}_{ca} - \dot{I}_{bc} = 19.7 \angle 183.4° - 19.7 \angle -183.4°$$
$$= -19.6 - j1.17 + 19.6 - j1.17 = -j2.34 = 2.34 \angle -90° \quad (A)$$

第五章

半导体器件

半导体器件是近代电子学的重要组成部分。半导体器件是用半导体材料制成的电子器件,常用的有二极管、三极管、场效应管、光电器件等。这些器件是构成各种电子电路最基本的元器件。由于半导体器件具有体积小、质量轻、使用寿命长、输入功率小和功率转换效率高等优点而得到广泛的应用。随着电子技术的飞速发展,各种新型半导体器件层出不穷。本章主要介绍半导体的基本知识,讨论半导体二极管、稳压二极管、三极管的结构、工作原理、特性曲线和主要参数。这些内容为学习各种电子电路奠定必要的基础。

一、基本要求

(1) 掌握半导体材料的导电机理及 PN 结具有单向导电性。
(2) 理解二极管的伏安特性和主要参数,了解二极管的应用范围。
(3) 理解稳压管的伏安特性和主要参数,了解稳压管的稳压原理。
(4) 了解三极管的结构,掌握三极管电流分配和电流放大作用,熟练掌握三极管的特性曲线及主要参数。

二、学习要点

本章的重点:PN 结的单向导电性、二极管的伏安特性以及三极管的特性曲线和放大作用。

本章的难点:PN 结形成过程中载流子运动的分析、二极管导通"箝位"的概念以及半导体元器件具有非线性特性的概念。

1. **半导体的基本知识**

半导体是导电能力介于导体和绝缘体之间的物体。常用的半导体材料有硅和锗等,它们都是四价元素。半导体中有电子和空穴两种载流子参与导电,半导体易受外界的影响而改变导电性能,主要有:

(1) 热敏性:环境温度对半导体导电能力的影响,基于这种热敏特性,可制成温度敏感器件,如热敏电阻。

(2) 光敏性:光照对半导体导电能力的影响,利用这种特性可制成光敏器件,如光敏二极管、三极管。

(3) 掺杂性:掺入微量杂质对半导体导电能力的影响,从而形成 P 型半导体(掺入三价元素)和 N 型半导体(掺入五价元素)。

当P型半导体和N型半导体采用一定工艺技术结合在一起时，在两者的交界面上形成PN结。PN结具有单向导电性，加正向电压时PN结导通，加反向电压时PN结截止。

2. 半导体二极管

在PN结两端分别引出电极引线，其正极由P区引出，负极由N区引出，用管壳封装后就制成二极管。二极管同样具有单向导电性。

二极管按材料分，有硅二极管和锗二极管；按结构分，有点接触型和面接触型两类。

二极管的伏安特性呈非线性特性，由伏安特性曲线可分析二极管在不同工作区的特点。

（1）死区为正向高阻区。即当正向电压小于死区电压时，正向电流近似为零。对死区电压范围应具有数值概念。即锗管为0.2 V以下，硅管为0.5 V以下。

（2）正向导通区呈低阻状态。正向导通时，二极管具有基本恒定的管压降。锗二极管为0.2~0.3 V，硅管为0.6~0.7 V。

（3）反向截止区呈高阻状态。此时反向电流近似为零。

（4）反向击穿区呈破坏性低阻状态。反向电压加到一定值时，反向电流会激增，此时的反向电压称为反向击穿电压，造成二极管反向击穿，导致管子损坏。

3. 稳压二极管

稳压二极管是一种特殊的面接触型半导体硅二极管。

稳压二极管必须工作在反向击穿区，这和普通二极管不同，它能在反向击穿后不损坏，而且能在电流变化范围很大的情况下保持其端电压的恒定。如果工作电压低于反向击穿电压，稳压管就不能起稳压作用。

稳压管的工作电流必须限制在安全值以内，否则管子会过热损坏。

通常用稳压管的动态电阻 $r_Z = \Delta U_Z / \Delta I_Z$ 来反映稳压管对电压的敏感程度。r_Z 值越小时，说明只要有微小的电压变化，就能引起稳压管电流有较大幅度的变化以起调节作用，这样其稳压特性就越好。

利用稳压二极管的这种稳压特性，与调整电阻 R 相配合，就可以组成稳压管稳压电路。

4. 半导体三极管

半导体三极管是一种电流控制器件，即用一个小的基极电流信号去控制集电极的大电流信号。所谓放大作用，实质上是一种控制作用，而绝非能量的放大。大信号的能量必须另有电源提供，否则不能实现电流的放大。

（1）三极管的放大原理。

三极管处于放大工作状态时，发射结正向偏置，使发射结导通，以便接收输入信号，控制发射区载流子的发射。集电结反向偏置，使集电极具有吸收载流子的能力，形成集电极电流。以NPN型硅管为例，如果 $U_{BE} \leq 0$，使 $I_B = 0$，即发射区不发射载流子，此时集电极就不可能吸收到载流子而形成电流，故 $I_C = 0$。另外，若集电极没有反偏电压的作用，集电区吸收载流子的能力就很低，同样也不能形成集电极电流，因此也就没有电流放大的能力。

（2）三极管中各电流间的关系。

根据基尔霍夫电流定律，三极管中的电流关系可表述如下：

$$I_C = \beta I_B$$

$$I_E = I_B + I_C = (1+\beta)I_B$$

在三极管具备放大工作条件时，集电极电流 I_C 受控于基极电流 I_B。式中 I_E 为发射极电流。

（3）三极管的输入输出特性。

三极管的输入特性曲线，具有类似二极管的非线性伏安特性。因此，三极管的基极和发射极之间的电压 U_{BE} 也满足下列关系：

NPN 型硅管 $\begin{cases} \text{正常工作电压 } U_{BE} = 0.6 \sim 0.7 \text{ V} \\ \text{死区电压 } U_{BE} < 0.5 \text{ V} \end{cases}$

PNP 型锗管 $\begin{cases} \text{正常工作电压 } U_{BE} = -0.2 \sim -0.3 \text{ V} \\ \text{死区电压 } U_{BE} > -0.2 \text{ V} \end{cases}$

由三极管的输出特性可知，当 I_B 一定时，三极管的输出端具有恒流特性。集电极电流 I_C 受基极电流 I_B 控制。当三极管不具备放大条件时，I_C 不再受 I_B 的控制。

（4）三极管的工作区域。

三极管工作在放大区时，具有电流放大特性。三极管进入饱和区和截止区时，处于开关工作状态，它在数字电路中有广泛的应用。

放大区：发射结正偏、集电结反偏。其特点是具有 $I_C = \beta I_B$ 的线性放大特性，此时 $U_{CE} = U_{CC} - I_C R_C$。

截止区：发射结反偏、集电结反偏。此时 $I_B = 0$，$I_C = 0$，$U_{CE} = U_{CC}$，集电极回路呈高阻状态。

饱和区：发射结正偏、集电结正偏。此时 I_B 对 I_C 失去控制能力，$U_{CE} \approx 0$，$I_C = U_{CC}/R_C < \beta I_B$，集电极与发射极间呈短路状态。一般认为在饱和时 $U_{CE} = 0.3$ V。

三、习题选解

1．《汽车电工电子基础第二版》书后习题

5.1 在图 5-1 所示的各电路中，已知 $u_i = 10\sin\omega t$（V），$U_S = 6$ V，二极管的正向压降可忽略不计，试分别画出输出电压 u_o 的波形。

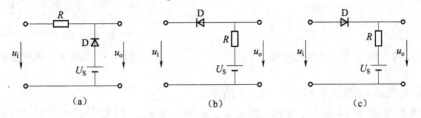

图 5-1 习题 5.1 的电路图

解 各电路波形如图 5-1-1 所示。

点评 做此类习题时，一定记住二极管正向导通时压降可忽略不计，即此时二极管相当于一段短路线。在图 5-1（a）中，如 $u_i > U_S$，二极管导通时可等效为图 5-1-2（a）所示。如 $u_i < U_S$，二极管截止时，相当于开路，等效为图 5-1-2（b）所示。

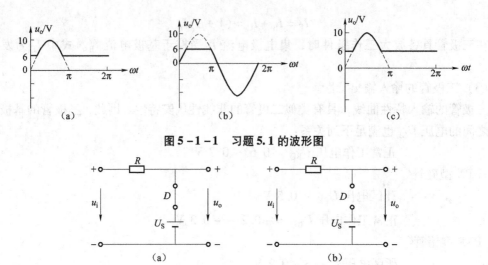

图 5-1-1 习题 5.1 的波形图

图 5-1-2 图 5-1（a）二极管导通与截止的等效电路

5.2 图 5-2（a）中的 R 和 C 构成一微分电路，当输入电压如图 5-2（b）所示时，试画出输出电压 u_o 的波形。

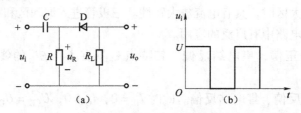

图 5-2 习题 5.2 的电路图

解 输出电压 u_o 的波形如图 5-2-1 所示。

5.5 电路如图 5-3 所示，稳压管 D_Z 的稳定电压为 $U_Z = 6$ V，输入电压 $u_i = 12\sin\omega t$ V，若二极管 D 为理想元件，试画出输出电压 u_o 的波形。

图 5-2-1 习题 5.2 的波形图　　　　图 5-3 习题 5.5 的电路图

解 输出电压 u_o 的波形如图 5-3-1 所示。

5.7 电路如图 5-4 所示，(1) 当 $u_i = 3$ V 时，哪些二极管导通？(2) 当 $u_i = 0$ V 时，哪些二极管导通？（写出分析过程，并设二极管正向压降为 0.7 V）。

答 (1) D_2、D_3、D_4 导通。当 $u_i = 3$ V 时，二极管 D_2、D_3、D_4 外加正向电压而导通，点 a 电位为 2.1 V，二极管 D_1 外加反向电压而截止。

(2) D_1 导通。当 $u_i = 0$ V 时，二极管 D_1 导通，点 a 电位为 0.7 V，不足以使二极管 D_2、D_3 和 D_4 导通故而截止。

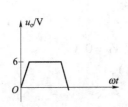

图 5-3-1 习题 5.5 的波形图

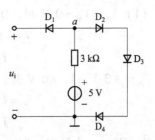

图 5-4 习题 5.7 的电路图

答 当 $u_i = 3$ V 时，二极管 D_2、D_3、D_4 外加正向电压而导通，点 a 电位 2.1 V，二极管 D_1 外加反向电压而截止。

当 $u_i = 0$ V 时，二极管 D_1 导通，a 点电位为 0.7 V，不足以使二极管 D_2、D_3 和 D_4 导通，故而截止。

2. 补充题

补 5.1 怎样用万用表检测二极管的好坏及正负极性？

答 利用万用表的欧姆挡可以简易地判别二极管的极性和判定管子质量的好坏。欧姆表，简化地来看，就是一个表头串联一个电池。由于电池的正极应接表头的正端，所以万用表上接正端的表棒（一般是红棒）接在电池的负极上，万用表上接负端的表棒（一般是黑棒）通过表头接电池的正极。

用万用表测量二极管时，将万用表置于 $R \times 100$ 或 $R \times 1$ k 挡（对于面接触型的大电流整流管可用 $R \times 1$ 或 $R \times 10$ 挡），黑表棒接二极管正极，红表棒接二极管负极。这时正向电阻的阻值一般应在几十欧到几百欧之间。当红、黑表棒对调后，反向电阻的阻值应在几百千欧以上。测量结果如符合上述情况，则可初步判定该被测二极管是好的。

如果测量结果阻值均很小，接近 0 Ω 时，说明该被测管内部 PN 结已被击穿或已短路。反之，如阻值均很大（接近 ∞），则该管子内部已断路。以上两种情况均说明该被测管已损坏，不能再使用。

如果不知道二极管的极性（正、负极），可用下述方法判断。当阻值小时，即为二极管的正向电阻，与黑表棒相接的一端即为正极，另一端为负极；当阻值大时，即为二极管的反向电阻，与黑表棒相接的一端即为负极，而另一端为正极。

必须指出：用万用表测量二极管时不能用 $R \times 10$ k 挡，因为在高阻挡中，使用的电池电压比较高（有的表中用 22.5 V 的电池），这个电压超过了某些检波二极管的最大反向电压，会将二极管击穿。测量时一般也不用 $R \times 1$ 或 $R \times 10$ 挡，因为使用 $R \times 1$ 挡时，欧姆表的内阻只有 12~24 Ω，若二极管正向连接时，电流很大，容易把二极管烧坏。故测量二极管时最好使用 $R \times 100$ 或 $R \times 1$ k 挡。

补 5.2 在图 5-5 中，试求下列几种情况下输出端 F 的电位 V_F 及各元件（R、D_A、D_B）中通过的电流。(1) $V_A = V_B = 0$ V；(2) $V_A = +3$ V，$V_B = 0$ V；(3) $V_A = V_B = +3$ V。二极管的正向压降可忽略不计。

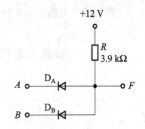

图 5-5 习题补 5.2 的电路图

解 (1) $V_A = V_B = 0$ V 时，D_A、D_B 均导通，所以 $V_F = 0$ V

$$I_R = U/R = 12/3.9 = 3.08 \text{ (mA)}$$
$$I_A = I_B = I_R/2 = 1.54 \text{ mA}$$

(2) $V_A = +3$ V，$V_B = 0$ V 时，D_A 截止，D_B 导通，所以 $V_F = 0$ V

$$I_R = U/R = 12/3.9 = 3.08 \text{ (mA)},$$
$$I_A = 0, I_B = I_R = 3.08 \text{ mA}$$

(3) $V_A = V_B = +3$ V 时，D_A、D_B 均导通，所以 $V_F = +3$ V

$$I_R = \frac{U - V_F}{R} = \frac{12 - 3}{3.9} = 2.3 \text{ (mA)}$$
$$I_A = I_B = I_R/2 = 1.15 \text{ mA}$$

补 5.3 在图 5-6 中，试确定二极管的工作状态，并分别求出输出端电压 U_{ao} 和 U_{bo}。二极管为理想元件。

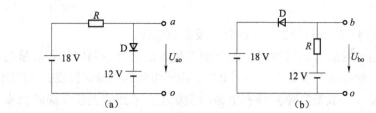

图 5-6 习题补 5.3 的电路图

解 因二极管为理想元件，所以其正向压降为零。

(1) 在图 5-6 (a) 中，二极管阳极接 +18 V 端，阴极接 +12 V 端，故二极管处于导通状态，相当于短路，输出电压 $U_{ao} = 12$ V。

(2) 在图 5-6 (b) 中，二极管阳极接 +12 V 端，阴极接 +18 V 端，故二极管处于截止状态，相当于开路，输出电压 $U_{bo} = 12$ V。

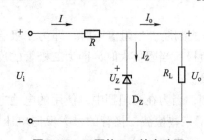

图 5-7 习题补 5.4 的电路图

补 5.4 已知图 5-7 中稳压管 D_Z 的参数为：$U_Z = 10$ V，$I_Z = 5$ mA，$I_{ZM} = 20$ mA，动态电阻 $r_Z = 20$ Ω，负载电阻 $R_L = 2$ kΩ，要求当输入电压 U_i 由正常值发生 ±20% 的波动时，输出电压 U_o 基本不变。

(1) 试确定电阻 R 和输入电压 U_i 的正常值。

(2) 求限流电阻 R 所消耗的最大功率。

(3) 当输入电压增加 20% 时，求负载电阻两端的输出电压 U_o 增加的百分数。

解 (1) 设输入电压达到上限时，流过稳压管的电流为最大值 I_{ZM}，因此有

$$I = I_{ZM} + U_o/R_L = 20 + 10/2 = 25 \text{ (mA)}$$
$$U_i + 0.2U_i = I \cdot R + U_Z = 25R + 10$$

即

$$1.2U_i = 25R + 10 \tag{1}$$

当输入电压为下限时，流过稳压管的电流为 I_Z，因此有

$$I' = I_Z + U_o/R_L = 5 + 10/2 = 10 \text{ (mA)}$$
$$U_i - 0.2U_i = I' \cdot R + U_Z = 10R + 10$$

即
$$0.8U_i = 10R + 10 \tag{2}$$

联立（1）、（2）式
$$\begin{cases} 1.2U_i = 25R + 10 \\ 0.8U_i = 10R + 10 \end{cases}$$

得
$$U_i = 18.75 \text{ V}, R = 0.5 \text{ k}\Omega$$

（2）限流电阻 R 消耗的最大功率
$$P_R = (1.2U_i - U_o)I = (1.2 \times 18.75 - 10) \times 25 = 312.5 \text{ (mW)}$$

点评 选择电阻时，应以最大消耗的功率为参考，以免烧坏电阻。

（3）
$$\Delta U_o = \frac{\Delta U_i}{R + (r_Z // R_L)} \times (r_Z // R_L)$$
$$= \frac{18.75 \times 0.2}{500 + (20 // 2\,000)} \times (20 // 2\,000) \approx 143 \text{ (mW)}$$

则
$$\frac{\Delta U_o}{U_o} \times 100\% = 1.43\%$$

即 U_i 增加 20% 时，U_o 仅增加 1.43%，达到稳压的目的。

补 5.5 现有两个稳压管 D_{Z1} 和 D_{Z2}，稳定电压分别是 4.5 V 和 9.5 V，正向压降都是 0.7 V，试求图 5-8 所示各电路中的输出电压 U_o。

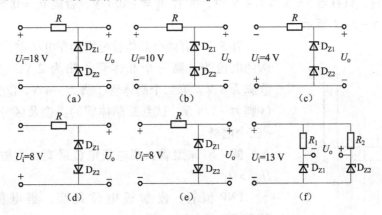

图 5-8 习题补 5.5 的电路图

解 图（a）因为 $U_i > U_{Z1} + U_{Z2}$，稳压管 D_{Z1}、D_{Z2} 起稳压作用，则
$$U_o = U_{Z1} + U_{Z2} = 4.5 + 9.5 = 14 \text{ (V)}$$

图（b）因为 $U_i < U_{Z1} + U_{Z2}$，稳压管 D_{Z1}、D_{Z2} 没有反向击穿，则
$$U_o = U_i = 10 \text{ V}$$

图（c）因输入电压 U_i 为上负下正，使稳压管 D_{Z1}、D_{Z2} 工作在正向特性区，则

$$U_o = -0.7 - 0.7 = -1.4 \text{ （V）}$$

图（d）因输入电压 U_i 为上负下正，D_{Z2} 反向没被击穿，则

$$U_o = -U_i = -8 \text{ V}$$

图（e）D_{Z1} 起稳压作用，D_{Z2} 相当于普通二极管正向导通，则

$$U_o = U_{Z1} + U_D = 4.5 + 0.7 = 5.2 \text{ （V）}$$

图（f）D_{Z1} 和 D_{Z2} 均起稳压作用，则

$$U_o = U_{Z2} - U_{Z1} = 9.5 - 4.5 = 5 \text{ （V）}$$

补 5.6 在图 5-9（a）所示电路中，稳压管 D_{Z1}、D_{Z2} 的稳压值分别为 $U_{Z1} = 5 \text{ V}$，$U_{Z2} = 7 \text{ V}$，稳压特性是理想的，正向压降为 0.7 V。若输入电压 u_i 的波形，如图 5-9（b）所示，试画出输出电压 u_o 的波形。

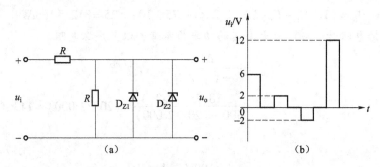

图 5-9 习题补 5.6 的电路图

解 当 $u_i > 0$ 时，欲使 $u_o = 5 \text{ V}$，必须使 $u_i > 10 \text{ V}$，否则 $u_o = 0.5 u_i$，因为有分压电阻 R 存在。

当 $u_i < 0$ 时，只有当 $|u_i| > 1.4 \text{ V}$ 时，才有 $u_o = -0.7 \text{ V}$，否则 $u_o = 0.5 u_i$，由此得到 u_o 的波形如图 5-9-1 所示。

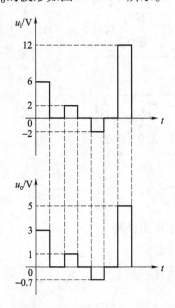

图 5-9-1 习题补 5.6 的解

补 5.7 有两个晶体管分别接在电路中，现测得它们管脚的电位为：第一个晶体管①脚为 2 V，②脚为 2.7 V，③脚为 6 V。第二个晶体管①脚为 -4 V，②脚为 -1.2 V，③脚为 -1.4 V，试判断晶体管的类型及区分管子的 e、b、c 三个电极。

解 NPN 型管：集电极电位最高，发射极电位最低，$U_{BE} > 0$；

PNP 型管：发射极电位最高，集电极电位最低，$U_{BE} < 0$；

硅管：基极电位与发射极电位相差 0.6~0.7 V；

锗管：基极电位与发射极电位相差 0.2~0.3 V。

由此可知：

第一个晶体管为 NPN 型硅管。①—e，②—b，③—c。

第二个晶体管为 PNP 型锗管。①—c，②—e，③—b。

补 5.8 如何用万用表判断出一个晶体管类型？怎样判

断出管子的三个电极？锗管和硅管如何检测？

答 若不知型号，又无法辨认三个管脚时，可用万用表的电阻挡来判别其管脚（通常用 $R\times 100$ 挡或 $R\times 1\text{ k}$ 挡）。

（1）晶体管类型的判别：

用万用表判断晶体管的类型时，先要判断出哪一管脚是基极。其判别方法见表 5-1。基极判别出来后，管型也随之判别出来，详见表 5-1 中说明。

（2）判断三个电极：

基极现在已经判别出来，只要再判断出其他两极中的集电极，则发射极就明确了，集电极的判别方法详见表 5-1。

（3）判断锗管还是硅管：

检测晶体管 BE 之间的正向压降，若为 $0.6\sim 0.7\text{ V}$ 时为硅管；为 $0.2\sim 0.3\text{ V}$ 时为锗管。

表 5-1 管型和电极的简易判断

判断内容		方 法	说 明
判断基极	PNP型晶体管	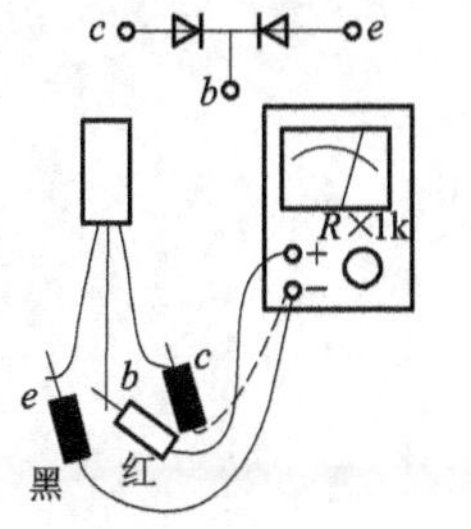 （图示）	可以把晶体三极管看成两个二极管。当将正表笔（红色）接某一管脚，负表笔（黑色）分别接另外两管脚，测量两个阻值。如测得的阻值均较小，且为 $1\text{ k}\Omega$ 左右时，红表笔所接管脚即为 PNP 型晶体管基极。若两阻值一大一小或都大，可将红表笔另接一脚再试，直到两个阻值均较小为止
	NPN型晶体管	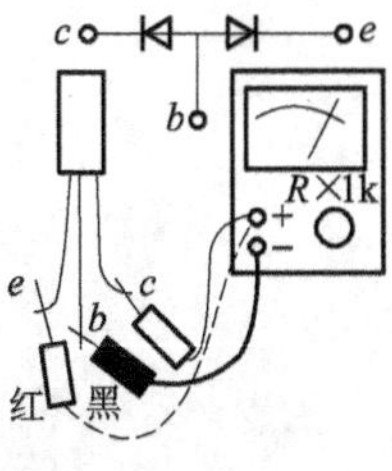 （图示）	方法同上。以黑表笔为准，红表笔分别接两个管脚，测得的阻值均较小，且为 $1\text{ k}\Omega$ 左右，则黑表笔所接管脚即为 NPN 型三极管基极
判断集电极		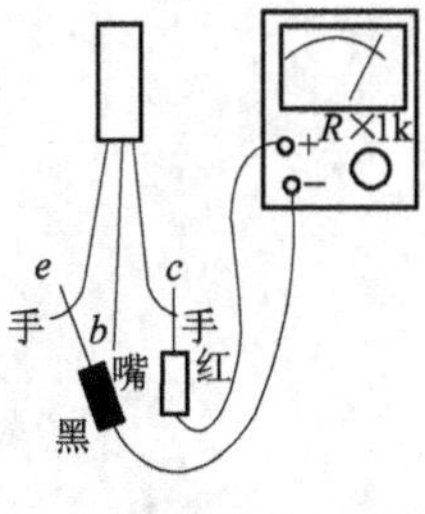 （图示）	利用晶体管正向电流放大系数比反向电流放大系数大的原理可确定集电极。用手将万用表两表笔分别接基极以外两电极，用嘴含住基极，利用人体电阻实现偏置，测读万用表指示值。再将两表笔对调同样测读，比较两次读数，对 PNP 型管，偏转角大的一次中红表笔所接的为集电极；对 NPN 型管，偏转角大的一次中黑表笔所接的即为集电极

补 5.9 已知晶体三极管电流放大系数 $\beta=80$，基极和发射极之间的电压变化量 $\Delta U_{BE}=8\text{ mV}$，试求当基极电流 I_{BQ} 分别为 13 μA 和 26 μA 时的三极管输入电阻 r_{be}，基极电流及集电极电流变化量为 ΔI_B、ΔI_C。

解 (1) $I_{BQ} = 13$ μA 时,

$$r_{be} = 300 + (1+\beta)\frac{26(\text{mV})}{I_E(\text{mA})} = 300 + \frac{26}{I_B} = 2.3 \text{ k}\Omega$$

$$\Delta I_B = \Delta U_{BE}/r_{be} = 8/2\ 300 = 3.5 \times 10^{-3} \text{ (A)} = 3.5 \text{ μA}$$

$$\Delta I_C = \beta \Delta I_B = 80 \times 3.5 = 0.28 \text{ (A)} = 280 \text{ μA}$$

(2) $I_{BQ} = 26$ μA 时,

$$r_{be} = 300 + (1+\beta)\frac{26(\text{mV})}{I_E(\text{mA})} = 300 + \frac{26}{I_B} = 1.3 \text{ k}\Omega$$

$$\Delta I_B = \Delta U_{BE}/r_{be} = 8/1\ 300 = 6.2 \times 10^{-3} \text{ (A)} = 6.2 \text{ μA}$$

$$\Delta I_C = \beta \Delta I_B = 80 \times 6.2 = 0.496 \text{ (A)} = 496 \text{ μA}$$

第六章

基本放大电路

基本放大电路是模拟电子技术的核心和基础,是本课程的重点内容之一。放大电路的功能在于将微弱的电信号加以放大,实现以较小能量对较大能量的控制。例如在电动单元组合仪表中,首先将温度、压力、流量等非电量通过传感器变换为微弱的电信号,经过放大以后,从显示仪表上读出非电量的大小,或者用来推动执行元件以实现自动调节。

放大电路一般由电压放大和功率放大两部分组成。电压放大以放大信号电压为主,不要求它输出大的功率,因此电压放大电路通常在小信号情况下工作。功率放大电路则不同,要求它能输出较大的功率,以便推动执行机构,因而它是在大信号情况下工作的。

只有掌握好本章所介绍的各种放大电路的原理、特性、反馈和基本分析方法,才能学好本课程后续部分的全部内容。

一、基本要求

(1) 理解共发射极放大电路(包括固定偏置电路、分压式偏置电路和阻容耦合电路)的组成和各元件的作用。掌握放大电路的工作原理以及静态分析和动态分析方法。

(2) 熟练掌握静态工作点的估算,理解设置合适静态工作点的必要性,掌握微变等效电路(也称小信号模型分析法)的分析方法,会计算电压放大倍数、输入电阻、输出电阻。

(3) 掌握射极跟随器的特点和用途。

(4) 了解由 MOS 场效应管组成的共源极放大电路的工作原理。

(5) 理解多级放大电路的耦合方式,了解阻容耦合放大器的频率特性和频率失真。

(6) 了解功率放大器的三类工作状态及性能指标,了解互补对称功率放大器的原理和特点。

(7) 了解集成运算放大器理想化的条件,掌握运算放大器线性运用时的两条重要结论:$i_i = 0$,$u_+ = u_-$。这是分析理想运算放大器线性运用的依据。

(8) 了解反馈的基本概念与反馈放大器的分类,理解负反馈对放大器性能的影响。

二、学习要点

本章的重点是:放大电路的基本概念、静态工作点的估算、放大电路中电压放大倍数、输入与输出电阻的计算。基本分析方法为微变等效电路法和图解法。

本章的难点是:放大电路的图解分析法及非线性失真。放大电路中有关负反馈的概念。

1. 基本放大电路的组成

晶体三极管是基本放大电路的关键元件,是组成各种放大电路的核心。若使晶体三极管起放大作用,其外部条件必须满足发射结正偏,集电结反偏。

共发射极电压放大电路的输入信号电压 u_i 从基极输入,集电极输出 u_o,发射极是公共端。在这种电路中,以公共端作为零电位参考点,称为"地"。本节要求弄清电路中各元件的作用及放大过程,掌握放大电路中电压与电流参考方向的规定,以及偏流、隔直、放大等基本概念;熟悉电子电路的习惯画法。

2. 晶体管放大电路的分析

放大电路的基本分析方法有图解法和微变等效电路法。放大电路的性能指标要经过静态分析和动态分析来确定。

(1) 静态分析。

静态分析的目的是确定静态工作点。静态工作点由静态值 I_C、U_{CE}、I_B 及 U_{BE} 确定,其中对硅管而言,U_{BE} 可设 0.6 V 或 0.7 V,是已知的。

所谓静态,就是当放大电路没有交流输入信号时的工作状态。静态值是直流,所以可用放大电路的直流通路来确定。求静态工作点可用计算法和图解法。重点应掌握计算法。静态工作点选择得是否合适将会影响到动态时的放大效果。I_B 值太小,静态工作点偏低,会引起截止失真;I_B 值太大,静态工作点偏高,会导致饱和失真。

R_B、R_C 和电源电压 U_{CC} 对直流静态值都会有影响,一般是改变 R_B 的阻值来调节静态工作点。

(2) 动态分析。

动态分析的目的是确定放大电路的动态性能指标。动态指标主要有电压放大倍数 A_u、输入电阻 r_i、输出电阻 r_o 以及频率特性等。

所谓动态,就是当放大电路有交流输入信号时的工作状态。动态分析是在静态值确定后分析电压、电流交流分量的传输情况,并计算动态性能指标。动态分析可用小信号模型分析法(微变等效电路法)和图解法。小信号模型分析法是指在输入交流电压较小时放大电路的等效电路,等效的条件是在动态范围很小的情况下,把晶体管非线性特性曲线中的小区间看成是线性的,从而简化了电路的计算。我们要重点掌握小信号模型分析法的计算公式。

应该指出:在计算电压放大倍数 $A_u = \dfrac{\dot{U}_o}{\dot{U}_i} = \dfrac{-\beta \dot{I}_b R'_L}{\dot{I}_b r_{be}} = -\beta \dfrac{R'_L}{r_{be}}$ 时,初学者往往在计算过程中丢掉负号。出现负号表明输出电压与输入电压的相位相反,这个概念很重要,要求深刻理解。

另外,当输出电压 $\dot{U}_o$ 与信号源电压 $\dot{U}_S$ 相比时,其电压放大倍数为

$$A_{us} = \dfrac{\dot{U}_o}{\dot{U}_S} = \dfrac{\dot{U}_o}{\dot{U}_i} \cdot \dfrac{\dot{U}_i}{\dot{U}_S} = A_u \cdot \dfrac{r_i}{R_S + r_i} = -\beta \dfrac{R'_L}{r_{be}} \cdot \dfrac{r_i}{R_S + r_i}$$

式中,因在共发射极放大电路中:$r_i \approx r_{be}$。可见 R_S 越大,A_{us} 越小。

虽然图解法也可对动态性能进行分析,但图解法需要测试或查找晶体管的输出特性曲线,相当繁杂,而且精度也差,当电路较为复杂时,如多级放大电路,应用图解法就更困难了。因此,在工程中主要是掌握小信号模型分析法。

3. 静态工作点的稳定

当工作点确定之后，应保持稳定。静态工作点很容易受外界条件的影响而变动。影响因素主要来自环境温度的变化。当晶体管工作环境温度变化时，晶体管的特性参数 I_{CEO}、β、U_{BE}、I_{CBO} 等均发生变化。当环境温度升高时，它们变化的总结果是使集电极电流 I_C 增大，从而破坏了静态工作点的稳定。

当温度升高使 I_C 增大时，若要 I_B 自动减小以牵制 I_C 的增大，从而达到稳定静态工作点的目的。常用的分压式偏置电路就可稳定静态工作点，其稳定过程如下：

$$温度\ t\uparrow \longrightarrow I_C\uparrow \longrightarrow I_E\uparrow \longrightarrow U_E(I_E R_E)\uparrow \longrightarrow$$
$$I_C\downarrow \longleftarrow I_B\downarrow \longleftarrow U_{BE}\downarrow$$

调节过程显然与 R_E 有关，R_E 越大，调节效果越明显，但却降低了放大倍数。若用电容 C_E 与 R_E 并联，则可消除射极电阻 R_E 对电压放大倍数的影响。

4. 射极跟随器

射极跟随器是一种共集电极放大电路。射极输出器具有输入电阻高、输出电阻低、电压放大倍数近似为1、输出与输入同相位的特点。

由于射极跟随器的输入电阻高，因而它常常被用做多级放大电路的输入级。又因为射极跟随器的输出电阻低，这能减少负载对放大电路输出的影响，提高放大电路带负载的能力，因而它也常用来作为多级放大电路的输出级。由于它的阻抗变换作用，还可作为两个共发射极放大电路之间的中间缓冲级，以改善工作性能。

5. 场效应管放大电路

由于场效应管是电压控制元件，因而放大电路具有很高的输入电阻，它适用于作为多级放大电路的输入级，尤其是对高内阻信号源，采用场效应管才能有效地放大。

场效应管和晶体三极管虽然控制原理不同，但电路组成型式极其相似，因此分析方法也基本相同，仍然采用小信号模型电路法和图解法。学习时，要比较场效应管放大电路与双极型晶体管放大电路在电路结构、偏置电路、电压极性、电压放大倍数、输入电阻及输出电阻等方面的对应之处。

6. 多级放大电路

单级放大电路的放大倍数一般只有几十，欲将微弱信号变换为足够大的电压或功率，需要将多个单级放大电路逐级连接成多级放大电路。

多级放大电路之间的连接叫耦合，常用的耦合方式有阻容耦合、直接耦合和变压器耦合三种。随着电子技术的发展，变压器耦合方式已经较少采用了。阻容耦合是最常用的级间耦合方式，这是因为电容有隔离直流和通过交流的作用，它既可使前后级的静态工作点彼此不影响而互相独立，又能使一定频率范围内的交流信号方便地传递过去。

多级放大电路总的电压放大倍数等于各级放大倍数的乘积，但计算各级放大倍数时，要把后一级放大电路的输入电阻看做是前级放大电路的负载电阻。

阻容耦合多级放大电路幅频特性的通频带变窄，导致频率失真。通常采用增大旁路电容、减小晶体管结电容，可有效地加宽通频带、减少频率失真。

7. 互补对称功率放大器

（1）功率放大器的性能指标是：在不失真的情况下能输出足够大的信号功率、能量转换效率要高、非线性失真要小和工作安全可靠。

（2）在功率放大器中，是根据晶体管静态工作点选择的不同来进行分类的。通常分为甲类、甲乙类和乙类三种工作状态。功率放大器一般工作在乙类或甲乙类工作状态。为了消除交越失真，应工作在甲乙类。

无输出变压器功率放大器（OTL）是一种互补对称的射极跟随器，两管轮流工作，在负载得到完整的波形。

（3）功率放大器的特点是：由于处于大信号工作状态，因而必须采用图解分析法。且因为大信号工作，必须考虑失真问题。由于晶体管工作在接近极限运用状态，因此选管时，须考虑极限参数对工作状态的影响。

8. 集成运算放大器（简称运放）

集成运放是一种高电压放大倍数的多级直接耦合放大器。特别要掌握集成运放线性运用时的两条重要结论。即 $i_i = 0$、$u_+ = u_-$。了解使用的各种参数。

9. 负反馈放大器

根据反馈信号对输入信号的作用不同，反馈可分为正反馈和负反馈两大类型。

（1）通常，可采用"瞬时极性法"判别反馈的类型。具体方法是：可先任意设定输入信号的瞬时极性为正或为负，在电路图上标以"＋"或"－"符号，然后，沿反馈环路逐步确定反馈信号的瞬时极性，在电路图上标以⊕或⊖符号，再根据它对输入信号的作用是增强还是削弱，即可判定反馈类型。

（2）负反馈放大电路有四种基本连接方式。根据输出端反馈采样方式的不同，可以分为电压反馈或电流反馈。从反馈信号与输入信号在放大电路输入端的连接方式不同，可以分为串联反馈和并联反馈。四种基本类型为：电压串联负反馈；电流串联负反馈；电压并联负反馈；电流并联负反馈。

（3）负反馈对放大电路性能的影响有：降低了放大电路的电压放大倍数；提高了电压放大倍数的稳定性；减小非线性失真；改变输入电阻和输出电阻；展宽了通频带。

三、习题选解

1. 《汽车电工电子基础第二版》书后习题

6.3 电路如图 6-1 所示，已知 $U_{CC} = 15$ V，$R_B = 470$ kΩ，$R_C = 3.3$ kΩ，$R_L = 3.6$ kΩ，$\beta = 50$，试求：

(1) 静态工作点；
(2) 电压放大倍数；
(3) 若 $U_i = 10$ mV，输出电压 U_o 为多少伏？

解 （1）静态工作点

$$I_B = \frac{U_{CC} - U_{BE}}{R_B} = \frac{15 - 0.7}{470} \approx 0.030\ 4\ (\text{mA}) = 30.4\ \mu A$$

$$I_C = \beta I_B = 50 \times 30.4 = 1\ 520\ (\mu A) = 1.52\ \text{mA}$$

$$U_{CE} = U_{CC} - I_C R_C = 15 - 1.52 \times 3.3$$
$$= 15 - 5.016 = 9.984\ (V)$$

$$I_E = I_B + I_C \approx I_C = 1.52\ \text{mA}$$

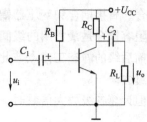

图 6-1 习题 6.3 的电路图

（2）

$$r_{be} = 300 + (1+\beta)\frac{26(\text{mV})}{I_E(\text{mA})} = 300 + (1+50) \times \frac{26}{1.52} \approx 1\ 172.4\ (\Omega) \approx 1.2\ \text{k}\Omega$$

$$A_u = -\beta \frac{R_L'}{r_{be}} = -\beta \frac{R_L // R_C}{r_{be}} = -50 \times \frac{3.6 // 3.3}{1.2} = -71.7$$

(3) $\quad U_o = U_i |A_u| = 10 \times |(-71.7)| = 717\ (\text{mV})$

6.8 电路如图 6-2 所示。已知 $U_{CC} = 12$ V，$R_{B1} = 36$ kΩ，$R_{B2} = 24$ kΩ，$R_C = R_E = 2$ kΩ，$R_L = 6$ kΩ，三极管的 $r_{be} = 1.2$ kΩ，$\beta = 80$。试求：

(1) 静态工作点；
(2) 画出小信号模型电路；
(3) 输入电阻和输出电阻；
(4) 电压放大倍数。

解 （1）应用戴维南定理计算，求解基极到地的等效电压

$$U_B = \frac{U_{CC}}{R_{B1} + R_{B2}} \times R_{B2} = \frac{12}{36+24} \times 24 = 4.8\ (\text{V})$$

则

$$I_B \approx \frac{U_B - U_{BE}}{(1+\beta)R_E} = \frac{4.8 - 0.7}{(1+80)\times 2} = 25\ (\mu\text{A})$$

$$I_C = \beta I_B = 80 \times 25 = 2\ 000\ (\mu\text{A}) = 2\ \text{mA}$$

$$U_{CE} = U_{CC} - I_C R_C - I_E R_E \approx U_{CC} - I_C(R_C + R_E)$$
$$= 12 - 2 \times (2+2) = 12 - 2 \times 4 = 4\ (\text{V})$$

(2) 小信号模型电路如图 6-2-1 所示。

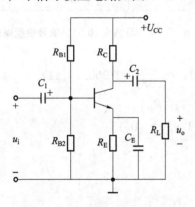

图 6-2 习题 6.8 的电路图

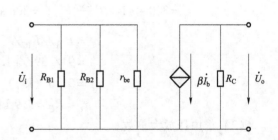

图 6-2-1 习题 6.8 的小信号模型电路

(3) 求输入和输出电阻。

$$r_i = r_{be} // R_{B1} // R_{B2} \approx 1.1\ \text{k}\Omega$$

$$r_o = R_C = 2\ \text{k}\Omega$$

(4) 电压放大倍数

$$A_u = \frac{\dot{U}_o}{\dot{U}_i} = -\beta \frac{R_C // R_L}{r_{be}} = -80 \times \frac{1.5}{1.2} \approx -100$$

点评 求放大电路的动态指标时，一般画出小信号模型电路，分析问题就直观、简单。尤其要注意电压放大倍数前的符号，有些同学在符号上容易遗漏。

6.10 电路如图 6-3 所示，已知电源电压 $U_{CC} = 12\text{ V}$，$R_{B1} = 91\text{ k}\Omega$，$R_{B2} = 39\text{ k}\Omega$，$R_F = 100\text{ }\Omega$，$R_E = 2\text{ k}\Omega$，$R_C = 3.9\text{ k}\Omega$，$R_L = 3.9\text{ k}\Omega$，$R_S = 1\text{ k}\Omega$，三极管的 $\beta = 50$。试求：放大电路的 r_i、r_o、A_u 及 A_{us}。

解 (1) 求输入、输出电阻。

$$U_B = \frac{R_{B2}}{R_{B1} + R_{B2}} U_{CC}$$

$$= \frac{39}{91+39} \times 12 = 3.6 \text{ (V)}$$

$$I_E = \frac{U_B - U_{BE}}{R_E + R_F} = \frac{3.6 - 0.7}{2 + 0.1} \approx 1.381 \text{ (mA)}$$

画出小信号模型电路如图 6-3-1 所示。

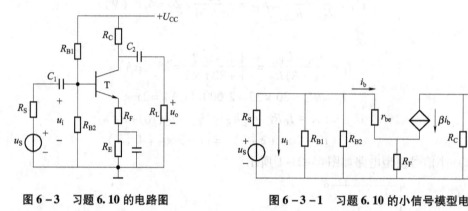

图 6-3 习题 6.10 的电路图 图 6-3-1 习题 6.10 的小信号模型电路

$$r_{be} = 300 + (1+\beta)\frac{26(\text{mV})}{I_E(\text{mA})} = 300 + (1+50) \times \frac{26}{1.381} = 1\,260.1 \text{ (}\Omega\text{)}$$

$$r_i = R_{B1}//R_{B2}//[r_{be} + (1+\beta)R_F]$$

$$= 91//39//[1.260 + (1+50) \times 0.1]$$

$$= 5.15 \text{ (k}\Omega\text{)}$$

$$r_o = R_C = 3.9 \text{ k}\Omega$$

(2) 求电压放大倍数。

$$A_u = -\beta \frac{R_L//R_C}{r_{be} + (1+\beta)R_F} = -50 \times \frac{3.9//3.9}{1.260 + 51 \times 0.1} = -15.33$$

$$A_{us} = \frac{r_i}{R_S + r_i} \times A_u = \frac{5.15}{1 + 5.15} \times (-15.33) = -12.83$$

6.14 电路如图 6-4 所示，已知 $U_{CC} = 12\text{ V}$，$R_B = 270\text{ k}\Omega$，$R_C = R_E = 2\text{ k}\Omega$，$r_{be} = 1.3\text{ k}\Omega$，$\beta = 80$。试求：

(1) 信号从 A 端集电极输出时的电压放大倍数 A_{u1}。

(2) 信号从 B 端发射极输出时的电压放大倍数 A_{u2}。

解 首先将电路的小信号模型电路画出来，如图 6-4-1 所示。

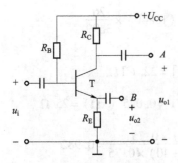

图 6-4 习题 6.14 的电路图

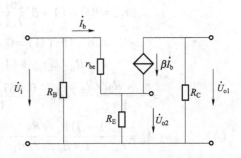

图 6-4-1 习题 6.14 的等效图

(1) $$A_{u1} = \frac{\dot{U}_{o1}}{\dot{U}_i} = -\frac{\beta R_C}{r_{be} + (1+\beta)R_E}$$
$$= -\frac{80 \times 2}{1.3 + (1+80) \times 2} = -0.979$$

(2) $$A_{u2} = \frac{\dot{U}_{o2}}{\dot{U}_i} = \frac{(1+\beta)R_E}{r_{be} + (1+\beta)R_E} = \frac{(1+80) \times 2}{1.3 + (1+80) \times 2} = 0.992$$

6.15 电路如图 6-5 所示为射极输出器，已知 $U_{CC} = 12$ V，$R_B = 75$ kΩ，$R_E = 1$ kΩ，$R_L = 3$ kΩ，$R_S = 0.5$ kΩ，三极管的 $\beta = 40$。试求：

(1) 静态工作点；
(2) 画出小信号模型电路；
(3) 输入电阻 r_i 和输出电阻 r_o；
(4) 电压放大倍数 A_u 及 A_{us}。

解 (1) 求静态工作点。
$$I_B = \frac{U_{CC} - U_{BE}}{R_B + (1+\beta)R_E} = \frac{12 - 0.7}{75 + (1+40) \times 1} = 0.097\,4 \text{ (mA)}$$
$$I_C = \beta I_B = 40 \times 0.097\,4 = 3.89 \text{ (mA)}$$
$$I_E = (1+\beta)I_B = 41 \times 0.097\,4 = 3.99 \text{ (mA)}$$
$$U_{CE} = U_{CC} - I_E R_E = 12 - 3.99 \times 1 = 8.01 \text{ (V)}$$

(2) 画出小信号模型电路，如图 6-5-1 所示。

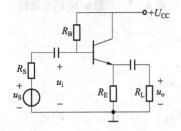

图 6-5 习题 6.15 的电路图

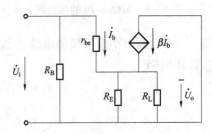

图 6-5-1 习题 6.15 的等效图

(3) 求 r_i、r_o。

$$r_{be} = 300 + (1+\beta)\frac{26(\text{mV})}{I_E(\text{mA})} = 300 + (1+40) \times \frac{26}{3.99}$$
$$= 567.16\ (\Omega) = 0.567\ \text{k}\Omega$$

$$r_i = R_B // [r_{be} + (1+\beta)R_L // R_E] = 22.1\ \text{k}\Omega$$

$$r_o = \frac{r_{be} + R_S // R_B}{1+\beta} // R_E = \frac{0.567 + 0.5 // 75}{1+40} // 1 \approx 0.025\ (\text{k}\Omega) = 25\ \Omega$$

(4)
$$A_u = \frac{(1+\beta)R_L // R_E}{r_{be} + (1+\beta)R_L // R_E} = \frac{(1+40) \times 0.75}{0.567 + (1+40) \times 0.75} = 0.982$$

$$A_{us} = \frac{r_i}{R_S + r_i} \times A_u = \frac{22.1}{0.5 + 22.1} \times 0.982 = 0.96$$

6.16 电路如图 6-6 所示，场效应管的输入电阻 $r_{gs} = 10^6\ \text{k}\Omega$，$g_m = 2\ \text{mA/V}$。试计算放大电路的输入电阻、输出电阻和电压放大倍数。

解 (1) 求输入、输出电阻。

$$r_i = R_G + R_{G1} // R_{G2} = 1\,000 + 200 // 64 = 1\,048.5\ (\text{k}\Omega)$$

$$r_o = R_D = 10\ \text{k}\Omega$$

(2) 求电压放大倍数。

$$A_u = -g_m(R_L // R_D) = -2 \times \frac{10 \times 10}{10 + 10} = -10$$

6.20 放大电路如图 6-7 所示，晶体管 T_1 的 $r_{be1} = 6\ \text{k}\Omega$，$T_2$ 的 $r_{be2} = 1.2\ \text{k}\Omega$，两管的 $\beta_1 = \beta_2 = 100$，要求：(1) 计算该多级放大电路的输入电阻 r_i 和输出电阻 r_o；(2) 计算 $R_S = 0$ 和 $R_S = 20\ \text{k}\Omega$ 时的 A_{us}。

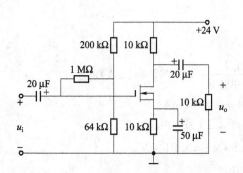

图 6-6 习题 6.16 的电路图

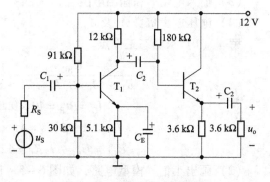

图 6-7 习题 6.20 的电路图

解 (1) 画出小信号模型电路，如图 6-7-1 所示。

输入、输出电阻

$$r_i = 91 // 30 // 6 \approx 4.74\ (\text{k}\Omega)$$

$$r_o = \frac{r_{be2} + R_C // R_B}{1+\beta} // R_{E2}$$

所以

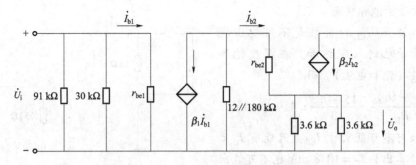

图 6-7-1 习题 6.20 的小信号模型电路

$$r_o = \left(\frac{r_{be2} + R_C//R_B}{1+\beta}\right)//R_{E2} = \left(\frac{1.2+11.25}{1+100}\right)//3.6 = 119.2 \ (\Omega)$$

(2) 求电压放大倍数。

$$r_{i2} = r_{be2} + (1+\beta) R_{E2}//R_L$$
$$= 1.2 + (1+100) \times \frac{3.6 \times 3.6}{3.6+3.6}$$
$$= 183 \ (k\Omega)$$

当 $R_S = 0$ 时，$A_{us} = A_u$，则

$$A_{u1} = -\beta_1 \frac{R'_{L1}}{r_{be1}} = -100 \times \frac{R_{C1}//R_{B2}//r_{i2}}{6} = -100 \times \frac{12//180//183}{6} = -176.6$$

$$A_{u2} = \frac{(1+\beta_2)R'_L}{r_{be2}+(1+\beta_2)R'_L} = \frac{(1+100) \times 3.6//3.6}{1.2+(1+100) \times 3.6//3.6} = 0.993$$

$$A_{us} = A_u = A_{u1}A_{u2} = -176.6 \times 0.993 = -175.4$$

当 $R_S = 20 \ k\Omega$ 时，

$$A_{us} = \frac{r_i}{R_S+r_i}A_u = -175.4 \times \frac{4.74}{20+4.74} = -33.6$$

2. 补充题

补 6.1 电路如图 6-8 所示，设 $\beta = 40$，试确定各电路的静态工作点，指出晶体管工作于什么状态？

解 图 6-8 (a) 中

$$I_B = \frac{15}{200} = 75 \ (\mu A)$$

$$I_C = \beta I_B = 40 \times 0.075 = 3 \ (mA)$$

$$U_{CE} = U_{CC} - I_C R_C = 15 - 3 \times 4 = 3 \ (V)$$

晶体管处于放大状态。

图 6-8 (b) 中

$$I_B = \frac{20}{75} \approx 270 \ (\mu A)$$

$$I_C = \beta I_B = 40 \times 0.27 = 10.8 \ (mA)$$

$$U_{CE} = U_{CC} - I_C R_C = 15 - 10.8 \times 3 = 负数$$

晶体管处于饱和状态。

点评 这里 U_{CE} 为负数是不可能出现的！说明管子已进入深饱和。在深度饱和下，$I_C = I_{CS}$（饱和电流）。而

$$I_{CS} = \frac{U_{CC} - U_{CES}}{R_C} = \frac{15 - 0.3}{3} = 4.9 \text{ (mA)}$$

即 I_C 无论如何不可能大于 I_{CS}，只能有 $I_C < I_{CS}$。式中计算出的 $I_C = 10.8$ mA 也不可能出现，因晶体管进入饱和区后，I_C 就和 I_B 不存在线性关系了。所以此题 $U_{CE} \approx 0.3$ V $= U_{CES}$（U_{CES} 为饱和时的集射极压降）。而

$$I_B < I_{BS} = \frac{I_{CS}}{\beta} = \frac{U_{CC} - U_{CES}}{\beta R_C} = 122.5 \text{ (μA)}$$

则原电路上偏置电阻需重新调整才能在放大区。

图 6-8（c）中，因有发射极电阻 R_E，所以

$$I_B R_B + U_{BE} + I_E R_E = U_{CC}$$

即

$$200 I_B + 0.7 + 1 \times (1 + 40) I_B = 20$$

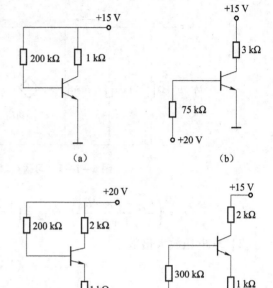

图 6-8 习题补 6.1 的电路图

则

$$I_B = \frac{U_{CC} - U_{BE}}{R_B} \approx \frac{U_{CC}}{R_B} = \frac{12}{200} = 60 \text{ (μA)}$$

$$I_C = \beta I_B = 40 \times 80 = 3.2 \text{(mA)}$$

$$U_{CE} = U_{CC} - I_C R_C - I_E R_E$$

$$\approx U_{CC} - I_C (R_C + R_E)$$

$$= 20 - 3.2 \times (2 + 1)$$

$$= 10.4 \text{ (V)}$$

晶体管处于放大状态。

图 6-8（d）中基极加的是负电源，所以 $U_{BE} < 0$

$$I_B = 0$$

$$I_C = 0$$

$$U_{CE} \approx U_{CC} - I_C(R_C + R_E) = U_{CC} = 15 \text{ V}$$

晶体管处于截止状态。

补 6.2 判断图 6-9 所示各电路能否正常放大交流信号。若不能，说明原因。

解 图 6-9（a）不能放大交流信号。因为 $U_{BE} < 0$，反向偏置，且无 C_2。

图 6-9（b）不能放大交流信号。因直接将电源电压加到管子发射结，导致烧管。即便直流电源很低不烧管，交流信号也被短路了。

图 6-9（c）不能放大交流信号。因为交流输出电压被短路。

图 6-9（d）能放大交流信号。直流静态、交流信号均正常。

图 6-9（e）不能放大交流信号。因为输入电压被直流电源短路，无 C_2。

图 6-9（f）不能放大交流信号。因为 NPN 型管、电源接反。

补 6.3 放大电路及其输出电压的波形如图 6-10 所示，试判断各输出波形属于何种类型（截止、饱和）的失真。应采取何种措施才能使失真得到改善？

解 图 6-10（b）为 NPN 型管子输出波形上平顶，是截止失真。一般采用减小 R_B 偏置电阻的方法来减小截止失真。

图 6-10（c）为 NPN 型管子输出波形下平顶，是饱和失真。一般采用增大 R_B 偏置电阻的方法来减小饱和失真。

图 6-10（d）为上、下波形均平顶，既有截止失真，也有饱和失真。说明输入信号过大，一般采取减小输入信号 u_i 的方法消除双向失真。

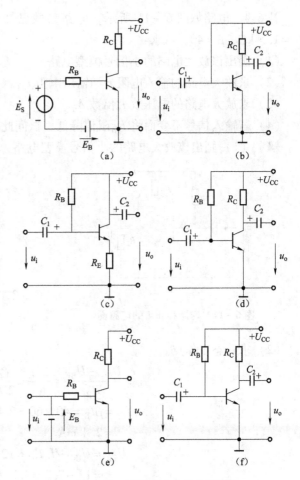

图 6-9 习题补 6.2 的电路图

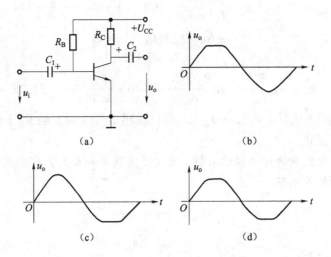

图 6-10 习题补 6.3 的电路图

补6.4 电路如图6-11所示,电路参数已知 $U_{CC}=12\text{ V}$,$R_B=200\text{ k}\Omega$,$R_C=3\text{ k}\Omega$,$R_L=1.5\text{ k}\Omega$,$\beta=40$,试求:

(1) 画出该放大电路的小信号模型电路。

(2) 求放大电路的输入电阻 r_i 和输出电阻 r_o。

(3) 求放大电路的电压放大倍数 A_u。

(4) 若输入信号不变而将 R_B 阻值降低,试问此时输出信号是否会发生变化?

解 (1) 画出该放大电路的小信号模型电路,如图6-11-1所示。

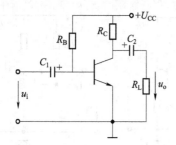

图6-11 习题补6.4的电路图

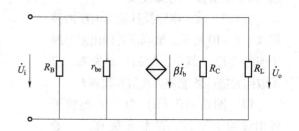

图6-11-1 习题补6.4的解

(2) 求静态工作点。

$$I_B = \frac{U_{CC}-U_{BE}}{R_B} \approx \frac{U_{CC}}{R_B} = \frac{12}{200} = 60 \text{ (μA)}$$

$$I_C = \beta I_B = 40 \times 60 = 2400 \text{ (μA)}$$
$$= 2.4 \text{ mA}$$

$$U_{CE} = U_{CC} - I_C R_C = 12 - 2.4 \times 3$$
$$= 12 - 7.2 = 4.8 \text{ (V)}$$

$$I_E = I_B + I_C \approx I_C = 2.4 \text{ mA}$$

$$r_{be} = 300 + (1+\beta)\frac{26(\text{mV})}{I_E(\text{mA})} = 300 + (1+40) \times \frac{26}{2.4} \approx 744 \text{ Ω}$$

$$r_i = R_B // r_{be} \approx r_{be} = 744 \text{ Ω}$$

$$r_o = R_C = 3 \text{ kΩ}$$

(3) $$A_u = -\beta \frac{R_L'}{r_{be}} = -\beta \frac{R_L // R_C}{r_{be}} = -40 \times \frac{1.5//3}{0.744} = -53.76$$

(4) $R_B \downarrow \to I_B \uparrow \to I_E \uparrow \to r_{be} \downarrow \to A_u \uparrow$,所以输出信号增加,但 R_B 下降也有限制,必须在不失真的条件下变化。

点评 对输入电阻和输出电阻的求解,看似非常简单的公式,有些同学往往出错。

例如,本题的输入电阻 r_i 应为

$$r_i = r_{be} // R_B = \frac{1}{\dfrac{1}{r_{be}} + \dfrac{1}{R_B}} = \frac{r_{be} R_B}{r_{be} + R_B}$$

而很多同学将 r_i 错写成

$$r_i = \frac{1}{r_{be}} + \frac{1}{R_B}$$

显然，这样求出的结果必定是错的！

对输出电阻 r_o，其定义是断开负载 R_L 从输出端看进去的等效电阻，所以

$$r_o = R_C$$

而很多同学将 r_o 错写成

$$r_o = R_C // R_L$$

以上这些错误在考试和作业中经常出现，必须引起同学们的足够重视。

补 6.5 电路如图 6-12 所示，已知 $U_{CC} = 15$ V，$R = 120$ kΩ，$R_{B1} = 15$ kΩ，$R_{B2} = 10$ kΩ，$R_C = 3$ kΩ，$R_{E1} = R_{E2} = 0.5$ kΩ，$U_{BE} = 0.7$ V，$\beta = 50$。试求：

(1) 画出直流通路，计算静态工作点；
(2) 画出小信号模型电路；
(3) 计算电压放大倍数 A_u；
(4) 输入电阻 r_i 和输出电阻 r_o。

解 (1) 直流通路如图 6-12-1 (a) 所示。将基极 B 断开，求戴维南等效开路电压 U_B 和内阻 R_B。

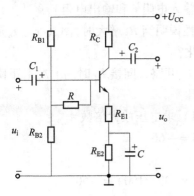

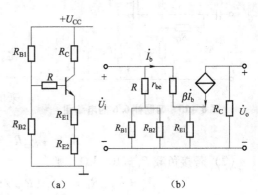

图 6-12 习题补 6.5 的电路图 　　图 6-12-1 习题补 6.5 的等效图

$$U_B = \frac{R_{B2}}{R_{B1} + R_{B2}} \times U_{CC} = \frac{10}{15 + 10} \times 15 = 6 \text{ (V)}$$

$$R_B = R + R_{B1} // R_{B2} = 120 + 15 // 10 = 126 \text{ (kΩ)}$$

$$I_B = \frac{U_B - U_{BE}}{R_B + (1+\beta)(R_{E1} + R_{E2})}$$

$$= \frac{6 - 0.7}{126 + (1+50) \times (0.5 + 0.5)} = 0.0299 \text{ (mA)}$$

$$I_C = \beta I_B = 50 \times 0.0299 = 1.495 \text{ (mA)}$$

$$I_E = (1+\beta) I_B = 1.5 \text{ mA}$$

$$U_{CE} = U_{CC} - I_C R_C - I_E (R_{E1} + R_{E2})$$

$$= 15 - 1.495 \times 3 - 1.5 \times (0.5 + 0.5) = 9 \text{ (V)}$$

(2) 画出小信号模型电路，如图 6-12-1 (b) 所示。
(3) 电压放大倍数 A_u

$$r_{be} = 300 + (1+\beta)\frac{26(\text{mV})}{I_E(\text{mA})}$$

$$= 300 + (1+50) \times \frac{26}{1.5} = 1\ 184\ (\Omega) = 1.184\ \text{k}\Omega$$

$$A_u = -\frac{\beta R_C}{r_{be} + (1+\beta)R_{E1}} = -\frac{50 \times 3}{1.184 + 51 \times 0.5} = -5.62$$

(4) 输入输出电阻

$$r_i = R_B // [r_{be} + (1+\beta)R_{E1}] = 126 // [1.184 + 51 \times 0.5] = 22\ (\text{k}\Omega)$$

$$r_o = R_C = 3\ \text{k}\Omega$$

补6.6 场效应管放大电路如图 6-13 所示，设 $U_{DD} = 18$ V，$R_G = 10$ MΩ，$R_{G1} = 2.2$ MΩ，$R_{G2} = 51$ kΩ，$R_D = 33$ kΩ，$R_S = 2$ kΩ，已知场效应管的 $g_m = 2$ mA/V，各电容都足够大，试求：

(1) 电压放大倍数 A_u；

(2) 若接上负载电阻 $R_L = 100$ kΩ，求电压放大倍数 A_u；

(3) 求输入电阻 r_i 和输出电阻 r_o；

(4) 定性说明当 R_S 增大时，A_u、r_i、r_o 是否变化，如何变化？

(5) 若 C_S 开路，问接 R_L 时的 $|A_u|$ 下降到原来的百分之几？

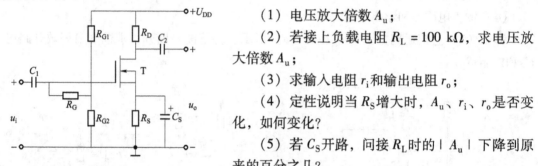

图 6-13 习题补 6.6 的电路图

解 (1) 求电压放大倍数 A_u。

$$A_u = -g_m R_D = -2 \times 33 = -66$$

(2) 若接负载 $R_L = 100$ kΩ，则

$$A_u = -g_m R_L' = -g_m(R_D // R_L) = -2 \times (33 // 100) \approx -50$$

(3) 求 r_i 和 r_o。

$$r_i = R_G + R_{G1} // R_{G2} \approx R_G = 10\ \text{M}\Omega$$

$$r_o = R_D = 33\ \text{k}\Omega$$

(4) R_S 增大时参数变化：

$$R_S \uparrow \to U_{GS}\text{更负} \to I_D \downarrow \to g_m \downarrow \to |A_u| \downarrow$$

g_m 随 R_S 增大而减小的情况，如用转移特性曲线进行图解分析更为直观，当 R_S 增大时，偏置线变平，Q 点下移，g_m 变小。

(5) 若 C_S 开路，则接 R_L 时的电压放大倍数

$$A_u' = -\frac{g_m R_L'}{1 + g_m R_S} = \frac{A_u}{5}$$

则

$$\frac{|A_u'|}{|A_u|} = 20\%$$

即接 R_L 时的 $|A_u|$ 下降到原来的 20%。

补6.7 已知图 6-14 所示源极跟随器的电路参数及场效应管的 g_m，试求：(1) 电压

放大倍数 A_u；（2）输入电阻 r_i 和输出电阻 r_o。

解 将图 6-14 的电路等效为图 6-14-1（a）所示的小信号模型电路。

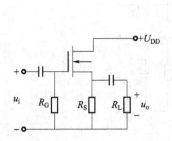
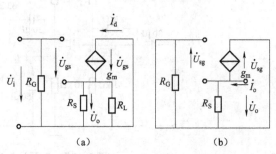

图 6-14　习题补 6.7 的电路图　　　　图 6-14-1　习题补 6.7 的小信号模型电路

（1）设 $R'_L = R_L // R_S$

则

$$\dot{U}_o = \dot{I}_d R'_L = g_m \dot{U}_{gs} R'_L$$

$$\dot{U}_i = \dot{U}_{gs} + \dot{I}_d R'_L$$

$$= \dot{U}_{gs} + g_m \dot{U}_{gs} R'_L$$

电压放大倍数

$$A_u = \frac{\dot{U}_o}{\dot{U}_i} = \frac{g_m \dot{U}_{gs} R'_L}{\dot{U}_{gs} + g_m \dot{U}_{gs} R'_L} = \frac{g_m R'_L}{1 + g_m R'_L}$$

（2）求 r_i 和 r_o。

$$r_i = R_G$$

将负载 R_L 断开，外施电压 $\dot{U}_o$，则有等效电路如图 6-14-1（b）所示。

$$\dot{I}_o = \frac{\dot{U}_o}{R_S} + g_m \dot{U}_{sg} = \frac{\dot{U}_o}{R_S} + g_m \dot{U}_o = \left(\frac{1}{R_S} + g_m\right) \dot{U}_o$$

则

$$r_o = \frac{\dot{U}_o}{\dot{I}_o} = \frac{1}{\frac{1}{R_S} + g_m} = \frac{R_S}{1 + g_m R_S} = R_S // \frac{1}{g_m}$$

补 6.8 图 6-15 所示为两级放大电路，已知场效应管的 $g_m = 1.5$ mA/V，三极管的 $\beta = 80$，试求电路的输入电阻 r_i、输出电阻 r_o 和总的电压放大倍数 A_u。

解 首先画出小信号模型电路，如图 6-15-1 所示。

（1）求输入输出电阻。

$$r_i = 1\,000 + 200 // 51 \approx 1\,041 \text{ (k}\Omega) \approx 1 \text{ M}\Omega$$

$$r_o = 10 \text{ k}\Omega$$

（2）求电压放大倍数。

法一： 用戴维南定理等效电路求 I_E。

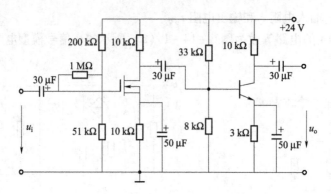

图 6-15　习题补 6.8 的电路图

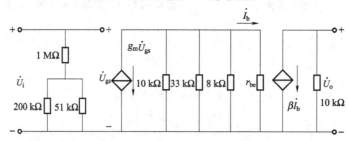

图 6-15-1　习题补 6.8 的小信号模型电路

$$U_B = \frac{8}{33+8} \times 24 = 4.68 \text{ (V)}$$

$$R_B = 33//8 = 6.44 \text{ (k}\Omega\text{)}$$

$$I_B = \frac{U_B - 0.7}{R_B + (1+\beta)R_E} = \frac{4.68 - 0.7}{6.44 + 81 \times 3} \approx 16 \text{ (μA)}$$

$$I_E = (1+\beta)I_B = 81 \times 16 = 1\,296 \text{ (μA)} \approx 1.3 \text{ mA}$$

法二：用估算法求 I_E。

$$I_E = \frac{U_B - U_{BE}}{R_E} = \frac{4.68 - 0.7}{3} \approx 1.33 \text{ (mA)}$$

点评　由此可见，估算法和戴维南等效电路法求解 I_E 近似相等，误差不大。但估算法要简单得多。

$$r_{be} = 300 + (1+\beta)\frac{26}{I_E} = 300 + 81 \times \frac{26}{1.3} = 1.92 \text{ (k}\Omega\text{)}$$

则

$$A_{u1} = -g_m R'_{L1} = -1.5 \times (10//33//8//1.92) = -1.93$$

$$A_{u2} = -\beta \frac{R_C}{r_{be}} = -80 \times \frac{10}{1.92} = -416$$

$$A_u = A_{u1} A_{u2} = -1.93 \times (-416) = 802.88$$

补 6.9　差分放大电路在结构上有什么特点？典型差分放大电路中 R_E 和负电源 U_{EE} 的作用是什么？这种电路是如何抑制零点漂移的？又是怎样放大差模信号的？

答　差分放大电路的对称性是它的主要特点。能有效地抑制共模信号而不影响差模信号的放大,从而使零漂大大减小。

典型差放中的 R_E 的主要作用是减小零漂,稳定静态工作点。负电源 U_{EE} 用来补偿 R_E 两端的直流压降。

典型差放中所产生的零漂现象表现为 I_{E1}、I_{E2} 的相同变化,即相当于共模输入信号所引起的效果。R_E 对共模信号有强负反馈作用,就是对零漂有很强的抑制作用。

典型差放的有用信号就是以差模方式输入的。R_E 对这种方式的输入信号不产生负反馈作用,不削弱差模放大倍数。无论输入方式如何,只要是双端输出,$A_d = A_{d1}$;只要是单端输出,$A_d = A_{d1}/2$。

补 6.10 已知如图 6-16 所示差分放大电路的 $U_{CC} = U_{EE} = 12$ V,$R_C = R_E = 10$ kΩ,$\beta = 80$。求:

(1) 静态工作点;
(2) $U_i = 10$ mV,不接 R_L 时的 U_o;
(3) $U_i = 10$ mV,接 $R_L = 20$ kΩ 负载时的 U_o。

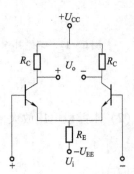

图 6-16 习题补 6.10 的电路图

解 (1) 求静态工作点。

$$I_E = \frac{U_{CC} - U_{BE}}{2R_E} = \frac{12 - 0.7}{2 \times 10} = 0.585 \text{ (mA)}$$

$$I_B = \frac{I_E}{1+\beta} = \frac{0.585}{1+80} = 7.2 \text{ (μA)}$$

$$I_C = \beta I_B = 80 \times 7.2 = 576 \text{ (μA)} = 0.576 \text{ mA}$$

$$U_{CE} = U_{CC} + U_{EE} - I_C R_C - 2 I_E R_E$$
$$= 12 + 12 - 0.576 \times 10 - 2 \times 0.585 \times 10$$
$$= 24 - 5.76 - 11.7 = 6.54 \text{ (V)}$$

(2) 求不接 R_L 时的 U_o。

$$r_{be} = 300 + (1+\beta)\frac{26}{I_E} = 300 + 81 \times \frac{26}{0.585} = 3.9 \text{ (kΩ)}$$

$$A_{do} = -\beta \frac{R'_C}{r_{be}} = -80 \times \frac{10}{3.9} = -205.1$$

当 $U_i = 10$ mV 时

$$U_o = U_i |A_{do}| = 10 \times 205.1 \approx 2.05 \text{ (A)}$$

(3) 求接 R_L 时的 U_o。

$$R'_L = R_C // \frac{1}{2} R_L = 10 // \frac{20}{2} = 5 \text{ (kΩ)}$$

$$A_{dL} = -\beta \frac{R'_L}{r_{be}} = -80 \times \frac{5}{3.9} = -102.6$$

当 $U_i = 10$ mV 时

$$U_o = U_i |A_{dL}| = 1.026 \text{ V}$$

补 6.11 图 6-17 所示为差分放大器,已知 $\beta_1 = \beta_2 = 50$,$r_{be1} = r_{be2} = 2$ kΩ,$I_s = 1$ mA。试求:(1) 静态工作点;

(2) 差模电压放大倍数;

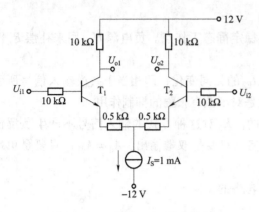

图 6-17 习题补 6.11 的电路图

(3) 单边共模电压放大倍数。

解 (1) 求静态工作点。

$$I_E = \frac{I_S}{2} = \frac{1}{2} = 0.5 \text{ (mA)}$$

$$I_C \approx I_E = 0.5 \text{ mA}$$

$$I_B = I_C/\beta = 0.01 \text{ mA}$$

$$U_{CE} = U_{C1} - U_{E1}$$

$$U_{C1} = 12 - 10 \times 0.5 = 7 \text{ (V)}$$

$$U_{B1} = -I_B R_B = -0.01 \times 10 = -0.1 \text{ (V)}$$

$$U_{E1} = -0.1 - 0.7 = -0.8 \text{ (V)}$$

因为 $U_{E1} = U_B - U_{BE}$

所以

$$U_{CE} = U_{C1} - U_{E1} = 7 - (-0.8) = 7.8 \text{ (V)}$$

(2) 求差模电压放大倍数 ($R_{E1} = 0.5 \text{ k}\Omega$)。

$$A_{d1} = -\beta_1 \frac{R_{C1}}{R_{B1} + r_{be1} + (1+\beta)R_{E1}}$$

$$= -50 \times \frac{10}{10 + 2 + 51 \times 0.5}$$

$$= -13.3$$

(3) 因接恒流源 I_S,所以 $A_C = 0$。

补 6.12 在功率放大电路中,如何选用晶体管?

答 在功放电路中,晶体管的选择原则与电压放大电路的一样,即管子的实际工作状态不能超过管子的极限参数 P_{CM}、I_{CM} 和 $U_{(BR)CEO}$。因此,在互补对称功率放大电路中,晶体管的选择必须满足以下条件:

(1) $P_{CM} \geq 0.2 P_{Omax}$。如果管子工作时实际最大管耗超过了手册上规定的最大允许管耗 P_{CM},则将导致温升过高,从而损坏管子。

(2) $U_{(BR)CEO} > 2U_{CC}$,只有这样,才不会发生管子的反向击穿。

(3) $I_{CM} > I_{cm} = U_{CC}/R_L$。

补 6.13 功率放大电路如图 6-18 所示,已知晶体管的 $\beta = 50$,$|U_{BE}| = 0.6 \text{ V}$,$U_{CE(sat)} = 0.5 \text{ V}$,试求:

(1) 说明 R_4、C_2 和 C_3 的作用;

(2) 计算各电阻中的静态电流,且确定使 $|U_{CE3}| = |U_{CE2}|$ 的 R_3 的阻值;

(3) 在输出基本不失真的情况下,

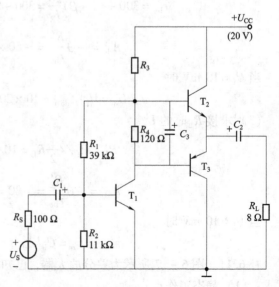

图 6-18 习题补 6.13 的电路图

估算电路的最大输出功率。

解 (1) R_4 上的压降给 T_2、T_3 管提供合适的偏置,以克服交越失真。C_2 为一大容量的耦合电容,充电后的极性如图 6–18 所示,它为 T_3 管供电。C_3 使 T_1 加到 T_2、T_3 管的交流信号相等,有助于使输出波形正、负对称。

(2)
$$I_1 = \frac{\dfrac{U_{CC}}{2}}{R_1} = \frac{U_{CC}}{2R_1} = \frac{20}{2 \times 39} = 256.4 \ (\mu A)$$

$$I_2 = \frac{U_{BE1}}{R_2} = \frac{0.6}{11} = 54.5 \ (\mu A)$$

$$I_4 = \frac{U_{BE2} + U_{BE3}}{R_4} = \frac{0.6 + 0.6}{120} = 10 \ (mA)$$

因 $I_{B2} \ll I_4$,可将 I_{B2} 忽略不计,故
$$I_3 = I_1 + I_4 = 0.2564 + 10 = 10.2564 \ (mA)$$

则
$$R_3 = \frac{U_{CC} - 10.6}{I_3} = \frac{20 - 10.6}{10.2564} = 916.5 \ (\Omega)$$

(3)
$$P_{Omax} = \frac{\left(\dfrac{U_{CC}}{2} - U_{CE(sat)}\right)^2}{2R_L} = \frac{\left(\dfrac{20}{2} - 0.5\right)^2}{2 \times 8} = 5.64 \ (W)$$

补 6.14 如图 6–19 所示的放大电路,静态时,$U_A = 0$,$T_1 \sim T_5$ 管 U_{BE} 均为 0.6 V。

求:(1) T_3 管集电极电位应调到多大?
(2) $T_1 \sim T_5$ 管各起什么作用?
(3) 在理想情况下,负载电阻 R_L 上的最大输出功率是多少?
(4) 若 T_1 和 T_2 管的饱和压降 $|U_{CE(sat)}| = 1$ V,此时的输出功率和效率各为多少?

解 (1) $U_A - U_{B2} = 0.6$ V
则
$$U_{C3} = U_{B2} = U_A - 0.6 = -0.6 \ V$$

(2) T_1 和 T_2 组成互补对称电路做功率放大器的输出级,由于是射极输出,因而输出电阻小,带负载能力强。T_4 和 T_5 起二极管作用,静态时,二极管两端产生一个合适的正向压降,给 T_1 和 T_2 发射结提供一个偏置电压,使功率放大器工作在甲乙类状态,克服交越失真。T_3 为驱动级。

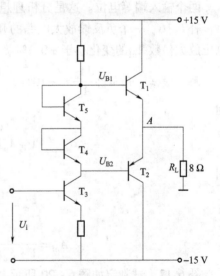

图 6–19 习题补 6.14 的电路图

(3) 在理想情况下,忽略晶体管饱和压降,则最大输出功率
$$P_{Omax} = \frac{1}{2} \times \frac{U_{CC}^2}{R_L} = \frac{1}{2} \times \frac{15^2}{8} = 14 \ (W)$$

(4) 若考虑饱和压降时

$$P_O = \frac{1}{2} \times \frac{[U_{CC} - U_{CE(sat)}]^2}{R_L} = \frac{1}{2} \times \frac{(15-1)^2}{8} = 12.25 \text{ (W)}$$

$$\eta = \frac{\pi}{4} \times \frac{U_{CC} - U_{CE(sat)}}{U_{CC}} \times 100\% = 73.3\%$$

补6.15 从理想运算放大器可得出哪两条重要结论？

在分析运算放大器时，一般可将它看成一个理想运算放大器。理想化的条件是：

(1) 开环电压放大倍数 $A_{uo} \to \infty$；

(2) 差模输入电阻 $r_{id} \to \infty$；

(3) 开环输出电阻 $r_o \to 0$；

(4) 共模抑制比 $K_{CMRR} \to \infty$。

由此可得到线性运用时的两条重要结论：

(1) 因 $r_{id} \to \infty$，故有两个输入端的输入电流：

$$i_+ = i_- = i_i = 0$$

(2) 因 $A_{uo} \to \infty$，且 $u_o = A_{uo}(u_+ - u_-)$，而输出电压是一个有限的数值，所以

$$u_+ - u_- = \frac{u_o}{A_{uo}} \approx 0$$

即

$$u_+ \approx u_-$$

两个输入端等电位。这是分析理想运放线性运用的基本依据。

补6.16 一个负反馈放大电路的开环电压放大倍数 $A_u \pm \Delta A_u = 1\,000 \pm 100$，若要求闭环电压放大倍数 A_{uf} 的变化小于 $\pm 0.1\%$，试求电压反馈系数 F_u 和闭环电压放大倍数 A_{uf}。

解 根据已知条件 $\dfrac{dA_u}{A_u} \approx \pm 10\%$，$\dfrac{dA_{uf}}{A_{uf}} \approx \pm 0.1\%$

则

$$1 + A_u F_u = \frac{|dA_u/A_u|}{|dA_{uf}/A_{uf}|} \approx 100$$

则

$$F_u = \frac{100 - 1}{A_u} = \frac{99}{1\,000} = 0.099$$

$$A_{uf} = \frac{A_u}{1 + F_u A_u} = \frac{1\,000}{1 + 0.099 \times 1\,000} = 10$$

补6.17 试判定如图6-20所示电路的反馈性质及其类型。

解 图6-20(a)是电流串联负反馈放大电路。这是因为该电路的负反馈信号的大小，取决于电阻 R_{E3} 上的电流大小，而和输入电压 U_{be1} 的比较方式是串联形式的。

图6-20(b)是电流串联负反馈放大电路。

图6-20(c)是电压并联负反馈放大电路。这是因为该电路的负反馈信号是取决于输出电压。在输入端和 U_{b2} 并联起分流作用。

图6-20(d) R_F 是电流并联负反馈，R_E 是电流串联负反馈。

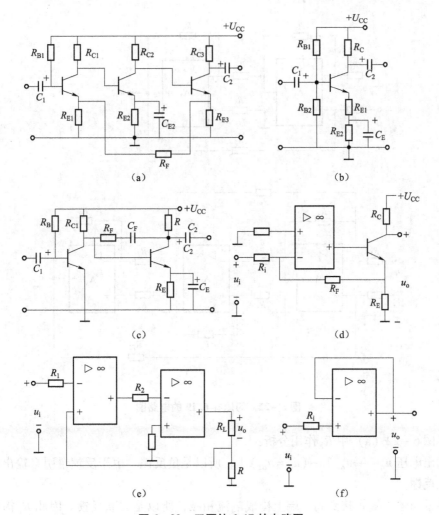

图 6-20 习题补 6.17 的电路图

图 6-20（e）是电流串联负反馈集成运算放大电路。

图 6-20（f）是电压串联负反馈集成运算放大电路。

补 6.18 如图 6-21 所示，如果输入信号本身就是一个失真的正弦波，引入负反馈后能否改善失真？

答 不能。因为负反馈放大器只能改善由于放大器本身产生的失真，对于已经失真的正弦波信号，负反馈放大器无能为力。

补 6.19 图 6-22 所示的集成运算放大器各电路上 R_F 是放大器的级间反馈电阻，试分析它们所引入反馈的性质；是正反馈还是负反馈？是串联反馈还是并联反馈？是电压反馈还是电流反馈？

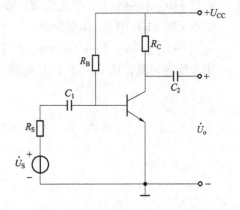

图 6-21 习题补 6.18 的电路图

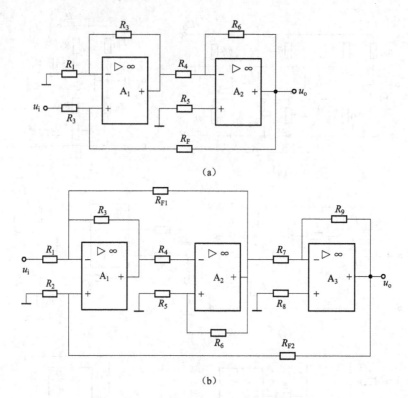

图 6 - 22　习题补 6.19 的电路图

解　图 6 - 22（a）中 R_F 作用分析：

当输出电压 $u_o \uparrow \to u_{o1} \uparrow \to (u_o = u_{o2}) \downarrow$，所以是负反馈。由于反馈量引自输出电压，所以是电压反馈。

反馈量与输入量 u_i 接到同一端上构成电流相减，所以是并联反馈。因此 R_F 构成电压并联负反馈。

图 6 - 22（b）中 R_{F1} 作用分析：

$u_{o2} \uparrow \to u_{o1} \downarrow \to u_{o2} \uparrow$，是正反馈，故 R_{F1} 构成电压并联正反馈。

图 6 - 22（b）中 R_{F2} 作用分析：

$u_{o3} \uparrow \to u_{o1} \uparrow \to u_{o2} \downarrow \to (u_o = u_{o3}) \uparrow$，也是正反馈，故 R_{F2} 构成电压串联正反馈。

由上所述可见，图 6 - 22（b）电路不能正常工作。

第七章

集成运算放大器的应用

前面简单介绍了集成运算放大器（运放）的特点和制造工艺，它采用半导体集成工艺，把众多晶体管、电阻及电容制作在一块硅片上做成具有特定功能的独立电子线路。与分立元件电路相比，集成电路具有性能好、可靠性高、体积小、耗电少、成本低等优点，因此得到广泛的应用。

集成运放是一种模拟集成电路。由于早期主要用于模拟计算机，实现各种数学运算，由此而得名，并沿用至今。现在集成运放的应用已远远超出模拟运算的范围，而以一种高增益器件广泛用于各种电子系统中。

本章着重介绍在信号运算方面的应用，诸如比例、加减、积分与微分等运算，以及在信号处理方面常见到的信号滤波、信号采样保持以及信号比较等。此外，对信号的放大以及波形的产生也做了简单的分析与计算。

一、基本要求

（1）熟练掌握由集成运放组成的比例运算、加法减法运算、微分积分运算电路的原理和输出电压与输入电压之间的关系。

（2）理解运算放大器在信号测量方面的应用及其特点。

（3）理解运算放大器在信号处理方面的应用。了解有源滤波器的种类及其幅频特性，了解采样保持电路的工作原理，掌握电压比较器的结构、原理和传输特性。

（4）了解运算放大器在波形产生方面的应用。知道振荡器的电路组成和工作原理。

二、学习要点

本章的重点是：集成运算放大器理想化的条件以及由此得出的两条重要结论。要熟练掌握集成运放的反相输入比例运算电路、同相输入比例运算电路、加法运算电路、减法运算电路、积分运算电路和微分运算电路的分析和计算方法。

本章的难点是：运算放大器在信号处理方面的应用和振荡器的工作原理。

1. 模拟运算电路

模拟运算电路用来实现模拟信号的各种运算，其输出是输入信号的运算结果。而分析各种运算关系，都是建立在两条重要结论 $u_+ \approx u_-$ 和 $i_i = 0$ 条件之上的。另外，运算放大器总是接入深度负反馈环节，在闭环状态下工作，工作在线性区域，使输入与输出之间呈线性关系。

(1) 反相输入比例运算放大器。

这种方式输入信号从反相端加入,反馈信号也接到反相输入端,构成深度电压并联负反馈。"虚地"的存在是反相输入运放的重要特征,但应指出,"虚地"并不等于地,只是其电位接近于地而已。由于 $i_i = 0$,所以电路中的电流 $i_1 = i_f$,由此推导出反相输入比例运算电路的放大倍数,$A_u = -\dfrac{R_F}{R_1}$。电路中的 R_2 是一平衡电阻,$R_2 = R_1 // R_F$,其作用是消除静态输入电流对输出电压的影响。

(2) 同相输入比例运算放大器。

同相输入时,运放的反相输入端经 R_1 接地,故该点不再具有"虚地"特征。但由于 $u_+ \approx u_-$,可以认为运算放大器的两个输入端之间是"虚短"。

根据 $i_i = 0$ 和 $u_+ \approx u_-$ 的结论,可推出同相输入比例运算放大器的电压放大倍数

$$A_u = \frac{u_o}{u_i} = 1 + \frac{R_F}{R_1}$$

当 $R_F = 0$ 或 $R_1 = \infty$ 时,$u_o = u_i$。这时输出电压与输入电压大小相等、相位相同,运算放大器就成为电压跟随器。

(3) 加法运算。

如在反相输入端接入多个输入信号,而由于集成运放输入电流为零,所以输入电流之和便等于反馈支路电流,即 $\sum i_{ik} = i_f$,($k = 1, 2, \cdots$),根据 $i_{ik} = u_{ik} / R_k$ 及 $i_f = -\dfrac{u_o}{R_F}$ 关系,可求出输出电压为输入电压的叠加。

求解时,也可利用叠加原理分别求出各个输入电压在输出端的响应,最后叠加起来。

(4) 减法运算。

如在运算放大器的同相输入端和反相输入端同时输入信号就构成了减法运算。

减法运算也可利用叠加原理分别求出同相和反相输入电压在输出端的响应,最后叠加起来。

(5) 积分运算。

将反相比例运算放大器的反馈电阻 R_F 换成电容 C,就组成了积分运算电路。此时输出电压按一定比例随时间做线性变化,实现了积分运算。

(6) 微分运算。

将积分电路的 R、C 对调即为微分运算电路。此时输出电压与输入电压对时间的微分成正比。

2. 运放在信号测量方面的应用

在自动控制系统和非电量电测系统中,经常使一些非电量变化转换为电压信号,而后输入系统。为了有效地抑制干扰信号,放大有用信号,常采用测量放大器。测量放大器是一种抗干扰能力极强的放大器,一般由三个集成运算放大器组成。输入信号从两个同相输入端输入,输出级为差分放大器,具有很高的共模抑制比,可有效地抑制零点漂移。而且输入电阻高,输出电阻低,因而在信号测量方面测量放大器得到广泛的应用。

3. 运放在信号处理方面的应用

自动控制系统中,在信号处理方面常见到的有信号滤波、信号采样保持及信号比较等。

将 RC 选频网络接到运算放大器的同相输入端组成有源滤波器，且具有输入阻抗高、输出阻抗低、便于级联和频率特性理想等特点。与无源滤波器比较，有源滤波器具有体积小、效率高等优点，因而得到广泛应用。按照选频网络频率特性的不同，有源滤波器可分为低通、高通、带通和带阻滤波器。

采样保持电路由电子开关和保持电容组成，当输入信号变化较快时，要求输出信号能快速而准确地跟随输入信号的变化进行间隔采样。在两次采样之间保持上一次采样结束时的状态。为了减小充电电流和提高带负载能力，在电路的输入端和输出端各增加一个用运放组成的跟随器。

电压比较器用来比较输入电压和参考电压。U_R 是参考电压，加在同相输入端，输入电压 u_i 加在反相输入端。运放工作于开环状态，且工作在非线性区域。当 $u_i < U_R$ 时，$u_o = +u_{o(sat)}$；当 $u_i > U_R$ 时，$u_o = -u_{o(sat)}$，当 $U_R = 0$ 时，输入电压和零电平比较，称为过零比较器。当输出端用稳压管限幅时，输出电压等于稳压管的稳定电压。

4. 正弦波振荡器

集成运放可以用来组成各种信号产生电路，如方波、三角波、锯齿波、正弦波等。它们的共同特点就是都把集成运放接成正反馈的形式。利用 RC 电路的选频作用，就可实现正弦波振荡。

5. 使用运放时应注意的几个问题

（1）选用元件：通常根据实际要求来选用运算放大器。如选通用型、高速型、大功率型等，或选单运放、双运放等。

（2）消振：通常是外接 RC 消振电路或消振电容。目前由于集成工艺水平的提高，运放已有消振元件。

（3）调零：使用时在运放外接调零电路。

（4）保护：保护分为输入端保护、输出端保护、电源保护几种，通过二极管或稳压二极管组成保护电路。

三、习题选解

1. 《汽车电工电子基础第二版》书后习题

7.3 在图 7-1 所示电路中，已知 $R_1 = R_2 = 10 \text{ k}\Omega$，$R_3 = R_F = 30 \text{ k}\Omega$，$u_{i1} = 3 \text{ V}$，$u_{i2} = 0.5 \text{ V}$，试求输出电压 u_o。

解 此电路为减法运算电路，输出电压

$$u_o = -\frac{R_F}{R_1}u_{i1} + \left(1 + \frac{R_F}{R_1}\right)\frac{R_3}{R_2 + R_3}u_{i2}$$

$$= -\frac{30}{10} \times 3 + \left(1 + \frac{30}{10}\right) \times \frac{30}{10+30} \times 0.5$$

$$= -7.5 \text{ (V)}$$

7.4 求图 7-2 所示电路中，u_o 与各输入电压的运算关系式。并修改图 7-2 的阻值，以使 $u_o = -(u_{i1} + 2u_{i2} + 3u_{i3})$。

解 对于图示电路，$u_o = -u_{i1} - u_{i2} - u_{i3}$。

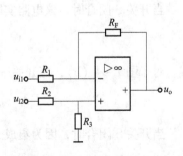

图 7-1 习题 7.3 的电路图

当 $u_o = -(u_{i1} + 2u_{i2} + 3u_{i3})$ 时，电路中电阻的阻值需修改为如图 7-2-1 所示。

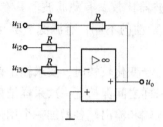

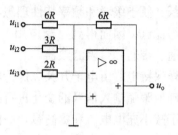

图 7-2 习题 7.4 的电路图   图 7-2-1 习题 7.4 的解答图

7.5 在图 7-3 所示电路中，已知 $R_F = 2R_1$，$u_i = -0.5$ V，试求输出电压 u_o。

解 （1）该电路中第一级为电压跟随器，所以
$$u_{o1} = u_i = -0.5 \text{ V}$$
（2）该电路的第二级为反相输入比例运算电路，则
$$u_o = -\frac{R_F}{R_1}u_{o1} = -\frac{2R_1}{R_1}u_{o1} = -2 \times (-0.5) = 1 \text{ （V）}$$

7.6 求图 7-4 的电路中，当开关 S 打开及闭合时的 u_o 与 u_i 的关系式。

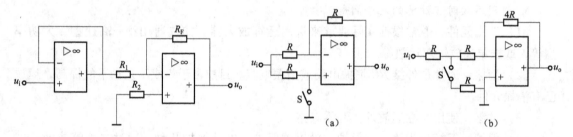

图 7-3 习题 7.5 的电路图   图 7-4 习题 7.6 的电路图

解 对于图 7-4（a），当开关 S 打开时，该电路为减法运算电路，则
$$u_o = -\frac{R_F}{R_1}u_{i1} + \left(1 + \frac{R_F}{R_1}\right)u_{i2}$$
$$= -\frac{R}{R}u_i + \left(1 + \frac{R}{R}\right)u_i$$
$$= u_i$$
当开关 S 闭合时，该电路实际为反相运算电路，则
$$u_o = -\frac{R_F}{R_1}u_i = -\frac{R}{R}u_i = -u_i$$
对于图 7-4（b），当开关 S 打开时，该电路为反相运算电路，则
$$u_o = -\frac{R_F}{R_1}u_i = -\frac{4R}{2R}u_i = -2u_i$$
当开关 S 闭合时，因为集成运放的反相输入端为"虚地"，所以开关处电位为
$$V_S = \frac{R//R}{R + R//R}u_i = \frac{1}{3}u_i,$$

所以
$$u_o = -\frac{R_F}{R_1}V_S = -\frac{4R}{R}\cdot\frac{1}{3}u_i = -\frac{4}{3}u_i$$

7.11 电路如图 7-5 所示，$R_1 = 10$ kΩ，$R_F = 20$ kΩ，$u_i = 3$ V，求输出电压 u_o。

解 (1) 电路中 A_2 是电压跟随器，其输出电压 $u_{o2} = u_o$，u_o 与 u_{o2} 之间相当于一根导线，与 R_F 构成 A_1 的负反馈环节。

(2) 电路中 A_1 是同相输入的比例运算电路，则
$$u_o = \left(1 + \frac{R_F}{R_1}\right)u_i = \left(1 + \frac{20}{10}\right)\times 3 = 9 \text{ (V)}$$

7.13 图 7-6 是应用集成运算放大器测量电阻的原理电路，输出端接有满量程为 5 V、500 μA 的电压表。当电压表指示为 5 V 时，试计算电阻 R_F 的阻值。

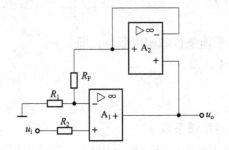

图 7-5 习题 7.11 的电路图

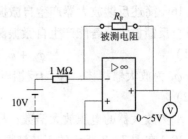

图 7-6 习题 7.13 的电路图

解
$$U_o = -\frac{R_F}{R_1}U_i$$

即
$$R_F = \left|\frac{-U_o}{U_i}\right|R_1$$
$$= \left|\frac{-5}{10}\right|\times 1\ 000$$
$$= 500 \text{ (kΩ)}$$

7.15 在图 7-7 所示的测量电路中，电桥电阻 R_x 从 2 kΩ 变化到 2.1 kΩ 时，输出电压 u_o 变化多少？

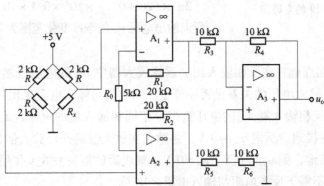

图 7-7 习题 7.15 的电路图

解
$$u_{1-} = u_{1+} = \frac{5}{R+R_x} \times R_x = \frac{5}{2+2.1} \times 2.1 = 2.56 \text{ (V)}$$

$$u_{2-} = u_{2+} = \frac{5}{R+R} \times R = \frac{5}{2+2} \times 2 = 2.5 \text{ (V)}$$

$$i = \frac{u_{1-} - u_{2-}}{R_o} = \frac{2.56 - 2.5}{5\,000} = 12 \text{ (μA)}$$

$$i_1 = i_2 = i = 12 \text{ μA}$$

$$u_{o1} = i_1 R_1 + u_{1-} = 2.8 \text{ V}$$

$$u_{o2} = -i_2 R_2 + u_{2-} = 2.26 \text{ V}$$

$$u_o = -\frac{R_4}{R_3} u_{o1} + \left(1 + \frac{R_4}{R_3}\right)\left(\frac{R_6}{R_5 + R_6}\right) u_{o2} = u_{o2} - u_{o1}$$

$$= 2.26 - 2.8 = -540 \text{ (mV)}$$

7.16 简述反馈放大器产生自激振荡的条件。

答 反馈放大器若能产生自激振荡应满足相位平衡条件和幅度条件,即

(1)
$$\varphi_A + \varphi_F = \pm 2n\pi \ (n = 0, 1, 2, \cdots)$$

其中,φ_A 为放大器相移;φ_F 为反馈电路相移。

(2)
$$|A_u F| \geq 1$$

其中,A_u 为放大器的电压放大倍数;F 为反馈电路的反馈系数。

7.19 在图 7-8 所示的正弦波振荡器中,已知 $C = 0.1$ μF,$R_2 = 100$ Ω,双联电阻可调节范围为 $0 \sim 20$ kΩ,试求输出电压 u_o 频率的变化范围。

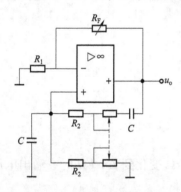

图 7-8 习题 7.19 的电路图

解 图中正弦波振荡电路的振荡频率为

$$f = \frac{1}{2\pi RC}$$

公式中的 R 是 R_2 和双联电阻的阻值之和,当双联电阻为 0 Ω 时,输出电压 u_o 的频率为

$$f = \frac{1}{2\pi \times 100 \times 0.1 \times 10^{-6}} \text{Hz} = 15.9 \text{ kHz}$$

当双联电阻为 20 kΩ 时,输出电压 u_o 的频率为

$$f = \frac{1}{2\pi \times (20 + 0.1) \times 10^3 \times 0.1 \times 10^{-6}} \text{Hz} = 79.2 \text{ Hz}$$

所以输出电压 u_o 的频率变化范围为 79.2 Hz ~ 15.9 kHz。

2. 补充题

补 7.1 什么叫虚地?在反相输入比例运算放大器中 u_- 的电压既然接近于零,那么把 u_- 点接地,输出 - 输入电压的关系是否还等于反馈电阻与输入电阻之比?为什么?

答 虚地就是反相输入端 u_- 的电压近似等于同相输入端的电压,$u_+ = 0$ V,而反相输入端 u_- 实际并没有接地。所谓 $u_- \approx 0$ V,是建立在放大器的开环放大倍数 A_{uo} 很大的基础上的,如果将 u_- 点接地,则 $u_- = 0$ V,$u_o = 0$ V,集成运放将失去放大作用。此时输出 - 输入之间的电压关系也不等于反馈电阻与输入电阻之比了。

补 7.2 设图 7-9 中的集成运放为理想运放,试求电路的输出电压 u_o。

解 该电路为反相输入比例运算放大器,根据题意画出等效电路如图 7-9-1 所示。

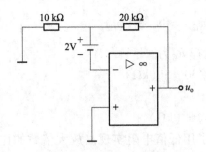

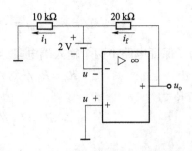

图 7-9 习题补 7.2 的电路图　　　　图 7-9-1 习题补 7.2 的等效图

因为
$$u_- \approx u_+ = 0 \text{ V}$$
所以
$$i_1 = \frac{2(\text{V})}{10(\text{k}\Omega)} \quad i_f = \frac{u_o - 2(\text{V})}{20(\text{k}\Omega)}$$
由于
$$i_1 = i_f$$
则
$$\frac{2}{10} = \frac{u_o - 2}{20}$$
$$u_o = \left(\frac{2}{10} + \frac{2}{20}\right) \times 20 = 4 + 2 = 6 \text{ (V)}$$

点评 该题输入电压和反相输入比例运算放大器的标准电路各有不同,电压没有加在输入电阻的左端,而是加在输入电阻右端和 u_- 之间,这就必须根据两条重要结论:$u_- \approx u_+$,$i_i \approx 0$ 来分析。

补 7.3 图 7-10 所示为两级集成运算放大器构成的运算电路,试求输出电压与输入电压的关系并选择电阻 R_6 与 R_7 的阻值。

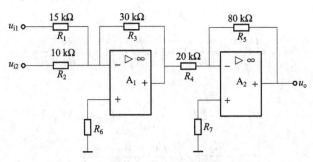

图 7-10 习题补 7.3 的电路图

解 第一级集成运放为反相加法运算电路,则利用叠加原理,得
$$u_{o1} = -\left(\frac{R_3}{R_1}u_{i1} + \frac{R_3}{R_2}u_{i2}\right)$$
$$= -\left(\frac{30}{15}u_{i1} + \frac{30}{10}u_{i2}\right)$$
$$= -(2u_{i1} + 3u_{i2})$$

第二级集成运放为反相输入比例运算电路，则

$$u_o = -\frac{R_5}{R_4}u_{o1} = -\frac{80}{20}(-2u_{i1} - 3u_{i2}) = 8u_{i1} + 12u_{i2}$$

为了保证电路中两个输入端电阻尽量相等，应选择 R_6 为

$$R_6 = R_1 // R_2 // R_3 = 15 // 10 // 30 = 5 \ (k\Omega)$$

选 R_7 为

$$R_7 = R_4 // R_5 = 20 // 80 = 16 \ (k\Omega)$$

补 7.4 为了用低值电阻实现高放大倍数的比例运算，常用 T 形网络代替反馈电阻 R_F，电路如图 7-11 所示。若已知电路中的电阻 $R_1 = 20$ kΩ，$R_2 = 200$ kΩ，$R_3 = 20$ kΩ，$R_4 = 300$ kΩ，$u_i = 10$ mV，试求输出电压 u_o。

解 根据理想运放的两条重要结论可推断出 $u_- \approx u_+ = 0$ V，$i_1 = i_2$。

由于

$$i_1 = \frac{u_i - u_-}{R_1} = \frac{u_i}{R_1}$$

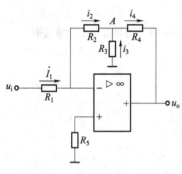

图 7-11 习题补 7.4 的电路图

$$i_2 = \frac{u_- - u_A}{R_2} = -\frac{u_A}{R_2}$$

联立方程

$$\frac{u_i}{R_1} = -\frac{u_A}{R_2}$$

所以

$$u_A = -\frac{R_2}{R_1}u_i$$

$$i_3 = \frac{0 - u_A}{R_3} = \frac{1}{R_3}\left[0 - \left(-\frac{R_2}{R_1}u_i\right)\right] = \frac{R_2}{R_3} \cdot \frac{u_i}{R_1}$$

因此，输出电压为

$$u_o = u_A - i_4 R_4 = -\frac{R_2}{R_1}u_i - (i_2 + i_3)R_4$$

$$= -\frac{R_2}{R_1}u_i - R_4\left(\frac{u_i}{R_1} + \frac{R_2}{R_3} \cdot \frac{u_i}{R_1}\right)$$

$$= -\frac{u_i}{R_1}\left[R_2 + R_4\left(1 + \frac{R_2}{R_3}\right)\right]$$

代入题目中所给各电阻参数和输入电压得

$$u_o = -\frac{u_i}{20}\left[200 + 300 \times \left(1 + \frac{200}{20}\right)\right]$$

$$= -175u_i = -175 \times 10$$

$$= -1\ 750 \ (mV) = -1.75V$$

补7.5 求图7-12所示电路的 u_o 与 u_i 的运算关系式。

解
$$u_{o2} = -\frac{R}{R}u_{o1} = -u_{o1}$$

$$u_o = u_{o2} - u_{o1} = -u_{o1} - u_{o1}$$

$$= -2u_{o1} = -2\left(-\frac{R_F}{R_1}u_i\right)$$

$$= 2\frac{R_F}{R_1}u_i$$

补7.6 在图7-13所示电路中,已知输入电压 $u_{i1} = 30$ mV, $u_{i2} = 50$ mV,求输出电压 u_o。

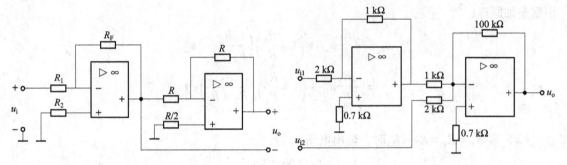

图7-12 习题补7.5的电路图   图7-13 习题补7.6的电路图

解
$$u_{o1} = -\frac{1}{2} \times 30 = -15 \text{ (mV)}$$

$$u_o = -\left(-\frac{100}{1}u_{o1} + \frac{100}{2} \times u_{i2}\right)$$

$$= -[100 \times (-15) + 50 \times 50]$$

$$= -(-1\,500 + 2\,500)$$

$$= -1\,000 \text{ (mV)}$$

$$= -1 \text{ V}$$

补7.7 电路如图7-14所示,为串级差分放大电路。求 u_o 与 u_{i1} 及 u_{i2} 之间的关系式。

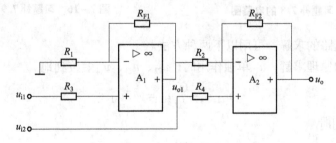

图7-14 习题补7.7的电路图

解 A_1 是同相比例运算放大电路,因此

$$u_{o1} = \left(1 + \frac{R_{F1}}{R_1}\right)u_{i1}$$

A_2是差分放大电路，则

$$u_o = \left(1 + \frac{R_{F2}}{R_2}\right)u_{i2} - \frac{R_{F2}}{R_2}\left(1 + \frac{R_{F1}}{R_1}\right)u_{i1}$$

补 7.8　电路如图 7 – 15 所示。求：

（1）电路中 u_o 与 u_{i1}、u_{i2} 的关系。

（2）当 $R_F = R_1 = R_2 = R_3$ 时，输出电压 u_o。

解　（1）该电路中 A_1 为电压跟随器，所以

$$u_{o1} = u_{i1}$$

根据叠加原理，得

$$u_o = -\frac{R_F}{R_1}u_{o1} + \left(1 + \frac{R_F}{R_1}\right)\left(\frac{R_3}{R_2 + R_3}\right)u_{i2}$$

$$= -\frac{R_F}{R_1}u_{i1} + \left(1 + \frac{R_F}{R_1}\right)\left(\frac{R_3}{R_2 + R_3}\right)u_{i2}$$

（2）当 $R_F = R_1 = R_2 = R_3$ 时，输出电压 u_o 为

$$u_o = u_{i2} - u_{i1}$$

可见，输出电压为两输入电压的差值。

补 7.9　电路如图 7 – 16 所示，试求输出电压 u_o 的表达式。

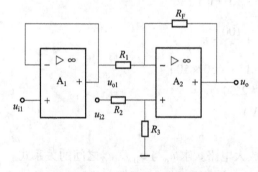

图 7 – 15　习题补 7.8 的电路图

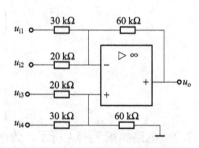

图 7 – 16　习题补 7.9 的电路图

解　对此类电路的求解，可用以下两种方法。

法一：用叠加原理求解，u_{i1} 单独作用时，u_{i2}、u_{i3}、u_{i4} 短接到地。

$$u_{o1} = -\frac{60}{30}u_{i1} = -2u_{i1}$$

同理，u_{i2} 单独作用时

$$u_{o2} = -\frac{60}{20}u_{i2} = -3u_{i2}$$

u_{i3} 单独作用时

$$u_{o3} = \left(1 + \frac{60}{20//30}\right)\left(\frac{30//60}{20 + 30//60}\right)u_{i3} = 3u_{i3}$$

u_{i4} 单独作用时

$$u_{o4} = \left(1 + \frac{60}{20 /\!/ 30}\right)\left(\frac{20 /\!/ 60}{30 + 20 /\!/ 60}\right) u_{i3} = 2u_{i4}$$

则

$$u_o = u_{o1} + u_{o2} + u_{o3} + u_{o4}$$
$$= -2u_{i1} - 3u_{i2} + 3u_{i3} + 2u_{i4}$$

法二：用等效电源定理将原电路化为图 7-16-1 所示。

图中 $R_1 = R_2 = R = 20 /\!/ 30 = 12$ （kΩ）

$$u_1 = \frac{2}{5}u_{i1} + \frac{3}{5}u_{i2}, u_2 = \frac{3}{5}u_{i3} + \frac{2}{5}u_{i4}$$

则

$$u_o = \frac{60}{R}(u_2 - u_1) = \frac{60}{12} \times \left(\frac{3}{5}u_{i3} + \frac{2}{5}u_{i4} - \frac{2}{5}u_{i1} - \frac{3}{5}u_{i2}\right)$$
$$= -2u_{i1} - 3u_{i2} + 3u_{i3} + 2u_{i4}$$

补 7.10 电路如图 7-17 所示，求图示电路中 u_o 与 u_{i1}、u_{i2}、u_{i3} 的关系。

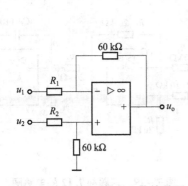

图 7-16-1 习题补 7.9 的等效图

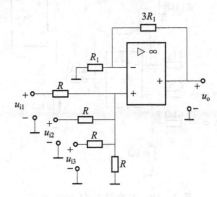

图 7-17 习题补 7.10 的电路图

解 在有多个电源作用而结点数又比较少的情况下，用结点电压法最为简单。

$$u_+ = \frac{\dfrac{u_{i1}}{R} + \dfrac{u_{i2}}{R} + \dfrac{u_{i3}}{R}}{\dfrac{1}{R} + \dfrac{1}{R} + \dfrac{1}{R} + \dfrac{1}{R}} = \frac{1}{4}(u_{i1} + u_{i2} + u_{i3})$$

所以

$$u_o = \left(1 + \frac{3R_1}{R_1}\right) u_+$$
$$= (1 + 3) \times \frac{1}{4}(u_{i1} + u_{i2} + u_{i3})$$
$$= u_{i1} + u_{i2} + u_{i3}$$

补 7.11 电路如图 7-18 所示，试求输出电压 u_o 的值。

解 该题可根据叠加原理求出反相加法器 u_{o1} 及同相放大器 u_{o2}，而后求出差分运放电路的输出电压 u_o。

$$u_{o1} = -\left[\frac{24}{6} \times 5 + \frac{24}{4} \times (-5)\right] = 10 \text{ (mV)}$$

$$u_{o2} = \frac{6//6}{6+6//6} \times \left(1+\frac{4}{4}\right) \times 6 + \frac{6//6}{6+6//6} \times \left(1+\frac{4}{4}\right) \times (-12)$$

$$= 4 - 8 = -4 \text{ (mV)}$$

$$u_o = \left(1+\frac{6}{12}\right) \times \left(\frac{6}{12+6}\right) \times (-4) - \frac{6}{12} \times 10$$

$$= -2 - 5 = -7 \text{ (mV)}$$

补7.12 电路如图7-19所示,电源电压为 ±15 V, $u_{i1} = 2.2$ V, $u_{i2} = 2$ V。当接入输入电压后,求输出电压 u_o 由 0 V 上升到 10 V 所需要的时间。

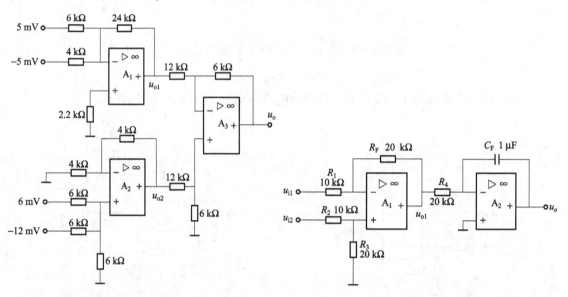

图7-18 习题补7.11的电路图　　图7-19 习题补7.12的电路图

解 电路中 A_1 为差分(减法)运算电路,A_2 为积分运算电路。由 A_1 可知

$$u_{o1} = \left(1+\frac{R_F}{R_1}\right)\left(\frac{R_3}{R_2+R_3}\right)u_{i2} - \frac{R_F}{R_1}u_{i1}$$

$$= \left(1+\frac{20}{10}\right) \times \left(\frac{20}{10+20}\right)u_{i2} - \frac{20}{10}u_{i1}$$

$$= 2u_{i2} - 2u_{i1}$$

代入 u_{i1} 与 u_{i2} 的电压数值

$$u_{o1} = 2 \times 2 - 2 \times 2.2 = -0.4 \text{ (V)}$$

由 A_2 可得

$$u_{o1} = -\frac{1}{R_4 C_F}\int u_{o1} dt = -\frac{u_{o1}}{R_4 C_F}t$$

$$= \frac{0.4}{20 \times 10^3 \times 1 \times 10^{-6}}t$$

$$= 20t \text{ (V/s)}$$

则 u_o 由 0 V 上升到 10 V 所需时间为

$$t = \frac{u_o}{20(\text{V/s})} = \frac{10(\text{V})}{20(\text{V/s})} = 0.5 \text{ s}$$

补 7.13 应用集成运算放大器测量电压的原理电路如图 7-20 所示，共有 0.5 V、1 V、5 V、10 V 和 50 V 五种量程，输出端接有满量程 5 V、500 μA 的电压表，试计算电阻 $R_{11} \sim R_{15}$ 的阻值。

解 由 $|u_o| = \frac{R_F}{R_{11}}|u_i|$ 得

$$R_{11} = \frac{|u_{i1}|}{|u_o|} \times R_F = \frac{50}{5} \times 1 = 10 \text{ (M}\Omega)$$

同理

$$R_{12} = \frac{|u_{i2}|}{|u_o|} \times R_F = \frac{10}{5} \times 1 = 2 \text{ (M}\Omega)$$

$$R_{13} = \frac{|u_{i3}|}{|u_o|} \times R_F = \frac{5}{5} \times 1 = 1 \text{ (M}\Omega)$$

$$R_{14} = \frac{|u_{i4}|}{|u_o|} \times R_F = \frac{1}{5} \times 1 = 0.2 \text{ (M}\Omega)$$

$$R_{15} = \frac{|u_{i5}|}{|u_o|} \times R_F = \frac{0.5}{5} \times 1 = 0.1 \text{ (M}\Omega)$$

补 7.14 应用集成运算放大器测量小电流的原理电路如图 7-21 所示。试计算电阻 $R_{F1} \sim R_{F5}$ 的阻值。输出端接的电压表同上题。

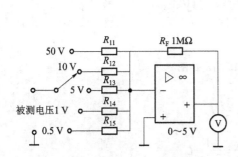

图 7-20 习题补 7.13 的电路图

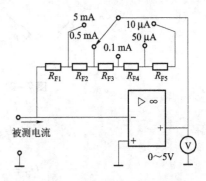

图 7-21 习题补 7.14 的电路图

解 因为
$$|u_o| = i_F R_F$$
所以

$$R_{F1} = \frac{|u_o|}{i_{F1}} = \frac{5}{5 \times 10^{-3}} = 1 \times 10^3 = 1 \text{ (k}\Omega)$$

$$R_{F2} = \frac{|u_o|}{i_{F2}} - R_{F1} = \frac{5}{0.5 \times 10^{-3}} - 1 \times 10^3 = 9 \times 10^3 (\Omega) = 9 \text{ k}\Omega$$

$$R_{F3} = \frac{|u_o|}{i_{F3}} - (R_{F1} + R_{F2})$$

$$= \frac{5}{0.1 \times 10^{-3}} - (1+9) \times 10^3$$
$$= 40 \times 10^3 \, (\Omega)$$
$$= 40 \text{ k}\Omega$$

$$R_{F4} = \frac{|u_o|}{i_{F4}} - (R_{F1} + R_{F2} + R_{F3})$$
$$= \frac{5}{0.05 \times 10^{-3}} - (1+9+40) \times 10^3 = 50 \times 10^3 \, (\Omega) = 50 \text{ k}\Omega$$

$$R_{F5} = \frac{|u_o|}{i_{F5}} - (R_{F1} + R_{F2} + R_{F3} + R_{F4})$$
$$= \frac{5}{0.01 \times 10^{-3}} - (1+9+40+50) \times 10^3 = 400 \times 10^3 \, (\Omega) = 400 \text{ k}\Omega$$

补7.15 图 7-22 测量放大器电路是一高输入电阻的桥式放大电路,试写出输出电压 $U_o = f(\delta)$ 的表达式。

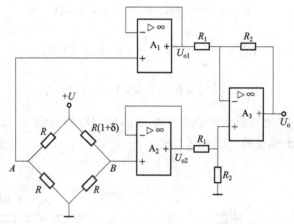

图 7-22 习题补 7.15 的电路图

解
$$U_A = \frac{R \times U}{R + R} = \frac{1}{2}U$$
$$U_B = \frac{R \times U}{R + R(1+\delta)} = \frac{1}{2+\delta}U$$

因为 A_1 与 A_2 均为电压跟随器,所以
$$U_{o1} = U_A, \ U_{o2} = U_B$$

A_3 为一个减法器,所以
$$U_o = \left(1 + \frac{R_2}{R_1}\right)\left(\frac{R_2}{R_1 + R_2}\right)U_{o2} - \frac{R_2}{R_1}U_{o1}$$
$$= \frac{R_2}{R_1}U_{o2} - \frac{R_2}{R_1}U_{o1}$$
$$= \frac{R_2}{R_1}(U_{o2} - U_{o1})$$

$$= \frac{R_2}{R_1}(U_B - U_A)$$

$$= -\frac{R_2\delta}{2R_1(2+\delta)}U$$

补 7.16 试比较图 7-23 电路中两种一阶低通滤波电路的性能。

答 图 7-23（a）为一阶无源滤波电路。图 7-23（b）为一阶有源滤波电路。前者主要在以下两方面不如后者：

（1）无源滤波电路的负载直接影响滤波性能，即其带负载能力差。有源滤波利用运放输入阻抗高、输出阻抗低的特点，使负载与滤波网络得到良好隔离，便于级联，以构成滤波特性好或频率特性有特殊要求的滤波器。

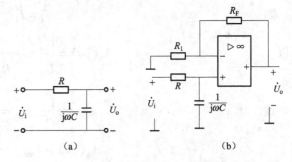

图 7-23 习题补 7.16 的电路图

（2）无源滤波的通带增益不会大于 1，而有源滤波可以获得大于 1 的通带增益，且可以任意调节（如通过改变 R_F）而不影响滤波效果。

但无源滤波器电路也有优点：

（1）电路简单，不需要电源，使用方便。

（2）不会产生自激振荡，高频特性比有源滤波器好。

补 7.17 证明图 7-24 所示电路为一阶低通滤波电路，写出截止频率 f_C 的表达式，画出电路的对数幅频特性。

解 （1）
$$\frac{\dot{U}_o}{\dot{U}_i} = -\frac{R_2 // \frac{1}{j\omega C}}{R_1} = -\frac{R_2}{R_1} \cdot \frac{1}{1+j\omega R_2 C} = -\frac{R_2}{R_1} \cdot \frac{1}{1+j\frac{\omega}{\omega_C}}$$

由此可知，这是一阶低通滤波电路。$\omega_C = \frac{1}{R_2 C}$ 为截止角频率。

（2）截止频率
$$f_C = \frac{1}{2\pi R_2 C}$$

（3）对数幅频特性如图 7-24-1 所示。

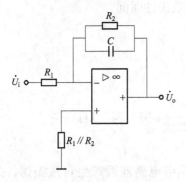

图 7-24 习题补 7.17 的电路图

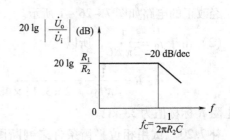

图 7-24-1 习题补 7.17 的对数幅频特性

补 7.18　图 7-25 所示为一有源滤波电路,说明该滤波器属于哪种类型,并画出幅频特性曲线。

解
$$\dot{U}_o = -R_F \dot{I}_f, \quad \dot{U}_i = \left(R_1 - j\frac{1}{\omega C_1}\right)\dot{I}_1$$

因
$$\dot{I}_f = \dot{I}_1$$

所以
$$A_u(j\omega) = \frac{\dot{U}_o}{\dot{U}_i} = -\frac{R_F}{R_1 - j\frac{1}{\omega C_1}}$$

设
$$\omega_C = \frac{1}{R_1 C_1}, \quad A_{um} = -\frac{R_F}{R_1}$$

则
$$A_u(j\omega) = A_{um} \cdot \frac{1}{1 - j\frac{\omega_C}{\omega}}$$

幅频特性曲线如图 7-25-1 所示,为高通滤波器。

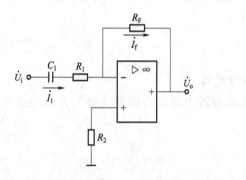

图 7-25　习题补 7.18 的电路图

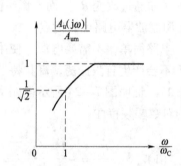

图 7-25-1　习题补 7.18 的幅频特性

补 7.19　某同学连接了一个如图 7-26 所示的文氏电桥振荡器,但电路不振荡。
(1) 请你帮他找出错误,并在图中加以改正;
(2) 若要求振荡频率为 480 Hz,试确定 R 的阻值(用标称值)。设运放 A 具有理想特性。

解　(1) 错误一:集成运算放大器输入端的正、负极性颠倒。
错误二:电阻 R_1 和 R_2 的位置颠倒。
经改正的电路如图 7-26-1 所示。

(2) 由于 $f_0 = \dfrac{1}{2\pi RC}$,所以
$$R = \frac{1}{2\pi f_0 C} = \frac{1}{2 \times 3.14 \times 480 \times 0.01 \times 10^{-6}} = 33.174 \ (\text{k}\Omega)$$

取电阻 R 标称值为 33 kΩ。

补 7.20　试用相位平衡条件来判断图 7-27 所示各电路能否产生自激振荡,并说明理由。

第七章 集成运算放大器的应用

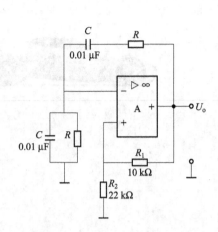

图 7-26 习题补 7.19 的电路图

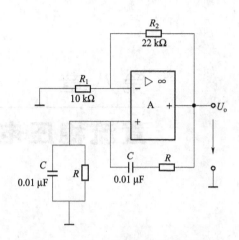

图 7-26-1 习题补 7.19 的改正图

解 利用电路中各点对"地"（公共端）的交流电位的瞬时极性可判断能否产生自激振荡。

图 7-27（a）中：设晶体管基极电位对地为"+"，则集电极对地电位为"-"，即选频回路线圈打"·"处为"-"，使反馈线圈同名端"·"为"-"，反馈信号降低了基极电位，使净输入信号 U_{be} 减小，故为负反馈，电路不能产生自激振荡。

图 7-27（b）中：设晶体管基极电位对地为"+"，则集电极对地电位为"-"，选频回路两电容之间对地为"-"（因对交流信号而言，U_{CC} 端为零电位，相当对地短接），反馈信号降低了发射极电位，使净输入信号 U_{be} 增大，故为正反馈，能产生自激振荡。

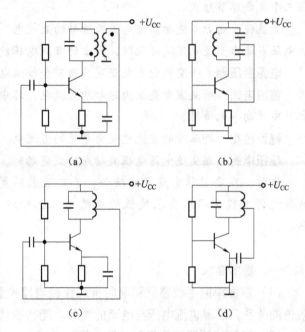

图 7-27 习题补 7.20 的电路图

图 7-27（c）中：设基极 B 端为"+"，则集电极 C 端为"-"，选频回路线圈中心抽头对地为"-"，反馈信号降低了基极电位，U_{be} 降低，故为负反馈，电路不能产生自激振荡。

图 7-27（d）中：设基极 B 端为"+"，则集电极 C 端为"-"，选频回路线圈中心抽头对地为"-"，反馈信号降低了发射极电位，U_{be} 升高，故为正反馈，电路能产生自激振荡。

第八章 直流稳压电源

在生产、科学实验中，电子设备中的电源一般是由交流电网供电，再经整流、滤波和稳压三个主要环节组成。

直流稳压电源是先把交流电变为脉动的直流电，再通过滤波电路、稳压电路，使输入交流电压或输出直流电流有变化时，输出的直流电压能维持稳定。各环节的主要功能如下：

电源变压器　将交流电源电压变换为符合整流电路需要的交流电压。

整流电路　将交流电变换为脉动的直流电，其中的整流元件之所以能整流，是因为它们都具有单向导电特性。

滤波电路　将脉动的直流电变为平直的直流电，以适应负载的需要。

稳压电路　在交流电源电压波动或负载变动时，使直流输出电压稳定。

目前，在要求稳定度高的场合，已广泛采用集成稳压组件来进行稳压，但在一些对直流电源的稳定程度要求较低的电路中，也可以采用分立元件组成的简单稳压电路进行稳压。

一、基本要求

（1）掌握单向半波整流和单向桥式整流电路中整流电压、电流的平均值与交流电压有效值的关系，了解整流电压与电流的波形。能初步选用整流元件。

（2）了解滤波器的作用和滤波元件的选用。

（3）理解并能够分析、计算硅稳压管稳压电路。

（4）了解串联型稳压电路的工作原理，可估算稳压电路的输出电压。

（5）理解集成稳压组件的组成和主要参数。了解集成稳压电源的应用。

二、学习要点

本章的重点是：单相桥式整流电路的工作原理和电路连接；电容滤波原理和滤波电路。

本章的难点是：整流电路中二极管导通的条件和承受的最高反向电压，稳压二极管工作特性和稳压原理。

1. 整流电路

利用二极管的单向导电性，可以组成各种整流电路，将交流电转换成脉动的直流电。最常用的单相半波和桥式全波整流电路的特性见表 8-1。

表 8-1 常用整流电路性能比较

类型	单相半波	单相桥式	三相桥式
电路	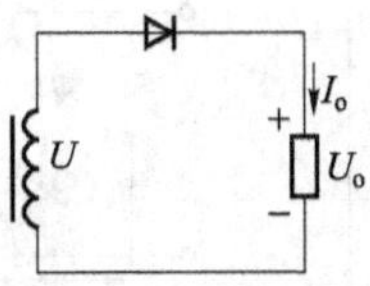	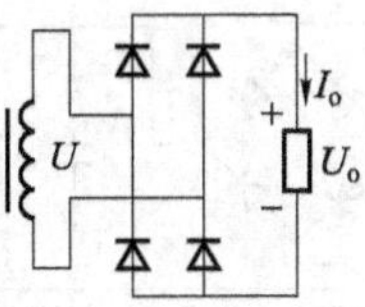	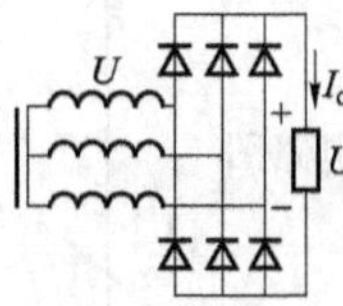
整流电压 u_o 的波形	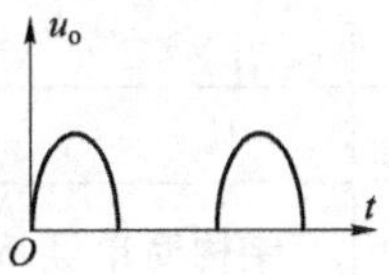	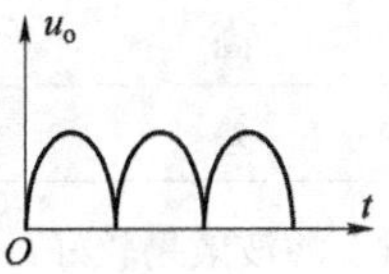	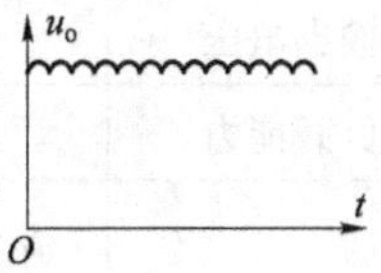
整流电压平均值 U_o	$0.45U$	$0.9U$	$2.34U$
流过每管的电流平均值 I_D	I_o	$\frac{1}{2}I_o$	$\frac{1}{3}I_o$
每管承受的最高反向电压 U_{RM}	$\sqrt{2}U=1.41U$	$\sqrt{2}U=1.41U$	$\sqrt{3}\cdot\sqrt{2}U=2.45U$
变压器副边电流有效值 I	$1.57I_o$	$1.11I_o$	$0.82I_o$

由表 8-1 可知，在根据负载所要求的直流电压和电流在选定了整流电路的形式之后，就可求出二极管承受的最大反向电压和平均电流，这时便可按照半导体器件手册选用适当的二极管。

桥式整流电路应用非常广泛，比其他形式的整流电路具有更明显的优点。

2. 滤波电路

为将整流电路输出的脉动直流电压转变为理想的直流电压，还需要有滤波电路。常用的滤波电路有：电容滤波电路、电感滤波电路、电容-电感滤波电路、电阻-电容π形滤波电路等。滤波的目的是滤去脉动直流中的交流成分。滤波原理是利用储能元件（与负载并联的电容 C 或与负载串联的电感 L），滤去整流后的交流，使负载电压脉动减小。常用的滤波电路性能见表 8-2。

表 8-2 常用滤波电路性能比较

电路名称	电容滤波	$CRC\pi$ 型滤波
电路图		
滤波效果	较好	好
输出电压	高	较高
负载能力	差	差
主要特点	在小电流时，滤波效果较好；电源接通时充电电流很大，二极管承受很大的冲击电流；带负载能力差	结构简单经济；能兼起降压限流作用；小电流滤波效果好；有直流电压损失；带负载能力差
适用范围	负载电流较小的场合	负载电阻大，负载电流小，要求脉动小的场合

当整流电路带有电容滤波时，在同样的交流电压 U 下，它们的整流电压的平均值 U_o 比无电容滤波时要提高不少。当接有负载 R_L 的情况，这时 U_o 的大小可估算确定。一般当 $R_L C \geq (3 \sim 5)\dfrac{T}{2}$ 时

$$U_o = U(半波)$$
$$U_o = 1.2U(全波)$$

3. 稳压管稳压电路

经过滤波后的直流电压仍然受电网波动和负载变化的影响，因此还要有稳压的措施。硅稳压二极管反向击穿时，电流在一个较大的范围内变动，电压却可以基本上维持不变，这就是硅稳压管的稳压原理。硅稳压管和负载并联，组成硅稳压管稳压电路。它的工作原理是，靠与负载并联的稳压管能极灵敏地感受负载端电压的变化而产生较大的分流作用，来自动调节流过限流电阻的电流，从而保持负载端电压基本不变。它的突出优点是电路简单，成本低。主要缺点是输出电压不能调节，输出电流较小，稳定程度不高。一般适用于负载电流较小且变化不大的场合。

4. 串联型稳压电路

串联型稳压电路利用负反馈电路克服电网电压波动的影响。它包括基准电路、取样电路、比较放大器、调整管等几个主要部分。它是通过输出电压的变化来控制与负载串联的调整管电阻值的。其输出电压大小可调，电源内阻小，稳定度高，可用于负载电流变化较大的场合。

串联型稳压电源的放大环节现常采用集成运算放大器，输出电压的变化量经运算放大器放大后去调整晶体管的管压降 U_{CE}，从而达到稳定输出电压的目的。

5. 集成稳压电路

即使采用运算放大器的串联型稳压电路，仍有不少外接元件，还要注意共模电压的允许值和输入端的保护，使用复杂。当前已经广泛应用单片集成稳压电源。集成稳压器主要有W78系列和W79系列。W78系列输出正电压，W79系列输出负电压。统称三端集成稳压器。集成稳压电源具有体积小、可靠性高、使用灵活、价格低廉等优点。

6. 开关稳压电源

为了提高转换效率，将直流电压通过半导体开关器件（调整管）转换为高频脉冲电压，经滤波得到纹波很小的直流输出电压，这种装置称为开关电源。由于调整管工作在开关状态，利用脉冲宽度调制方法稳定输出电压，因而开关电源具有功耗小、效率高、体积小、质量轻等特点，得到迅速的发展和广泛的应用。

三、习题选解

1. 《汽车电工电子基础第二版》书后习题

8.2 在单相半波整流电路中，若负载电阻 $R_L = 12\ \Omega$，工作电流为 2 A，问需要的交流电压多大？并选用二极管。

解 输出电压

$$U_o = I_o R_L = 2 \times 12 = 24\ （V）$$

变压器副边绕组电压有效值为

$$U = U_o/0.45 = 24/0.45 = 53.3\ （V）$$

整流二极管承受的最高反向电压为

$$U_{RM} = \sqrt{2}U = 1.414 \times 53.3 = 75.6\ （V）$$

流过整流二极管的平均电流为

$$I_D = I_o = 2\ A$$

因此，可选用 2CZ12B 整流二极管，其最大整流电流为 3 A，最高反向工作电压为 200 V。

8.5 有一整流电路如图 8-1 所示，求：

（1）负载电阻 R_{L1} 和 R_{L2} 上整流电压的平均值 U_{o1} 和 U_{o2}，并标出极性；

（2）二极管 D_1、D_2、D_3 中的平均电流 I_{D1}、I_{D2}、I_{D3}，以及各管所承受的最大反向电压。

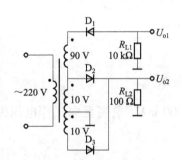

图 8-1 习题 8.5 的图

解 （1）根据图中所示 $U_1 = 90\ V$、$U_2 = 10\ V$，输出整流电压的平均值

$$U_{o1} = 0.45U = 0.45(U_1 + U_2) = 0.45 \times (90 + 10) = 45\ （V）\quad 极性为下正上负$$

$$U_{o2} = 0.9U_2 = 0.9 \times 10 = 9\ （V）\quad 极性为上正下负$$

（2）二极管 D_1、D_2、D_3 中的平均电流

$$I_{D1} = I_{o1} = \frac{U_{o1}}{R_{L1}} = \frac{45}{10 \times 10^3} = 4.5\ （mA）$$

$$I_{D2} = I_{D3} = \frac{1}{2}I_{o2} = \frac{1}{2} \times \frac{9}{1 \times 10^3} = 4.5\ （mA）$$

$$U_{RM1} = \sqrt{2}U = \sqrt{2} \times 100 = 141.4 \text{ （V）}$$

$$U_{RM2} = 2\sqrt{2}U_2 = 2\sqrt{2} \times 10 = 28.28 \text{ （V）}$$

8.7 整流滤波电路如图8-2所示，二极管为理想元件，已知负载电阻 $R_L = 400 \ \Omega$，负载两端直流电压 $U_o = 60$ V，交流电源频率 $f = 50$ Hz。要求：

（1）在表8-3中选出合适型号的二极管；（2）计算出滤波电容器的电容。

表8-3 题8.7表

型号	最大整流电流平均值/mA	最高反向峰值电压/V
2CP11	100	50
2CP12	100	100
2CP13	100	150

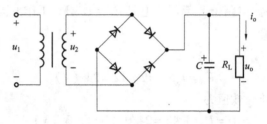

图8-2 习题8.7的图

解 （1）变压器副边绕组电压有效值为

$$U_2 = U_o/1.2 = 60/1.2 = 50 \text{ （V）}$$

整流二极管承受的最高反向电压为

$$U_{RM} = \sqrt{2}U = 1.414 \times 50 = 70.7 \text{ （V）}$$

流过整流二极管的平均电流为

$$I_D = \frac{1}{2}I_o = \frac{1}{2} \times \frac{U_o}{R_L} = \frac{1}{2} \times \frac{60}{400} = 75 \text{ （mA）}$$

因此，可选用 2CP12 整流二极管，其最大整流电流为 100 mA，最高反向工作电压为 100 V。

（2）根据 $R_L C \geq (3 \sim 5)\frac{T}{2}$ 来选择滤波电容，取

$$R_L C = 5\frac{T}{2} = 5 \times \frac{0.02}{2} = 0.05 \text{ （s）}$$

$$C = \frac{0.05}{R_L} = \frac{0.05}{400} = 125 \times 10^{-6} \text{（F）} = 125 \ \mu F$$

可选择 $C = 125 \ \mu F$，耐压为 100 V 的电解电容器。

8.12 电路如图8-3所示，已知 $U_I = 30$ V，稳压管 2CW20 的参数为：稳定电压 $U_Z = 14$ V，最大稳定电流 $I_{ZMAX} = 15$ mA，电阻 $R = 1.6$ kΩ，$R_L = 2.8$ kΩ。

（1）试求电压表 Ⓥ、电流表Ⓐ和Ⓐ的读数。（设电流表内阻为零，电压表内阻视为无

穷大)

(2) 写出点线框Ⅰ、Ⅱ、Ⅲ、Ⅳ各部分电路的名称。

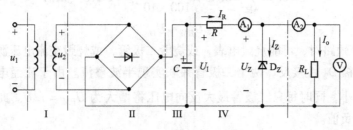

图8-3 习题8.12的图

解 (1) 输出电压

$$U_o = U_Z = 14 \text{ V}$$

所以电压表 Ⓥ 为 14 V。
输出电流

$$I_o = \frac{U_o}{R_L} = \frac{14}{2.8 \times 10^3} = 5 \text{ （mA）}$$

所以电流表Ⓐ为 5 mA。
取稳定电流

$$I_Z = I_{Zmax}/3 = 5 \text{ （mA）}$$

所以

$$I_R = I_Z + I_o = 5 + 5 = 10 \text{ mA}$$

所以电流表Ⓐ为 10 mA。

(2) 电路中Ⅰ为整流变压器；Ⅱ为单相桥式整流电路；Ⅲ为电容滤波电路；Ⅳ为稳压管稳压电路。

2. 补充题

补8.1 万用表中测量交流电压的整流电路，如图8-4所示。

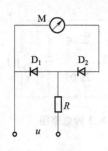

(1) 标出使电表表头 M 的表针正向偏转的电表正、负端。

(2) 若忽略电表内阻和二极管正向导通电阻，试计算当被测正弦交流电压为 250 V（有效值）时，使电表满偏的电阻 R 的大小。已知电表满偏电流为直流 100 μA。

(3) 计算每只二极管所承受的最大反向电压 U_{RM}。设二极管正向压降为 U_D，电流表压降可忽略。

(4) 若出现以下两种情况：① R 短路；② D_1 或 D_2 极性接反，分别会出现什么后果？

图8-4 习题补8.1 的电路图

解（1）电表 M 左端为正、右端为负。

(2) 该电路为半波整流电路
故

$$I_M = 0.45 \frac{U}{R}$$

则

$$R = 0.45\frac{U}{I_M} = 0.45 \times \frac{250}{100 \times 10^{-6}} = 1\ 125\ (\text{k}\Omega)$$

(3)
$$U_{RM} \approx U_D$$

(4) ① 当 R 短路时，可能烧毁电表，或烧毁二极管，或烧毁交流电压源。

② 当 D_1 或极 D_2 性接反，两个二极管并联实现半波整流。由于流经电表的电流减小，因此电表读数减小，同时每只二极管最大反向电压将增大为 $U_{RM} = \sqrt{2}U$。此外，当 D_2 接反时电表读数将为负值。

补 8.2 在图 8-5 桥式整流电路中，已知变压器副边电压 $U = 100$ V，$R_L = 3$ kΩ。若忽略二极管的正向电压和反向电流。试求：

(1) R_L 两端电压的平均值 U_o；

(2) 流过 R_L 电流的平均值 I_o；

(3) 流过二极管的电流 I_D 及二极管承受的最高反向电压 U_{RM}。

解 (1) $U_o = 0.9U = 0.9 \times 100 = 90$ (V)

(2)
$$I_o = \frac{U_o}{R_L} = \frac{90}{3} = 30\ (\text{mA})$$

(3)
$$I_D = \frac{1}{2}I_o = 15\ \text{mA}$$

$$U_{RM} = \sqrt{2}U = 1.41 \times 100 = 141\ (\text{V})$$

补 8.3 电路如图 8-6 所示，该电路是带有电容滤波的桥式整流电路，滤波电容 $C = 220\ \mu F$，$R_L = 1.5$ kΩ，问：

(1) 要求输出电压 $U_o = 12$ V，U 需多少伏？

(2) 若该电路电容 C 值增大，U_o 是否变化？

(3) 该 R_L 对 U_o 有无影响？若 R_L 值增大，U_o 如何变化？

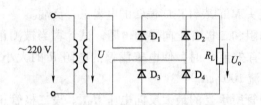

图 8-5 习题补 8.2 的电路图

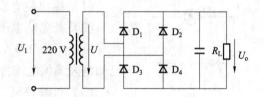

图 8-6 习题补 8.3 的电路图

解 (1) 因为
$$U_o = 1.2U$$
所以
$$U = \frac{U_o}{1.2} = \frac{12}{1.2} = 10\ (\text{V})$$

(2) 当电容 C 值增大时，放电变慢，所以 U_o 上升。

(3) 当负载 R_L 变化时，对 U_o 有影响。R_L 增加时，放电变慢，所以 U_o 上升。

补8.4 有一单相桥式整流电路,采用电容滤波,电路如图8-6所示。要求输出20 V的直流电压和1 A的直流电流。试计算电容器的电容量,确定其最大工作电压,并选择二极管。(电源频率为50 Hz)。

解 (1) 计算滤波电容量的公式:

$$R_L C \geq (3 \sim 5)\frac{T}{2}$$

则先求出负载电阻 R_L:

$$R_L = \frac{U_o}{I_o} = \frac{20}{1} = 20 \ (\Omega)$$

其中

$$T = \frac{1}{f} = \frac{1}{50} = 0.02 \ (s)$$

取

$$C = \frac{4 \times \frac{T}{2}}{R_L} = \frac{4 \times \frac{0.02}{2}}{20} = 0.002 \ (F) = 2\,000 \ \mu F$$

可选电容量为 2 200 μF 的电解电容。

(2) 求变压器副边电压

$$U = \frac{U_o}{1.2} = \frac{20}{1.2} = 16.7 \ (V)$$

取 $U = 17$ V。

(3) 求电容器承受的最大电压

该电压应是变压器副边电压的幅值

$$U_C = \sqrt{2}U = \sqrt{2} \times 17 = 24 \ (V)$$

可选用允许最大直流工作电压为 50 V 的电容器。

(4) 二极管的选择

单相桥式整流电路加滤波电容后,二极管承受的最大反向电压仍然等于副边电压的幅值,即

$$U_{RM} = \sqrt{2}U = \sqrt{2} \times 17 = 24 \ (V)$$

通过二极管的电流仍为

$$I_D = \frac{1}{2}I_o = \frac{1}{2} \times 1 = 0.5 \ (A)$$

查半导体器件手册,可选用2CZ11A整流二极管,它允许的最大整流电流为1 A,最高反向工作电压为100 V。

补8.5 图8-7所示为具有π形 RC 滤波器的整流电路,已知交流电源电压 $U = 10$ V,现要求负载输出电压 $U_o = 10$ V,负载输出电流 $I_o = 100$ mA,试计算滤波电阻 R。

解 取

$$U_{C1} = 1.2U = 1.2 \times 10 = 12 \ (V)$$

故

$$R = \frac{U_{C1} - U_o}{I_o} = \frac{12 - 10}{100 \times 10^{-3}} = 20 \ (\Omega)$$

补 8.6 图 8-8 所示是二倍压整流电路，$U_o = 2\sqrt{2}U$，试分析其工作原理，并标出输出电压 U_o 的极性。

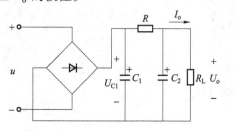

图 8-7 习题补 8.5 的电路图

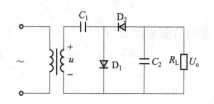

图 8-8 习题补 8.6 的电路图

解 当 u 在正半周时（上正下负），二极管 D_1 导通，D_2 截止，C_1 被充电到 u 的最大值 $\sqrt{2}U$，极性为 C_1 左正右负。

当 u 在负半周时（上负下正），D_1 截止，D_2 导通，u 和 D_1 两端电压相叠加。这时电源经 D_2 供给 R_L 电流，同时经 D_2 给 C_2 充电，使 C_2 两端电压为 u 的最大值 $\sqrt{2}U$ 和 C_1 两端电压之和。因 $U_{C1} \approx \sqrt{2}U$，因此 $U_{C2} \approx \sqrt{2}U$，极性为下正上负，此时 $U_o = U_{C2} = \sqrt{2}U$。

当 D_2 截止时，C_2 通过 R_L 放电，但因 R_L 阻值较大，放电时间常数较大，所以 $U_{C2} = U_o$，电压衰减较少，基本维持在 $U_o = \sqrt{2}U$。因 U_o 为电源电压最大值的两倍，故称该电路为二倍压整流电路。

补 8.7 电路如图 8-9 所示，已知稳压管 D_Z 的稳压值 $U_Z = 6$ V，$I_{Zmin} = 5$ mA，$I_{Zmax} = 40$ mA，电源电压 $U = 20$ V，电阻 $R = 240 \ \Omega$，电容 $C = 200 \ \mu F$。求：

（1）整流滤波后的直流电压 U_I 约为多少？

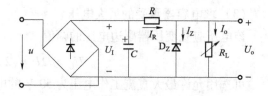

图 8-9 习题补 8.7 的电路图

（2）当电源电压在 ±10% 的范围内波动时，负载电阻 R_L 允许的变化范围有多大？

解 （1）整流滤波后的直流电压 U_I

$$U_I = 1.2U = 1.2 \times 20 = 24 \ (V)$$

（2） $I_{omax} = \dfrac{U_{Imin} - U_Z}{R} - I_{Zmin} = \dfrac{24 \times (1 - 0.1) - 6}{240} - 0.005 = 0.06 \ (A) = 60 \ mA$

$I_{omin} = \dfrac{U_{Imax} - U_Z}{R} - I_{Zmax} = \dfrac{24 \times (1 + 0.1) - 6}{240} - 0.04 = 0.045 \ (A) = 45 \ mA$

则

$$R_{Lmin} = \frac{U_o}{I_{omax}} = \frac{6}{0.06} = 100 \ (\Omega)$$

$$R_{Lmax} = \frac{U_o}{I_{omin}} = \frac{6}{0.045} = 133 \ (\Omega)$$

故求得 R_L 允许的变化范围为

$$100 \ \Omega \leqslant R_L \leqslant 133 \ \Omega$$

补 8.8 电路如图 8-10 所示，设 $U_{BE2} = 0.7$ V，稳压管的稳压值 $U_Z = 6.3$ V。

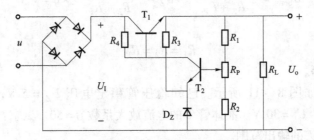

图 8-10 习题补 8.8 的电路图

(1) 若要求 U_o 的调节范围为 10~20 V，已选 $R_2 = 350 \ \Omega$，则电阻 R_1 及电位器 R_P 应选多大？

(2) 若要求调整管压降 U_{CE1} 不小于 4 V，则电源电压 U（有效值）至少应多大？（设滤波电容 C 足够大）。

解 (1) 当 $U_o = 20$ V 时，有

$$\frac{U_Z + U_{BE2}}{R_2}(R_1 + R_2 + R_P) = 20$$

即

$$\frac{6.3 + 0.7}{350}(R_1 + R_2 + R_P) = 20$$

所以

$$R_1 + R_2 + R_P = 1\ 000 \ \Omega$$

当 $U_o = 10$ V 时，有

$$\frac{U_Z + U_{BE2}}{R_2 + R_P}(R_1 + R_2 + R_P) = 10$$

即

$$\frac{6.3 + 0.7}{350 + R_P}(R_1 + R_2 + R_P) = 10$$

$$\frac{6.3 + 0.7}{350 + R_P} \times 1\ 000 = 10$$

所以

$$R_P = 700 - 350 = 350 \ (\Omega)$$

$$R_1 = 1\ 000 - R_2 - R_P = 1\ 000 - 350 - 350 = 300 \ (\Omega)$$

(2) $$U = \frac{U_I}{1.2} = \frac{U_{CE1} + U_{omax}}{1.2} = \frac{4 + 20}{1.2} = 20 \ (V)$$

补 8.9 在图 8-10 电路中，设 T_2 发射结电压 U_{BE2} 可忽略。已知稳压管稳定电压 $U_Z = 6$ V，要求输出电压在 9~18 V 可调，求 R_1、R_2 和 R_P 之间应满足什么条件？

解

$$U_{\text{omax}} = \frac{R_1 + R_2 + R_P}{R_2} \times U_Z = \frac{R_1 + R_2 + R_P}{R_2} \times 6 = 18 \text{ V}$$

$$U_{\text{omin}} = \frac{R_1 + R_2 + R_P}{R_2 + R_P} \times U_Z = \frac{R_1 + R_2 + R_P}{R_2 + R_P} \times 6 = 9 \text{ V}$$

联立求解，得出

$$R_1 = R_2 = R_P$$

三电阻阻值相等。

补 8.10　电路如图 8 - 11 所示。已知稳压管稳定电压 $U_Z = 5$ V，$R_1 = 3$ kΩ，$R_2 = 1.5$ kΩ，$R_3 = 2$ kΩ，$U_I = 30$ V。晶体管 T 的电流放大系数 $\beta = 50$。试求：

(1) 输出电压 U_o 的输出范围。

(2) 当 $U_o = 10$ V，$R_L = 100$ Ω 时，调整管 T 的管耗和运算放大器的输出电流。

解　(1) 求 U_o 的输出范围。

当电位器 R_1 调到最上端时

$$U_{\text{omin}} = U_Z = 5 \text{ V}$$

当电位器 R_1 调到最下端时

$$U_{\text{omax}} = \frac{R_1 + R_2}{R_2} \times U_Z = \frac{3 + 1.5}{1.5} \times 5 = 15 \text{ (V)}$$

故输出电压 U_o 的范围为 5 ~ 15 V。

(2) 求晶体管 T 的管耗和运放输出电流。

由于 R_L 比 R_1、R_2、R_3 都小得多，则

$$I_C \approx I_o = \frac{U_o}{R_L} = \frac{10}{100} = 0.1 \text{ (A)}$$

T 的管耗为

$$P_C = U_{CE} \cdot I_C = (U_I - U_o) \cdot I_C = (30 - 10) \times 0.1 = 2 \text{ (W)}$$

运放的输出电流实质上就是晶体管的基极电流 I_B，即

$$I_B = \frac{I_C}{\beta} = \frac{0.1}{50} = 0.002 \text{ (A)} = 2 \text{ mA}$$

补 8.11　电路如图 8 - 12 所示，已知 $U_Z = 4$ V，反馈电路的最大电流限制在 0.4 mA，U_o 在 6 ~ 18 V 范围内可调，求电阻 R_1 和电位器 R_P 的数值。

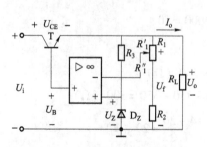

图 8 - 11　习题补 8.10 的电路图

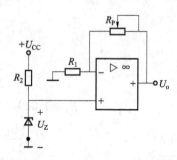

图 8 - 12　习题补 8.11 的电路图

解
$$U_o = \left(1 + \frac{R_P}{R_1}\right)U_Z = \left(1 + \frac{R_P}{R_1}\right) \times 4$$

(1) 当 $U_o = 6$ V 时
$$6 = \left(1 + \frac{R_P}{R_1}\right) \times 4$$

得
$$\frac{R_P}{R_1} = 0.5$$

因
$$u_- = u_+ = U_Z, \quad I_1 = I_F$$

则
$$R_1 = \frac{u_-}{I_1} = \frac{U_Z}{I_F} = \frac{4}{0.4 \times 10^{-3}} = 10 \text{ (k}\Omega\text{)}$$

所以
$$R_P = 0.5R_1 = 0.5 \times 10 = 5 \text{ (k}\Omega\text{)}$$

(2) 当 $U_o = 18$ V 时
$$18 = \left(1 + \frac{R_P}{R_1}\right) \times 4$$

得
$$\frac{R_P}{R_1} = 3.5$$

因
$$R_1 = 10 \text{ k}\Omega$$

则
$$R_P = 3.5R_1 = 3.5 \times 10 = 35 \text{ k}\Omega$$

选取电阻 $R_1 = 10$ kΩ，电位器 R_P 调节范围为 5 ~ 35 kΩ。

点评 实用中，电位器是从零到最大值，因此，为满足题目要求，可将 R_P 分解成一固定电阻为 5 kΩ 和 30 kΩ 电位器串联，令 $R_P = R_3 + R_P'$，取 $R_3 = 5$ kΩ，R_P' 为 30 kΩ 的电位器。

补 8.12 电路如图 8 - 13 所示，图中画了两个用三端集成稳压器组成的电路，已知 $I_W = 5$ mA。

(1) 写出图 8 - 13（a）中 I_o 的表达式，并算出其具体数值。
(2) 写出图 8 - 13（b）中 U_o 的表达式，并算出当 $R_2 = 5$ Ω 时的具体数值。
(3) 指出这两个电路分别具有什么功能。

解 (1) $$I_o = \frac{U_{23}}{R} + I_W = \frac{5}{5} + 0.005 \approx 1 \text{ (A)}$$

(2) $$U_o = \frac{U_{23}}{R_1}(R_1 + R_2) + I_W R_2 = \frac{5}{5} \times (5 + 5) + 0.005 \times 5 \approx 10 \text{ (V)}$$

(3) 图 8 - 13（a）为恒流源电路。图 8 - 13（b）为输出可调的稳压电路。

补 8.13 试用一个 CW7805 和一个 CW7905 三端集成稳压器组成一个可输出 ±5 V 的电路。

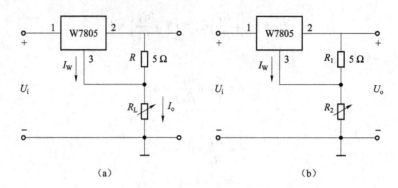

图 8-13 习题补 8.12 的电路图

解 设计的电路如图 8-14 所示。

补 8.14 试设计一台直流稳压电源,其输入为 220 V、50 Hz 交流电源,输出电压为 +15 V,最大输出电流为 0.5 A,采用桥式整流电路和三端集成稳压器构成,并加有电容滤波电路,设三端稳压器的压差为 5 V。试求:

(1) 设计出电路图,确定三端稳压器的型号。
(2) 确定电源变压器的变比,整流二极管、滤波电容器的参数。

解 (1) 电路如图 8-15 所示。三端稳压器的型号为 W7815。

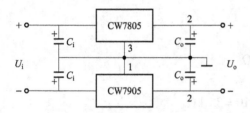

图 8-14 习题补 8.13 的设计电路图

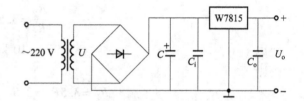

图 8-15 习题补 8.14 的设计电路图

(2) 变压器的副边电压

$$U = \frac{15+5}{1.2} = 16.7 \text{ (V)}$$

变压器的变比

$$K_u = \frac{220}{16.7} = 13.2$$

流过整流二极管的平均电流

$$I_D = \frac{1}{2}I_o = \frac{1}{2} \times 0.5 = 0.25 \text{ (A)}$$

整流二极管承受的最高反向电压

$$U_{RM} = \sqrt{2}U = \sqrt{2} \times 16.7 = 23.6 \text{ (V)}$$

查半导体器件手册,可选用 2CZ11A 型整流二极管,其最大整流电流为 1 A,最高反向电压为 100 V。

滤波电容器的选取:

$$R_L = \frac{U_o}{I_o} = \frac{15}{0.5} = 30 \ (\Omega)$$

由

$$R_L C \geq (3 \sim 5) \frac{T}{2}$$

其中

$$T = \frac{1}{f} = \frac{1}{50} = 0.02 \ (s)$$

取

$$C \geq \frac{4T}{2R_L} = \frac{4 \times 0.02}{2 \times 30} = 1\,333 \ (\mu F)$$

$$U_C = \sqrt{2} U = \sqrt{2} \times 16.7 = 23.6 \ (V)$$

取 $C = 2\,000 \ \mu F$，耐压为 50 V 的电容器。

补 8.15 电路如图 8-16 所示，已知三端可调式集成稳压器 CW117 的基准电压（2 脚对 1 脚电压）为 1.25 V，设 $U_I = 10$ V，$R_1 = 200 \ \Omega$，$R_2 = 150 \ \Omega$，$R_P = 250 \ \Omega$，求 U_o 的最大值和最小值。

解 设 CW117 的 1 脚对 2 脚的电阻为 R_1'，则

$$1.25 = \frac{R_1'}{R_1 + R_P + R_2} \times U_o$$

所以

$$U_o = \frac{R_1 + R_P + R_2}{R_1'} \times 1.25$$

当 $R_1' = R_1$ 时

$$U_o = U_{omax} = \frac{R_1 + R_P + R_2}{R_1} \times 1.25$$

$$= \frac{200 + 250 + 150}{200} \times 1.25 = 3.75 \ (V)$$

当 $R_1' = R_1 + R_P$ 时

$$U_o = U_{omin} = \frac{R_1 + R_P + R_2}{R_1 + R_P} \times 1.25 = \frac{200 + 250 + 150}{200 + 250} \times 1.25 = 1.67 \ (V)$$

补 8.16 电路如图 8-17 所示。该电路能根据不同的控制信号输出不同的直流电压。设 $U_i = 10$ V，$R_1 = 200 \ \Omega$，$R_2 = R_3 = 800 \ \Omega$，$R_4 = 1 \ k\Omega$，控制信号为低电平时 T 截止，高电平时饱和导通（$U_{CES} \approx 0$）。试求控制信号分别为高、低电平时对应的 U_o 值。

解 控制信号为高电平时，T 导通 CW117 的 $U_{21} = 1.25$ V。

由于

$$U_{21} = \frac{R_1}{R_1 + R_2 // R_3} \times U_o$$

所以

$$U_o = \frac{R_1 + R_2 // R_3}{R_1} \times U_{21} = \frac{200 + 800 // 800}{200} \times 1.25 = 3.75 \ (V)$$

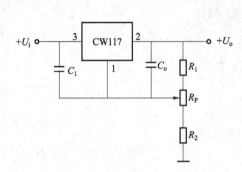 图 8-16 习题补 8.15 的电路图
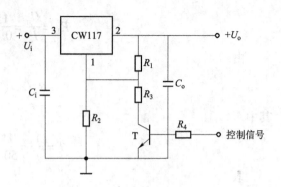 图 8-17 习题补 8.16 的电路图

当控制信号为低电平时，T 截止，所以

$$U_{21} = \frac{R_1}{R_1 + R_2} \times U_o$$

则

$$U_{o1} = \frac{R_1 + R_2}{R_1} \times U_{21} = \frac{200 + 800}{200} \times 1.25 = 6.25 \text{ (V)}$$

第九章

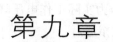

晶闸管及其应用

晶闸管是晶体闸流管的简称,又称作可控硅。晶闸管是一种可控的大功率半导体器件,它的出现,使半导体器件从弱电领域进入了强电领域。它具有体积小、质量轻、效率高、动作迅速、维护简单、操作方便、寿命长等优点。目前被广泛地用于整流、逆变、调压、开关等方面。

晶闸管的主要缺点是过载能力差、抗干扰能力差、控制比较复杂等。

本章主要学习晶闸管的基本工作原理在整流电路中的简单应用。晶闸管的触发形式很多,主要学习单结晶体管的工作原理及触发电路。

一、基本要求

(1) 了解晶闸管的基本结构和工作原理,掌握其导通和阻断的条件。

(2) 掌握几种基本的可控整流电路,了解其工作原理和工作特性,熟悉整流电压和电流的波形。

(3) 了解单结晶体管触发电路的构成和用它来触发可控整流电路的工作原理。

(4) 了解晶闸管过电流和过电压的保护措施。

二、学习要点

本章学习的重点是:晶闸管的工作特点及晶闸管导通和阻断的条件。晶闸管可控整流(单相半波、单相半控桥式)电路的工作原理。单结晶体管触发电路的工作原理。

本章学习的难点是:在具有电感性负载的可控整流电路中,其电压与电流波形的分析。单结晶体管触发电路中采用同步削波稳压电源的必要性及移相原理。

1. 晶闸管的工作原理

(1) 晶闸管是一种大功率半导体器件,主要用于可控整流电路,故又称可控硅。它由PNPN四层半导体叠合而成,具有三个PN结。晶闸管有三个引出端,分别称为阳极(A)、阴极(K)和控制极(G)。

(2) 晶闸管有两个工作状态,即正向导通状态和正向阻断状态。

晶闸管导通的条件是:阳极与阴极之间加正向电压,即 $U_{AK}>0$;控制极与阴极之间加正向电压,即 $U_{GK}>0$。

晶闸管阻断的条件是:通过晶闸管的电流小于维持电流 I_H,即 $I_A<I_H$;阳极与阴极之间电压近似为零或使其反向,即 $U_{AK} \leq 0$。

(3) 晶闸管的主要参数有：额定正向平均电流 I_F、正向重复峰值电压 U_{FRM}、反向重复峰值电压 U_{RRM}、维持电流 I_H 等。

为保证晶闸管的正常工作，应使元件的重复峰值电压为实际工作电压峰值的两倍以上，元件的额定正向电流应按实际工作电流选择，并留有一定裕量。

(4) 晶闸管使用注意事项：

为了保证晶闸管的正常工作，使用时应注意以下几点：

① 合理选择晶闸管：可根据实际工作电流、电压来选择晶闸管的额定电流和电压，并考虑一定的安全系数。如：晶闸管的额定电压常取实际工作电压的两倍以上，所以若电源电压为交流 220 V 时，则晶闸管的重复峰值电压应为 600 V 以上。

② 采用必要的保护措施，以防止晶闸管过电流或过电压，防止电流、电压变化率过大。

③ 应注意散热问题，使用时应配用一定面积的散热器。

2. 可控整流电路

可控整流是指将交流电变换为电压大小可以调节的直流电的过程。

晶闸管整流电路的工作原理和电路结构，与半导体二极管整流电路相似。但晶闸管是一个可控开关，只有控制极加上触发电压才能使它导通。改变在晶闸管控制极上加脉冲电压的时间，就可以改变控制角 α 的大小，从而可以调节输出直流电压的大小。

(1) 单相半波（电阻性负载）：

输出电压平均值

$$U_o = 0.45 U_2 \frac{1 + \cos \alpha}{2}$$

输出电流平均值

$$I_o = \frac{U_o}{R_L} = 0.45 \frac{U_2}{R_L} \cdot \frac{1 + \cos \alpha}{2}$$

流过晶闸管的平均电流

$$I_T = I_o$$

晶闸管承受的最大正向电压 U_{FM} 和最大反向电压 U_{RM} 都等于

$$U_{FM} = U_{RM} = \sqrt{2} U_2$$

晶闸管电流的有效值

$$I = \frac{U}{R_L} \sqrt{\frac{1}{4\pi} \sin 2\alpha + \frac{\pi - \alpha}{2\pi}}$$

(2) 单相半控桥式（电阻性负载）：

输出电压平均值

$$U_o = 0.9 U_2 \frac{1 + \cos \alpha}{2}$$

输出电流平均值

$$I_o = \frac{U_o}{R_L} = 0.9 \frac{U_2}{R_L} \cdot \frac{1 + \cos \alpha}{2}$$

流过晶闸管与二极管的平均电流

$$I_T = I_D = \frac{1}{2}I_o$$

晶闸管承受的最大正向电压 U_{FM} 和最大反向电压 U_{RM} 都等于

$$U_{FM} = U_{RM} = \sqrt{2}U_2$$

晶闸管电流的有效值

$$I = \frac{U}{R_L}\sqrt{\frac{1}{2\pi}\sin 2\alpha + \frac{\pi - \alpha}{\pi}}$$

为了保证晶闸管在出现瞬时过电压时不致损坏，通常根据下式选取晶闸管的 U_{FRM} 和 U_{RRM}：

$$U_{FRM} \geq (2 \sim 3)U_{FM}$$
$$U_{RRM} \geq (2 \sim 3)U_{RM}$$

（3）具有电感性负载的可控整流电路：

具有电感性负载的可控整流电路与带电阻性负载时相似，但还存在特殊的问题。

存在的问题：由于电感元件在电流变化时会产生自感应电动势，因此当电源电压过零时，自感应电动势将维持晶闸管导通而无法关断。

产生的后果：由于电压过零点时，导通的晶闸管仍不能关断，电源的负压也通过导通管向负载供电，因此负载端电压有负值，使电压平均值降低。必须指出的是，负载电压波形中虽然有负值，但晶闸管中的电流方向始终未变，它是由电感中的自感应电动势维持其存在的，所以此时 $\alpha + \theta > 180°$。

电路中采取的改善措施：在电感性负载的两端并联一只续流二极管，当电源电压过零点并转为负值时，续流二极管立即导通，使晶闸管反偏而关断。晶闸管关断之后，电感性负载与续流二极管组成回路而续流。

3. 晶闸管的保护

晶闸管是由 PN 结构成的大功率半导体器件，由于 PN 结的热容量较小，如果过电流使用就极易损坏；如果过电压时则易于击穿。此外，晶闸管中的电流和电压的上升率 $\frac{di}{dt}$ 及 $\frac{du}{dt}$ 也不能太大，因此在使用时必须特别注意保护。

（1）过电流保护：

晶闸管过电流保护的措施有下列几种。

① 快速熔断器：快速熔断器用的是银质熔丝，在同样的过电流倍数之下，它可以在晶闸管损坏之前熔断，这是晶闸管过电流保护的主要措施。

快速熔断器的接入方式有三种：一是接在输出负载端；二是快速熔断器与晶闸管串联；三是接在输入端。

② 过电流继电器：在输出端（直流侧）装直流过电流继电器；或在输入端（交流侧）经电流互感器接入灵敏的过电流的继电器。当发生过电流故障时使输入端的开关跳闸。

③ 过流截止保护：利用过电流的信号将晶闸管的触发脉冲移后，使晶闸管的导通角减小或者停止触发。

（2）过电压保护：

引起过电压的主要原因是因为电路中一般都接有电感元件。在切断或接通电路时，电路中的电压往往都会超过正常值。

晶闸管过电压的保护措施有以下几种。

① 阻容保护：采用阻容串联支路与晶闸管并联的电路结构，以吸收过电压。或将阻容支路接于交流电源侧或负载侧。利用电容来吸收过电压；而电阻元件在电容器充、放电时，可吸收一部分能量。一般情况下限流电阻取值为几欧至几十欧，电容器取值约为 $0.05 \sim 0.5~\mu F$。

② 硒堆保护：硒堆（硒整流片）是一种非线性电阻元件。当硒堆过压时，它的电阻迅速减小，而且可以通过较大的电流，将过压的能量消耗在非线性电阻上，而硒堆不损坏。

4. 单结晶体管触发电路

（1）单结晶体管具有以下特点：

① 单结晶体管的峰点电压 $U_P = \eta U_{BB} + U_D$。当发射极电压 $U_E = U_P$ 时，单结晶体管导通。导通之后，当 $U_E < U_V$ 谷点电压时，单结晶体管就恢复截止。

② 单结晶体管的 U_P 与外加固定电压 U_{BB} 及其分压比 η 有关。而 $\eta = \dfrac{R_{B1}}{R_{B1}+R_{B2}}$ 是由管子结构决定的，可看做常数。η 为 $0.5 \sim 0.9$。

③ 不同单结晶体管的谷点电压 U_V 和谷点电流 I_V 都不一样。U_V 为 $2 \sim 5~V$。

（2）单结晶体管触发电路的优缺点：

单结晶体管触发电路的优点是：电路简单、易于调整、受温度影响小，工作可靠。缺点是：输出脉冲宽度窄、功率小等。因此广泛应用在中、小型设备中。为了使触发电路在每半个周期内（对桥式整流主电路而言）发出第一个脉冲的时间相同，必须使触发电路与主电路同步。

三、习题选解

1. 《汽车电工电子基础第二版》书后习题

9.1 晶闸管的导通和阻断条件是什么？

解 导通条件：当在晶闸管的阳极和阴极间加正向电压，即 $U_{AK} > 0$；在控制极和阴极间也加正向电压，即 $U_{GK} > 0$；晶闸管的阳极电流 I_A 大于 I_H 维持电流时，才能使原来不导通的晶闸管开始导通。

阻断条件：当把晶闸管阳极和阴极间的正向电压降至一定值，或断开或反向，或使阳极电流小于维持电流时，晶闸管将阻断。

9.3 晶闸管的维持电流的意义是什么？

答 在室温下，控制极开路时，维持晶闸管继续导通所必须的最小电流，称为维持电流。当正向电流小于 I_H 值，晶闸管就自行关断。

9.4 在可控整流电路中，为什么要在感性负载两端并联一续流二极管？怎样接入？

答 晶闸管可控整流电路接电感性负载时，由于电感上自感电动势的作用，会使晶闸管的导通角大于 $(\pi - \alpha)$，负载上会出现负电压，导致输出电压平均值降低。

为此需要在感性负载两端并联一续流二极管，如图 9-1 所示。当变压器副边电压过零值变负后，二极管随即导通，副边电压经二极管给晶闸管加上反向电压使其及时关断。另外也为负载上自感电动势所维持的电流提供了一条继续流通的路径，从而避免了负载上负电压的出现。

9.5 有一电阻性负载，其阻值为 20 Ω，需要直流电压 60 V，现采用单相半波可控整流电路，直接由 220 V 交流电源供电。试求晶闸管的最大导通角、负载上的最大电流，并估选晶闸管。

解 由

$$U_o = 0.45U \frac{1 + \cos \alpha}{2}$$

得

$$\cos \alpha = \frac{2U_o}{0.45U} - 1 = \frac{2 \times 60}{0.45 \times 220} - 1 = 0.212$$

$$\alpha = \arccos 0.212 = 77.75°$$

最大导通角

$$\theta = 180° - \alpha = 180° - 77.75° = 102.25°$$

负载最大电流

$$I_o = \frac{U_o}{R_L} = \frac{60}{20} = 3 \text{ (A)}$$

晶闸管流过的电流

$$I_T = I_o = 3 \text{ A}$$

晶闸管承受的最高正向电压和最高反向电压为

$$U_{FM} = U_{RM} = \sqrt{2}U = \sqrt{2} \times 220 = 310 \text{ (V)}$$

晶闸管的正、反向重复峰值电压 U_{FFM} 和 U_{RRM} 为

$$U_{FFM} \geq (2 \sim 3)U_{FM} = (2 \sim 3) \times 310 = 620 \sim 930 \text{ (V)}$$

$$U_{RRM} \geq (2 \sim 3)U_{RM} = (2 \sim 3) \times 310 = 620 \sim 930 \text{ (V)}$$

晶闸管可选用 KP5-7 型。

9.7 有电阻性负载，其阻值为 12 Ω，需直流电压在 0~90 V 范围内可调，如采用单相半控桥式整流电路，由变压器供电，试绘出电路图，计算变压器副边电压的有效值、直流电压为 45 V 时的导通角和通过晶闸管的电流。

解 （1）电路如图 9-2 所示。

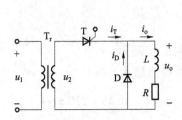

图 9-1 接有续流二极管的电路

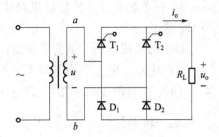

图 9-2 习题 9.7 的电路图

变压器副边电压的有效值

$$U = \frac{2U_o}{0.9(1+\cos\alpha)} = \frac{2\times 90}{0.9(1+\cos 0°)} = 100 \text{ (V)}$$

(2) 直流电压为 45 V 时的导通角

$$\alpha = \arccos\left(\frac{2U_o}{0.9U} - 1\right) = \arccos\left(\frac{2\times 45}{0.9\times 100} - 1\right) = 90°$$

通过晶闸管的电流

$$I_T = \frac{1}{2}I_o = \frac{1}{2}\times \frac{45}{12} = 1.875 \text{ (A)}$$

9.10 试分析图 9-3 所示可控整流电路的工作原理。若 $u_2 = \sqrt{2}U_2\sin\omega t$ V，求负载电阻 R_L 两端电压的平均值 U_o 和电流平均值 I_o。

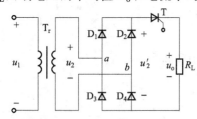

图 9-3 习题 9.10 的电路图

解 交流电压 u_2 经二极管桥式整流电路后，使晶闸管只承受正向电压。当 $\omega t = \alpha$ 时，在控制极加上触发脉冲使晶闸管导通。晶闸管每周期导通两次，每次最大导通角为 180°，改变控制角 α，就可改变负载电阻 R_L 上的电压 U_o 的大小。晶闸管在工作过程中不承受反向电压，承受的最高正向电压为 $\sqrt{2}U_2$。

不难理解，它的输出电压和输出电流为

$$U_o = 0.9U_2 \frac{1+\cos\alpha}{2}$$

$$I_o = \frac{U_o}{R_L} = 0.9\frac{U_2}{R}\cdot\frac{1+\cos\alpha}{2}$$

2. 补充题

补 9.1 晶闸管能否同三极管一样构成放大电路？

答 晶闸管只有导通和阻断两种状态，晶闸管导通后，它的电流大小不受控制极控制，因此不能构成放大电路。

补 9.2 何为控制角、导通角、移相、移相范围？

答 晶闸管在承受正向电压的半周内，不导通的范围称为控制角 α，导通的范围称为导通角 θ，改变控制角 α 的大小称为移相，α 角的变化范围称作移相范围。

补 9.3 在单相半波可控整流电路中。已知电源电压 $u = 220\sqrt{2}\sin\omega t$ (V)，负载电阻 $R_L = 20$ Ω，求：

(1) 最大的负载电压、电流平均值；

(2) 负载电压、电流平均值等于最大平均值 60% 时的控制角。

解 (1) 控制角 $\alpha = 0$ 时的负载电压、负载电流平均值最大，则

$$U_{omax} = 0.45U\cdot\frac{1+\cos\alpha}{2} = 0.45U\frac{1+\cos 0°}{2} = 0.45\times U = 0.45\times 220 = 99 \text{ (V)}$$

$$I_{omax} = \frac{U_{omax}}{R_L} = \frac{99}{20} = 4.95 \text{ (A)}$$

(2) 求负载电压、电流等于最大值的 60% 时的控制角。

由

$$U_o = 0.45U \frac{1+\cos\alpha}{2}$$

得

$$\alpha = \arccos\left(\frac{2U_o}{0.45U} - 1\right) = \arccos\left(\frac{2\times 0.6\times 99}{0.45\times 220} - 1\right) \approx 78.5°$$

补 9.4 某一电阻性负载,需要直流电压为 80 V、电流为 20 A。今采用单相半波可控整流电路,直接由 220 V 电网供电。试计算晶闸管的导通角、电流的有效值。

解 (1) 由

$$U_o = 0.45U \cdot \frac{1+\cos\alpha}{2}$$

$$80 = 0.45\times 220\times\frac{1+\cos\alpha}{2}$$

得

$$\cos\alpha = \frac{80\times 2}{0.45\times 220} - 1 = 0.616$$

$$\alpha = \arccos 0.616 \approx 52°$$

导通角

$$\theta = 180° - 52° = 128°$$

(2) 求电流的有效值

$$R_L = \frac{U_o}{I_o} = \frac{80}{20} = 4 \ (\Omega)$$

$$I = \sqrt{\frac{1}{2\pi}\int_\alpha^\pi \left(\frac{\sqrt{2}U}{R_L}\sin\omega t\right)^2 d(\omega t)}$$

$$= \frac{U}{R_L}\sqrt{\frac{1}{4\pi}\sin 2\alpha + \frac{\pi-\alpha}{2\pi}}$$

$$= \frac{220}{4}\sqrt{\frac{1}{4\pi}\sin(2\times 52°) + \frac{\pi - 0.91}{2\pi}}$$

$$= 36.2 \ (A)$$

点评 通过以上计算可知,电流的有效值比电流平均值大得多,因此在接负载时,必须要综合考虑流过负载的电流,这在选用晶闸管及变压器导线时应注意。

补 9.5 接电阻性负载的单相半控桥式整流电路如图 9-4 所示。已知最大输出电压为 100 V,输出电流为 20 A。

(1) 试求变压器副边电压的有效值。
(2) 选择晶闸管。

解 (1) 由公式

$$U_o = 0.9U \cdot \frac{1+\cos\alpha}{2}$$

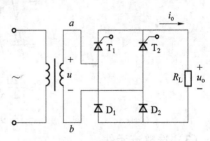

图 9-4 习题补 9.5 的电路图

得变压器副边电压有效值

$$U = \frac{2U_o}{0.9(1+\cos\alpha)} = \frac{2\times 100}{0.9(1+\cos 0°)} = 111.1 \text{ (V)}$$

(2) 通过晶闸管的平均电流

$$I_T = \frac{1}{2}I_o = \frac{1}{2}\times 20 = 10 \text{ (A)}$$

晶闸管承受的最高正向电压、最高反向电压

$$U_{FM} = U_{RM} = \sqrt{2}U = 157.1 \text{ V}$$

根据下式选择晶闸管的正、反向重复峰值电压

$$U_{FRM} = U_{RRM} = (2\sim 3)U_{FM}$$
$$= (2\sim 3)\times 157.1$$
$$= 314.2\sim 471.3 \text{ (V)}$$

根据上面计算，选择晶闸管为 20 A、500 V 的。

补9.6 有一电阻性负载，需要可调的输出直流电压为 0~80 V，输出电流 I_o = 0~20 A。现采用单相半控桥式整流电路，由 220 V 交流电源直接供电，试计算导通角、电流的有效值、并选用整流元件。

解 （1）求导通角。

由

$$U_o = 0.9U\cdot\frac{1+\cos\alpha}{2}$$

$$80 = 0.9\times 220\times\frac{1+\cos\alpha}{2}$$

$$\cos\alpha = \frac{80\times 2}{0.9\times 220}-1 = -0.192$$

$$\alpha = 101.1°$$

$$\theta = 180°-101.1° = 78.9°$$

(2) 求电流的有效值。

$$R_L = \frac{80}{20} = 4 \text{ (}\Omega\text{)}$$

$$I = \sqrt{\frac{1}{\pi}\int_\alpha^\pi\left(\frac{\sqrt{2}U}{R_L}\sin\omega t\right)^2 d(\omega t)}$$

$$= \frac{U}{R_L}\sqrt{\frac{1}{2\pi}\sin 2\alpha + \frac{\pi-\alpha}{\pi}}$$

$$= \frac{220}{4}\sqrt{\frac{1}{2\pi}\sin(2\times 101.1°) + \frac{\pi-1.76}{\pi}}$$

$$= 33.9 \text{ (A)}$$

(3) 选整流元件。

$$U_{FM} = U_{RM} = U_{DRM} = \sqrt{2}U = \sqrt{2}\times 220 = 310 \text{ (V)}$$

$$I_T = I_D = \frac{1}{2}I_o = \frac{1}{2} \times 20 = 10 \text{ (A)}$$

$$U_{FRM} = U_{RRM} = (2 \sim 3)\sqrt{2}U = 620 \sim 930 \text{ (V)}$$

故可选用 20 A、700 V 的晶闸管，20 A、400 V 的二极管。

补 9.7 电路如图 9-5 所示，试画出负载电压的波形，从而说明晶闸管起交流调压作用的原理。

答 画出负载电压的波形如图 9-5-1 所示。由波形图可知，当 $\theta = 0°$ 时，输出电压为 0 V，当 $\theta = 180°$ 时，输出电压 u_o 同输入交流电压。因此，只要改变导通角 θ，就可调整输出交流电压。负载电阻中通过的电流也是交流全波可控电流。

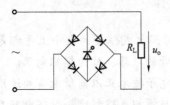

图 9-5 习题补 9.7 的电路图

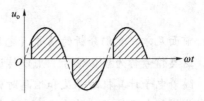

图 9-5-1 习题补 9.7 的波形图

补 9.8 单结晶体管导通与截止的条件是什么？

答 导通条件：发射极电压 U_E 等于峰点电压 U_P 时导通。

截止条件：发射极电压 U_E 小于谷点电压 U_V 时则截止。

第十章 数字电路基础

前面几章,我们分析的信号(电压或电流),从时间上或信号的大小上看都是连续变化的,这类信号称为模拟信号。用以传递、处理模拟信号的电路,称为模拟电路。

随着电子计算机的普及和信息时代的到来,数字电子技术正以前所未有的速度在各个领域取代模拟电子技术,并迅速渗入人们的日常生活。与模拟电路相比,数字电路具有抗干扰能力强、可靠性高、精确性和稳定性好、通用性广、便于集成、便于故障诊断和系统维护等特点。

一、基本要求

(1) 熟练掌握与门、或门、非门、与非门、或非门、异或门、同或门的逻辑功能。

(2) 理解 TTL 门电路和 MOS 门电路的特点,了解集电极开路与非门及三态输出门的基本逻辑功能。

(3) 掌握逻辑代数的基本公式、基本概念和基本运算法则。

(4) 熟练掌握逻辑函数用真值表、逻辑表达式、卡诺图和逻辑图所表示的四种方法,学会运用公式法和卡诺图法化简逻辑函数。

二、学习要点

本章学习的重点是基本逻辑门电路和组合逻辑电路的分析。难点是逻辑函数的化简和组合逻辑电路的设计,以及组合逻辑部件的应用。

(1) 最基本的逻辑关系有三种:与、或、非。输入和输出之间具有这些逻辑关系的开关电路称为门电路。

(2) 一个门电路的逻辑功能是与门还是或门不仅从电路的结构看,而且还要区别是正逻辑还是负逻辑。在没有特别声明的情况下,通常都采用正逻辑。即 1 表示高电平,0 表示低电平。

(3) 逻辑代数中的基本公式、基本规则和常用公式要熟练掌握,并能灵活运用,任何逻辑问题都可以借助它们来进行推导和变换,用它们可以帮助简化逻辑函数表达式。

逻辑代数在运算中与普通代数运算有相似之处,即可以运用交换律、结合律和分配律。由于逻辑代数式中每个变量是表示客观事物存在的状态,不是数值的大小,所以在运算中也有其特殊规律,即重叠律、反演律和互补律等。

反演律(摩根定律)的两种形式经常用到,即

$$\overline{AB} = \overline{A} + \overline{B}$$
$$\overline{A + B} = \overline{A} \cdot \overline{B}$$

要求同学要熟练掌握。

（4）逻辑函数有四种表示方法。它们都表示同一逻辑关系，但特点不同。

① 真值表。将 n 个输入变量的 2^n 个状态及其对应的输出函数列成一个表格叫做真值表（或称逻辑状态表）。例如：设计一个三人（A、B、C）表决使用的逻辑电路，当多数人赞成（输入为1）时，表决结果有效，用 $F=1$ 表示，否则 $F=0$。根据上述要求，输入有 $2^3 = 8$ 个不同状态，将 8 种输入状态下对应的输出状态值列成表格，得到真值表，见表 10 - 1。真值表的优点是直观、明了。

表 10 - 1 真值表

A	B	C	F
0	0	0	0
0	0	1	0
0	1	0	0
0	1	1	1
1	0	0	0
1	0	1	1
1	1	0	1
1	1	1	1

② 逻辑表达式。逻辑表达式则是通过与、或、非等运算把各个变量联系起来，表示逻辑函数。特别对于那些逻辑关系比较复杂，逻辑变量又多的逻辑问题，这是种简洁的表示方法，尤其便于利用公式进行逻辑运算和化简。

例如，真值表 10 - 1 所描述的逻辑关系，也可以用逻辑表达式

$$F = \overline{A}BC + A\overline{B}C + AB\overline{C} + ABC$$

表示。

③ 逻辑图。按照逻辑表达式用对应的逻辑门符号连接起来就是逻辑图。如上式对应的逻辑图如图 10 - 1 所示。逻辑图是一种比较接近工程实际的表示逻辑函数的方法，因为图中的逻辑单元符号通常就表示一个具体的电路器件，所以又称为逻辑电路图。

④ 卡诺图。卡诺图是逻辑函数的最小项方块图表示法，它用几何位置上的相邻，形象地表示了组成逻辑函数的各个最小项之间在逻辑上的相邻性。卡诺

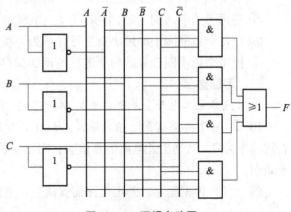

图 10 - 1 逻辑电路图

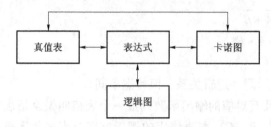

图 10-2 几个逻辑函数表示方法之间的关系

图是化简逻辑函数的重要工具。

应注意的是，真值表和卡诺图都是逻辑函数的最小项表示法，由于逻辑函数的最小项与或表达式是唯一的，所以任何一个逻辑函数都只可能列出唯一的一张真值表或卡诺图；表达式和逻辑图则不是唯一的，由于表达式的变化和化简情况的不同，同一个逻辑函数可以有多种不同的表达式和逻辑图的表示法。它们四者之间的关系可由图 10-2 粗略地表示。箭头表示可以相互转换。

(5) 逻辑函数的化简：

在分析或设计逻辑电路时，为使逻辑电路简单可靠，需要对逻辑函数进行化简，通常采用代数化简法和卡诺图化简法。

① 代数化简法。就是利用基本公式和常用公式来化简逻辑函数。在逻辑函数为与或表达式时常采用以下几种方法：吸收法、合并项法、消去法、配项法。

通过化简，一个逻辑函数可用多个逻辑式来表示，所以逻辑式不是唯一的，相应的逻辑图也不是唯一的。应用逻辑代数运算法则时要特别注意它和普通代数运算的区别。例如，不能将 $AB = AC$、$A + B = A + C$、$A + AB = A + AC$ 这种逻辑式化简为 $B = C$。因为：设 $A = 0$，即使 $B \neq C$，$AB = AC$ 仍然成立；设 $A = 1$，即使 $B \neq C$，$A + B = A + C$ 仍然成立。

② 卡诺图化简法。代数化简法技巧性强，要求对逻辑代数公式运用得十分熟练，显然这对初学者是比较困难的，尤其是对待较复杂的逻辑函数式进行化简更感到不便，可能没化简到最简式就进行不下去了。而卡诺图化简法是一种简便直观、容易掌握、行之有效的方法，在数字逻辑电路中得到广泛应用。

卡诺图化简法适用于输入变量小于等于 4 的情况，其化简步骤如下：

① 根据给出要化简的逻辑函数画出相应的卡诺图。

② 将卡诺图中 2^n 个相邻为 1 的单元圈起来，形成矩形或方形的集合，不要遗漏边沿相邻和四角相邻。

③ 包围圈中 1 的个数越多越好，包围圈的数目越少越好。

④ 卡诺图中的 1 可以被使用多次，但每画一个包围圈至少包含一个未被包围过的 1。

⑤ 利用无关项 X 时，利用的项为 1，不利用的项为 0。

⑥ 把每个包围圈中的最小项进行合并为一项。

⑦ 把每个包围圈合并后的项进行逻辑加就得出逻辑函数化简的表达式。

三、习题选解

1. 《汽车电工电子基础第二版》书后习题

10.2 一个电路有 3 个输入端 A、B、C，当输入信号中有偶数个 1 时，输出端 F 为 1，否则输出为 0。试列出此电路的真值表，写出逻辑函数 F 的逻辑表达式，画出该逻辑函数的卡诺图。

解 (1) 根据题意，列出电路的真值表，见表 10-2。

表 10-2 题 10.2 的真值表

输入端			输出端
A	B	C	F
0	0	0	0
0	0	1	0
0	1	0	0
0	1	1	1
1	0	0	0
1	0	1	1
1	1	0	1
1	1	1	0

(2) 求逻辑函数 F 的逻辑表达式。
$$F = \overline{A}BC + A\overline{B}C + AB\overline{C}$$
(3) 画逻辑函数的卡诺图。
逻辑函数的卡诺图如图 10-3 所示。

10.4 用代数法将下列逻辑函数化简为最简与或表达式。
(1) $F = A(\overline{A} + B) + B(B + C) + B$
(2) $F = (AB + \overline{AB})(\overline{A} + \overline{B})AB$
(3) $F = (AB + A\overline{B} + \overline{A}B)(A + B + D + \overline{A}\overline{B}\overline{D})$
(4) $F = A\overline{B}\overline{C} + \overline{A}BC + AB\overline{C} + ABC + \overline{A}BC + A\overline{C}$
(5) $F = \overline{\overline{AB} + ABC + A(B + A\overline{B})}$

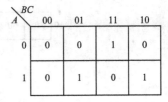

图 10-3 题 10.2 的卡诺图

解 (1) $F = A(\overline{A} + B) + B(B + C) + B$
$= AB + B + BC + B$
$= (A + 1 + C + 1)B$
$= B$

(2) $F = (AB + \overline{AB})(\overline{A} + \overline{B})AB$
$= (AB + \overline{AB})\overline{AB}$
$= 0$

(3) $F = (AB + A\overline{B} + \overline{A}B)(A + B + D + \overline{A}\overline{B}\overline{D})$
$= (A + B)(A + B + D + \overline{A + B + D})$
$= A + B$

(4) $F = A\overline{B}\overline{C} + \overline{A}BC + AB\overline{C} + ABC + \overline{A}BC + A\overline{C}$
$= A\overline{B}(\overline{C} + C) + AB(\overline{C} + C) + (\overline{A} + \overline{B})C + A\overline{C}$

待续:
$= A\overline{B} + AB + \overline{AC} + \overline{B}C + A\overline{C}$
$= A(\overline{B} + B) + \overline{AC} + \overline{B}C + A\overline{C}$
$= A + \overline{AC} + \overline{B}C + A\overline{C}$

$$= A(1+\overline{C}) + AC + \overline{B}C = A + \overline{A}C + \overline{B}C$$
$$= A + C + \overline{B}C = A + C(1+\overline{B})$$
$$= A + C$$

(5) $F = \overline{\overline{A\overline{B} + ABC} + \overline{A(B+A\overline{B})}}$

$$= \overline{(A\overline{B} + ABC)} \cdot \overline{(AB + A\overline{B})}$$

$$= (A\overline{B} + ABC)\overline{A} = 0$$

10.6 用卡诺图化简下列逻辑函数。

(1) $F = A\overline{B}C + AC + \overline{A}BC + \overline{B}C\overline{D}$

(2) $F = AB + \overline{A}BC + \overline{A}B\overline{C} + AC$

(3) $F = A\overline{B} + \overline{B}C\overline{D} + ABD + \overline{A}\overline{B}CD$

解 (1) 根据逻辑表达式 $F = A\overline{B}C + AC + \overline{A}BC + \overline{B}C\overline{D}$ 作四变量卡诺图，将逻辑函数 F 填入卡诺图中，如图 10-4（a）所示；根据画包围圈的原则画出包围圈，如图 10-4（b）所示。

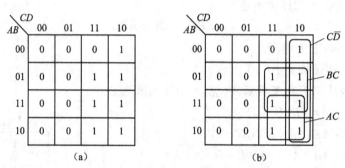

图 10-4 题 10.6（1）的卡诺图

按图 10-4（b）可得出化简结果为

$$F = AC + BC + C\overline{D}$$

(2) 根据逻辑表达式 $F = AB + \overline{A}BC + \overline{A}B\overline{C} + AC$ 作三变量卡诺图，将逻辑函数 F 填入卡诺图中，如图 10-5（a）所示；根据画包围圈的原则画出包围圈，如图 10-5（b）所示。

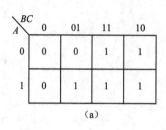 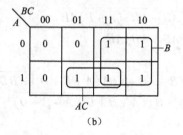

图 10-5 题 10.6（2）的卡诺图

(3) 根据逻辑表达式 $F = A\overline{B} + \overline{B}C\overline{D} + ABD + \overline{A}\overline{B}CD$ 作四变量卡诺图，将逻辑函数 F 填入卡诺图中，如图 10-6（a）所示；根据画包围圈的原则画出包围圈，如图 10-6（b）所示。

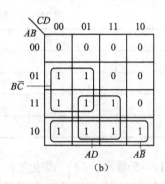

图 10-6 题 10.6 (3) 的卡诺图

2. 补充题

补 10.1 用真值表证明下列各等式。

(1) $A + \overline{A}B = A + B$

(2) $\overline{\overline{A} + B} = A\overline{B}$

(3) $(\overline{A} + \overline{B})(A + B) = A\overline{B} + \overline{A}B$

证明 (1) 列真值表，见表 10-3。

表 10-3 题补 10.1 (1) 真值表

A	B	$A + \overline{A}B$	$A + B$
0	0	0	0
1	0	1	1
0	1	1	1
1	1	1	1

由真值表 10-3 可看出，(1) 式成立。

(2) 列真值表，见表 10-4。

表 10-4 题补 10.1 (2) 真值表

A	B	$\overline{\overline{A} + B}$	$A\overline{B}$
0	0	0	0
1	0	1	1
0	1	0	0
1	1	0	0

由真值表 10-4 可看出，(2) 式成立。

(3) 列真值表，见表 10-5。

表 10-5　题补 10.1（3）真值表

A	B	$(\overline{A}+\overline{B})(A+B)$	$A\overline{B}+\overline{A}B$
0	0	0	0
1	0	1	1
0	1	1	1
1	1	0	0

由真值表 10-5 看出，（3）式成立。

补 10.2　根据下列各逻辑式画出逻辑图。

(1) $F=(A+B)C$

(2) $F=A+BC$

(3) $F=AB+BC$

(4) $F=(A+B)(A+C)$

(5) $F=A\overline{B}+A\overline{C}+\overline{A}BC$

解　由 (1) $F=(A+B)C$ 画逻辑图，如图 10-7-1 所示。

由 (2) $F=A+BC$ 画出逻辑图，如图 10-7-2 所示。

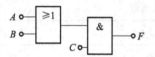

图 10-7-1　习题补 10.2 的逻辑图解 (1)　　图 10-7-2　习题补 10.2 的逻辑图解 (2)

由 (3) $F=AB+BC$ 画出逻辑图，如图 10-7-3 所示。

由 (4) $F=(A+B)(A+C)$ 画出逻辑图，如图 10-7-4 所示。

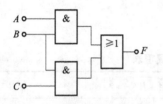

图 10-7-3　习题补 10.2 的逻辑图解 (3)　　图 10-7-4　习题补 10.2 的逻辑图解 (4)

由 (5) $F=A\overline{B}+A\overline{C}+\overline{A}BC$ 画出逻辑图，如图 10-7-5 所示。

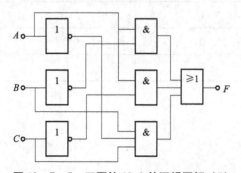

图 10-7-5　习题补 10.2 的逻辑图解 (5)

补 10.3　化简下列逻辑函数表达式。

(1) $F=A+\overline{A}B+AB$

(2) $F=A\overline{B}+AC+BC$

(3) $F=\overline{A}BC+(A+\overline{B})C$

(4) $F=A\overline{B}+\overline{A}B+AB+\overline{A}\overline{B}$

(5) $F=ABD+\overline{A}BCD+\overline{A}CDE+A$

(6) $F=ABC\overline{D}+ABD+BC\overline{D}+ABC+BD+B\overline{C}$

解　(1) $F=A+\overline{A}B+AB$

$$= A + B(\bar{A} + A) = A + B$$

(2) $F = A\bar{B} + AC + BC = A\bar{B} + BC + (B + \bar{B})AC$

$$= A\bar{B} + BC + ABC + A\bar{B}C$$

$$= A\bar{B}(1 + C) + BC(1 + A) = A\bar{B} + BC$$

(3) $F = \bar{A}BC + (A + \bar{B})C = [(A + \bar{A}B) + \bar{B}]C$

$$= [(A + \bar{A}) \cdot (A + B) + \bar{B}]C$$

（可利用 $A + \bar{A}B = A + B$ 省略此步）

$$= (A + B + \bar{B})C = (A + 1)C = C$$

(4) $F = A\bar{B} + \bar{A}B + AB + \bar{A}\bar{B}$

$$= (A + \bar{A})\bar{B} + (A + \bar{A})B = \bar{B} + B = 1$$

(5) $F = ABD + A\bar{B}CD + AC\bar{D}E + A$

$$= A(1 + BD + \bar{B}CD + C\bar{D}E) = A$$

(6) $F = ABC\bar{D} + ABD + BC\bar{D} + ABC + BD + B\bar{C}$

$$= ABC(1 + \bar{D}) + BD(1 + A) + BC\bar{D} + B\bar{C}$$

$$= ABC + BD + BC\bar{D} + B\bar{C}$$

$$= ABC + BD(C + \bar{C}) + BC\bar{D} + B\bar{C}$$

$$= ABC + BCD + B\bar{C}D + BC\bar{D} + B\bar{C}$$

$$= ABC + BC(D + \bar{D}) + B\bar{C}(1 + D)$$

$$= ABC + BC + B\bar{C}$$

$$= BC(1 + A) + B\bar{C} = BC + B\bar{C} = B(C + \bar{C}) = B$$

补 10.4 试用逻辑代数法将下列逻辑函数化为最简与或表达式。

(1) $F = (AB + A\bar{B} + \bar{A}B)(A + B + D + \bar{A}\bar{B}\bar{D})$

(2) $F = (A + B + C)(\bar{A} + \bar{B} + \bar{C})$

(3) $F = AC + \bar{B}C + B\bar{D} + A(B + \bar{C}) + \bar{A}BCD + \bar{A}BDE$

解 (1) $F = (AB + A\bar{B} + \bar{A}B)(A + B + D + \overline{\bar{A}\bar{B}\bar{D}})$

$$= (A + B)(A + B + D + \overline{\bar{A} + B + D}) = A + B$$

(2) 法一：$F = (A + B + C)(\bar{A} + \bar{B} + \bar{C})$

$$= A\bar{B} + A\bar{C} + \bar{A}B + B\bar{C} + \bar{A}C + \bar{B}C$$

点评 许多同学做到此步便进行不下去了，对初学者而言不妨利用配项法。

$$F = A\bar{B}(C + \bar{C}) + A\bar{C}(B + \bar{B}) + \bar{A}B(C + \bar{C}) + B\bar{C}(A + \bar{A}) +$$
$$\bar{A}C(B + \bar{B}) + \bar{B}C(A + \bar{A})$$

$$= A\bar{B}C + A\bar{B}\bar{C} + AB\bar{C} + A\bar{B}\bar{C} + \bar{A}BC + \bar{A}B\bar{C} + AB\bar{C} + \bar{A}B\bar{C} +$$
$$\bar{A}BC + \bar{A}\bar{B}C + A\bar{B}C + \bar{A}\bar{B}C$$

$$= \bar{A}BC + \bar{A}B\bar{C} + A\bar{B}C + A\bar{B}\bar{C} + AB\bar{C} + \bar{A}\bar{B}C$$

$$= A\bar{C}(B + \bar{B}) + A\bar{B}(C + \bar{C}) + \bar{B}C(A + \bar{A})$$

$$= A\bar{C} + A\bar{B} + \bar{B}C$$

或

$$F = \overline{A}B + A\overline{C} + \overline{B}C$$

法二：

因为

$$F = (A+B+C)(\overline{A}+\overline{B}+\overline{C})$$

所以

$$\overline{F} = \overline{(A+B+C)(\overline{A}+\overline{B}+\overline{C})}$$
$$= \overline{A+B+C} + \overline{\overline{A}+\overline{B}+\overline{C}}$$
$$= \overline{A}\,\overline{B}\,\overline{C} + ABC$$

则

$$F = \overline{A}BC + \overline{A}B\overline{C} + \overline{A}BC + A\overline{B}\overline{C} + A\overline{B}C + AB\overline{C}$$
$$= \overline{A}C + A\overline{B} + B\overline{C}$$

（3）法一：$F = AC + \overline{B}C + B\overline{D} + A(B+\overline{C}) + \overline{A}BCD + \overline{A}BDE$

（根据 $AB + \overline{A}C + BC = AB + \overline{A}C$ 配项，加上 $C\overline{D}$）

$= AC + \underset{\sim\sim}{\overline{B}C} + \underset{\sim\sim}{B\overline{D}} + \underset{\sim\sim}{C\overline{D}} + A(B+\overline{C}) + \overline{A}BCD + \overline{A}BDE$

（根据 $A + AB = A$，消去 $\overline{A}BCD$）

$= AC + \overline{B}C + B\overline{D} + C\overline{D} + A\overline{(\overline{B}C)} + \overline{A}BDE$

（根据 $A + \overline{A}B = A + B$，消去 $\overline{B}C$）

$= \underline{AC} + \overline{B}C + B\overline{D} + C\overline{D} + \underline{A} + \overline{A}BDE$

（根据 $A + AB = A$，消去 AC 和 $\overline{A}BDE$）

$= A + \overline{B}C + B\overline{D} + C\overline{D}$

（根据 $AB + \overline{A}C + BC = AB + \overline{A}C$ 消去 $C\overline{D}$）

$= A + \overline{B}C + B\overline{D}$

点评 该题归纳了几种代数法化简逻辑函数的常用方法。但在具体解题时，并不要求遵循固定的模式。解出的答案也不一定是唯一的，解题的方法也是多样的。

法二：

$$F = AC + \overline{B}C + B\overline{D} + A(B+\overline{C}) + \overline{A}BCD + \overline{A}BDE$$
$$= A(C + B + \overline{C} + \overline{B}DE) + \overline{B}C + B\overline{D} + C\overline{D}(1+\overline{A}B)$$
$$= A + \overline{B}C + B\overline{D}$$

补 10.5 证明以下各等式。

(1) $(A+B)(\overline{C}+D)(\overline{A}+B) = B\overline{C} + BD$

(2) $AC(B+\overline{D}) + AC(\overline{B}+E) = AC$

(3) $\overline{BC}(\overline{A}+AD) + (B+\overline{A}BD)C = C$

(4) $ABC + A\overline{B}C + AB\overline{C} = AB + AC$

(5) $\overline{A}\overline{B}(AC+\overline{B}) + (A+B)(\overline{A}\overline{B}\overline{C}+\overline{A}BC) = \overline{B}\,\overline{C} + \overline{A}C$

证明 (1) 左 $=(A\overline{C} + B\overline{C} + AD + BD)(\overline{A}+B)$

$= A\overline{A}\overline{C} + AB\overline{C} + \overline{A}B\overline{C} + B\overline{C} + A\overline{A}D + ABD + BD + \overline{A}BD$

$$= B\overline{C}(1+A+\overline{A}) + BD(1+A+\overline{A})$$
$$= B\overline{C} + BD = 右$$

(2) 左 $= AC(B + \overline{B} + \overline{D} + E)$
$$= AC(1 + \overline{D} + E)$$
$$= AC = 右$$

(3) 左 $= \overline{A}\overline{B}C + \overline{A}BCD + BC + A\overline{B}C\overline{D}$
$$= \overline{A}\overline{B}C + \overline{A}BC(\overline{D}+D) + BC$$

$$= \overline{A}\overline{B}C + \overline{A}BC + BC$$
$$= \overline{B}C(A + \overline{A}) + BC$$
$$= \overline{B}C + BC$$
$$= C(\overline{B} + B) = C = 右$$

(4) 左 $= A(BC + \overline{B}C + B\overline{C})$
$$= A(C + B\overline{C})$$
$$= A(C + B)$$
$$= AB + AC = 右$$

(5) 左 $= AA\overline{B}C + \overline{A}\overline{B} + A\overline{B}\overline{C} + A\overline{A}BC + AB\overline{B}\overline{C} + \overline{A}BC$
$$= \overline{A}\overline{B} + A\overline{B}\overline{C} + \overline{A}BC$$
$$= \overline{A}\overline{B}(C + \overline{C}) + A\overline{B}\overline{C} + \overline{A}BC$$
$$= \overline{A}\overline{B}C + \overline{A}\overline{B}\overline{C} + A\overline{B}\overline{C} + \overline{A}BC$$
$$= \overline{B}\overline{C}(A + \overline{A}) + \overline{A}C(B + \overline{B}) = \overline{B}\overline{C} + \overline{A}C = 右$$

补 10.6 用卡诺图法将下列逻辑函数化简成最简与或表达式。

(1) $F = AB + \overline{B}C + \overline{(A + \overline{B})}$

(2) $F = A\overline{B}CD + ABCD + A\overline{B} + A\overline{D} + \overline{A}BC$

(3) $F = \overline{B} + ACD + BC + \overline{C}$

(4) $F = A\overline{B} + BC\overline{D} + ABD + \overline{A}BCD$

解 (1) 先将逻辑函数化成最小项表达式。
$$F = AB + \overline{B}C + \overline{(A + \overline{B})}$$
$$F = AB(C + \overline{C}) + \overline{B}C(A + \overline{A}) + \overline{A}B(C + \overline{C})$$
$$= ABC + AB\overline{C} + A\overline{B}C + \overline{A}\overline{B}C + \overline{A}BC + \overline{A}B\overline{C}$$

画出卡诺图，如图 10-8-1 所示。

按规则画出包围圈，包围圈越大越好！如图 10-8-1 所示，将 m_1、m_3、m_5、m_7 四个小方格圈入一圈，将 m_2、m_3、m_6、m_7 四个小方格圈入一圈。合并后相或，得逻辑函数最简与或式
$$F = B + C$$

(2) 先将逻辑函数化成最小项表达式。

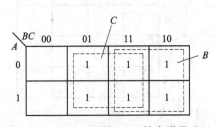

图 10-8-1 习题补 10.6 的卡诺图 (1)

$$F = A\bar{B}CD + AB\bar{C}D + A\bar{B} + A\bar{D} + A\bar{B}C$$
$$= A\bar{B}CD + AB\bar{C}D + A\bar{B}\bar{C}\bar{D} + A\bar{B}\bar{C}D + A\bar{B}CD + A\bar{B}C\bar{D} +$$
$$A\bar{B}\bar{C}\bar{D} + AB\bar{C}\bar{D} + AB\bar{C}D + A\bar{B}C\bar{D} + ABC\bar{D}$$
$$= A\bar{B}\bar{C}\bar{D} + A\bar{B}\bar{C}D + A\bar{B}C\bar{D} + A\bar{B}CD + AB\bar{C}\bar{D} + AB\bar{C}D + ABC\bar{D}$$

点评 画卡诺图可用三种方法：① 用逻辑状态表。四组输入变量有 16 种组合，由每组输入变量取值求出输出变量 F 为 1 或 0，由逻辑状态表画出卡诺图。② 将逻辑函数化为最小项表达式，即可画出卡诺图。③ 直接写入法。根据逻辑式直接添入卡诺图小方格中为 1 的部分。

画出卡诺图如图 10-8-2 所示。

将 m_8、m_9、m_{10}、m_{11} 四个小方格圈入一圈，得 $A\bar{B}$；

将 m_8、m_9、m_{12}、m_{13} 四个小方格圈入一圈，得 $A\bar{C}$；

将 m_8、m_{10}、m_{12}、m_{14} 四个小方格圈入一圈，得 $A\bar{D}$。合并后相或，得逻辑函数最简与或式

$$F = A\bar{B} + A\bar{C} + A\bar{D}$$

(3) 可采用直接写入法。$\bar{B}$ 将 $\sum m$（0、1、2、3、8、9、10、11）小方格添入 1；ACD 将 $\sum m$（11、15）小方格添入 1；BC 将 $\sum m$（6、7、14、15）小方格添入 1；$\bar{C}$ 将 $\sum m$（0、1、4、5、8、9、12、13）小方格添入 1。

画出卡诺图如图 10-8-3 所示。由此小方格内全为 1。

则

$$F = 1$$

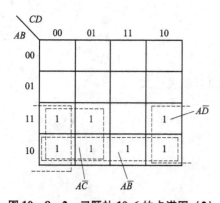

图 10-8-2 习题补 10.6 的卡诺图 (2)

图 10-8-3 习题补 10.6 的卡诺图 (3)

图 10-8-4 习题补 10.6 的卡诺图 (4)

(4) 采用直接写入法，卡诺图如图 10-8-4 所示。将小方格取值为 1 的画成三个圈，由此得出

$$F = A\bar{B} + AD + B\bar{C}$$

补 10.7 已知如图 10-9 所示卡诺图，试利用卡诺图化简法，求 F 的最简与或表达式。

解 图 10-9 (a) 中，圈 1 的方法不同，答案不同，但都是正确的。

法一：若将 m_1、m_3 圈入一圈得 $\bar{A}C$，m_4、m_5 圈入一圈得 $A\bar{B}$，m_2、m_6 圈入一圈得 $B\bar{C}$，则

$$F = \bar{A}C + A\bar{B} + B\bar{C}$$

A \ BC	00	01	11	10
0		1	1	1
1	1	1		1

（a）

AB \ CD	00	01	11	10
00				
01		1	1	1
11	1	1	1	1
10	1	1		

（b）

AB \ CD	00	01	11	10
00	×	×	0	×
01	1	×	×	1
11	0	1	1	0
10	×	0	0	1

（c）

AB \ CD	00	01	11	10
00	1	1	×	1
01	1	1	0	1
11	1	0	0	×
10	×	0	×	×

（d）

图 10－9　习题补 10.7 的电路

法二：若将 m_1、m_5圈入一圈得$\overline{B}C$，若将 m_2、m_3圈入一圈得$\overline{A}B$，若将 m_4、m_6圈入一圈得 $A\overline{C}$，则

$$F = A\overline{C} + \overline{A}B + \overline{B}C$$

图 10－9（b）中，将$\sum m$（8、9、12、13）圈入一圈得 $A\overline{C}$，将$\sum m$（5、7、13、15）圈入一圈得 BD，将$\sum m$（6、7、14、15）圈入一圈得 BC，则

$$F = A\overline{C} + BD + BC$$

图 10－9（c）中，将$\sum m$（4、5、6、7）圈入一圈得$\overline{A}B$，将$\sum m$（5、7、13、15）圈入一圈得 BD，将$\sum m$（0、2、8、10）圈入一圈得$\overline{B}\,\overline{D}$，则

$$F = \overline{A}B + BD + \overline{B}\,\overline{D}$$

点评　在有无关项时，小方格内画×。只有用到它时，才有必要将它圈入。圈入之后将×视为 1。不被圈入的视为 0。

图 10－9（d）中，将$\sum m$（0、2、4、6、8、10、12、14）圈入一圈得$\overline{D}$，将$\sum m$（0、1、4、5）圈入一圈得$\overline{A}\,\overline{C}$，则

$$F = \overline{D} + \overline{A}\,\overline{C}$$

补 10.8　已知逻辑函数表达式 $F = ABC + \overline{A}\,\overline{B}\,\overline{C}$，试用真值表、卡诺图和逻辑图表示。

解　真值表见表 10－6，卡诺图和逻辑电路如图 10－10 所示。

表 10-6 真值表

A	B	C	F
0	0	0	1
0	0	1	0
0	1	0	0
0	1	1	0
1	0	0	0
1	0	1	0
1	1	0	0
1	1	1	1

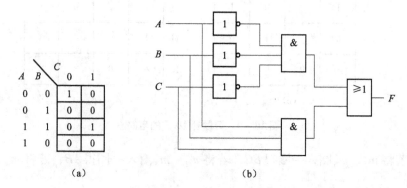

图 10-10 习题补 10.8 的卡诺图和逻辑图

第十一章

逻辑门电路和组合逻辑电路

数字电路一般分为组合逻辑电路和时序逻辑电路两大部分。组合逻辑电路由逻辑门电路组成，其输出状态仅取决于该时刻的输入状态，而与该时刻前的电路状态无关。组合逻辑电路可以有一个或多个输入端及输出端。

一、基本要求

(1) 熟练掌握与门、或门、非门、与非门、或非门、异或门、同或门的逻辑功能。

(2) 理解 TTL 门电路和 MOS 门电路的特点，了解集电极开路与非门及三态输出门的基本逻辑功能。

(3) 掌握组合逻辑电路的分析和设计的方法、步骤。能分析一般组合逻辑电路的功能；能够用各种门电路进行组合逻辑设计。

(4) 了解常用的几种组合逻辑部件的功能。如加法器、编码器、译码器。

二、学习要点

本章学习的重点是基本逻辑门电路和组合逻辑电路的分析。难点是组合逻辑电路的设计以及组合逻辑部件的应用。

(1) 集成电路有 TTL 门电路和 MOS 门电路两大类。它们可以集成各种逻辑门电路。

TTL 电路的特点是：输入是多发射极晶体管，输出采用推拉式输出级，因此提高了门电路的速度和带负载的能力。TTL 集成电路的突出优点是工作速度快。

MOS 电路的特点是：其逻辑功能同 TTL 一样。但 MOS 器件具有制造工艺简单、集成度高、体积小、功耗低、抗干扰能力强、电源适用范围宽等优点。

(2) 三种基本逻辑关系组成为与门、或门和非门，还可由这三种基本门电路组成其他多种复合门电路。门电路可以用二极管、三极管等分立元件组成，目前广泛使用的是集成门电路。

各种门电路的基本图形符号和逻辑功能见表 11-1。应当熟记并会运用。

表 11-1 几种门电路的图形符号和逻辑功能

名 称	图形符号	逻辑表达式	功能说明
与门	A —&— F B	$F = AB$	输入全1，输出为1 输入有0，输出为0

续表

名　称	图形符号	逻辑表达式	功能说明
或门	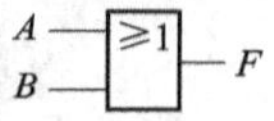 $A, B \to \geq 1 \to F$	$F = A + B$	输入有1，输出为1 输入全0，输出为0
非门	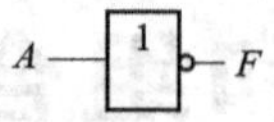 $A \to 1 \to F$	$F = \overline{A}$	输入为1，输出为0 输入为0，输出为1
与非门	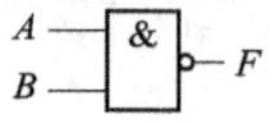 $A, B \to \& \to F$	$F = \overline{AB}$	输入全1，输出为0 输入有0，输出为1
或非门	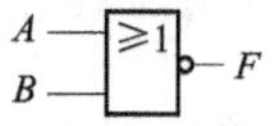 $A, B \to \geq 1 \to F$	$F = \overline{A + B}$	输入有1，输出为0 输入全0，输出为1
异或门	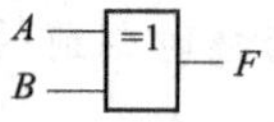 $A, B \to =1 \to F$	$F = A\overline{B} + \overline{A}B$ $= A \oplus B$	输入相异，输出为1 输入相同，输出为0
同或门	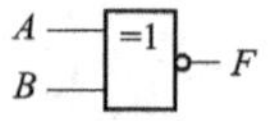 $A, B \to =1 \to F$	$F = \overline{A}\overline{B} + AB$ $= A \odot B$	输入相同，输出为1 输入相异，输出为0

(3) 组合逻辑电路的分析：

组合逻辑电路的特点是任意时刻电路的输出状态只取决于该时刻输入逻辑变量取值的组合。

组合逻辑电路分析的目的是确定它的逻辑功能，分析的步骤如下：

① 根据给定的逻辑电路写出逻辑表达式。

② 将逻辑表达式化简。

③ 根据最简式列出真值表。

④ 由真值表分析该电路的逻辑功能。

(4) 组合逻辑电路的设计：

组合逻辑电路设计的任务是设计出能够完成命题所要求的电路。设计的过程和分析的过程相反。其设计步骤如下：

① 根据命题的要求列出真值表。

② 由真值表写出逻辑表达式。

③ 对逻辑表达式化简，并且变换成命题所要求的逻辑函数形式。

④ 由化简后的逻辑式画出逻辑图。

在组合逻辑电路设计时，化简逻辑函数使用的方法不同，结果可能不同，但只要结果正确，它们都可以反映命题的要求。

逻辑函数的最简并不等于逻辑电路最简，通过优化可以使逻辑电路最简单。

随着组件集成度越来越高，价格越来越便宜，最简不再是用的门最少，而是用的集成电路芯片最少。例如在一个电路中，需要4个与非门，虽可用4个单与非门来实现，但用一片4个与非门的芯片来实现，这样在电路结构上就简单多了。

(5) 常用组合逻辑电路部件：

组合逻辑部件是指具有某种逻辑功能的中规模集成组合逻辑电路芯片,重点掌握的是这些逻辑部件的外部特性,即它们的输入、输出逻辑关系和应用方法。

① 加法器。加法器有半加器和全加器。分别了解半加器和全加器的含义以及它们的状态表、逻辑图和图形符号。能区别二进制加法运算和逻辑加法运算的含义。

② 编码器。编码器是对输入信号进行编码,输出的是用若干个 0 和 1 按一定规律排列的代码。例如二 - 十进制编码器,输入信号是 10 个十进制数,输出的是对应的用四位二进制数按"8421"编码表示的代码。

③ 译码器。译码是编码的逆过程,即是将代码所表示的信息翻译过来的过程。实现译码功能的电路称为译码器。如 3 - 8 线译码器,输入三位二进制代码,输出对应的 8 个信号。分析编码器和译码器的步骤都是:列真值表写逻辑表达式画出逻辑电路图。

二 - 十进制七段显示译码器可以低电平输出有效(如 CT74LS247),配共阳极 LED 数码管(如 BS204);也可以高电平输出有效(如 CT74LS248),配共阴极 LED 数码管(如 BS201)。

三、习题选解

1.《汽车电工电子基础第二版》书后习题

11.4 判断图 11 - 1 所示各电路的晶体管工作在什么状态。

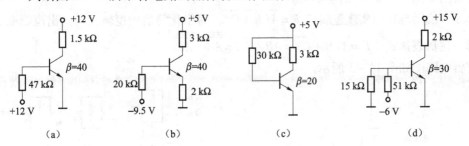

图 11 - 1 习题 11.4 图

解 图 11 - 1 (a): $I_B = \dfrac{12 - 0.7}{47 \times 10^3} = 0.24$ (mA)

$$I_C = \beta I_B = 40 \times 0.24 = 9.6 \text{ (mA)}$$

$$U_{CE} = 12 - 1.5 \times 9.6 < U_{CES} = 0.3 \text{ V}$$

所以图 11 - 1 (a) 为饱和状态。

图 11 - 1 (b):由于电源为 - 9.5 V,所以 $U_{BE} < 0$ V,管子处于截止状态。

图 11 - 1 (c): $I_B = \dfrac{5 - 0.7}{30 \times 10^3} = 0.143$ (mA)

$$I_C = \beta I_B = 20 \times 0.143 = 2.86 \text{ (mA)}$$

$$U_{CE} = 5 - 3 \times 2.86 < U_{CES} = 0.3 \text{ V}$$

所以图 11 - 1 (c) 为饱和状态。

图 11 - 1 (d):由于电源为 - 6 V,所以 $U_{BE} < 0$ V,管子处于截止状态。

11.6 已知某逻辑电路图如图 11 - 2 的输入 A、B 及输出 F 的

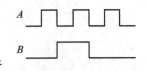

图 11 - 2 习题 11.6 图

波形，试分别列出状态表，写出逻辑式并画出逻辑图。

解 （1）状态表见表 11-2。

表 11-2　习题 11.6 的状态表

A	B	C
0	0	1
0	1	1
1	0	1
1	1	0

（2）写出逻辑式。

$$F = \overline{A}\,\overline{B} + \overline{A}B + A\overline{B} = \overline{A}(\overline{B} + B) + A\overline{B}$$
$$= \overline{A} + A\overline{B} = \overline{A} + \overline{B}$$
$$= \overline{AB}$$

（3）画出逻辑图。

逻辑图如图 11-2-1 所示。

11.9 试用与非门实现逻辑式 $F = \overline{A(B+C)}$，写出化简后的逻辑式，画出逻辑图。

解　逻辑表达式　$F = \overline{A(B+C)} = \overline{AB + AC} = \overline{\overline{AB} \cdot \overline{AC}}$

逻辑电路图如图 11-3 所示。

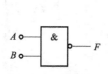

图 11-2-1　习题 11.6 的逻辑图

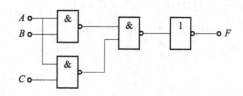

图 11-3　习题 11.9 的逻辑图

11.12 试分析图 11-4 所示各电路的逻辑功能。

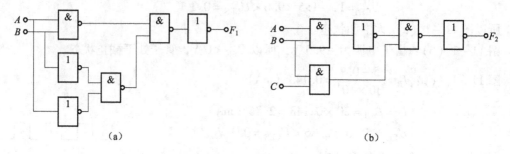

图 11-4　习题 11.12 图

解　（1）图 11-4 (a) 中

$$F_1 = \overline{\overline{AB} \cdot \overline{\overline{A}\,\overline{B}}} = \overline{\overline{AB}} \cdot \overline{\overline{\overline{A}\,\overline{B}}} = (\overline{A} + \overline{B})(A + B)$$

$$= \overline{A}B + A\overline{B}$$

(2) 图 11-4 (b) 中

$$F_2 = \overline{\overline{\overline{AB} \cdot BC}} = \overline{AB} \cdot BC = (\overline{A} + \overline{B})BC$$
$$= \overline{A}BC$$

11.14 逻辑电路如图 11-5 所示，写出逻辑式。

解 在图 11-5 中

$$F = \overline{\overline{(A+B) \cdot \overline{BC} + CD}} = \overline{(A+B)\overline{BC}} + \overline{CD}$$
$$= (A+B)(\overline{\overline{BC}} \cdot \overline{CD}) = (A+B)(BC(\overline{C}+\overline{D}))$$
$$= (A+B)BC\overline{D}$$
$$= ABC\overline{D} + BC\overline{D}$$
$$= BC\overline{D}$$

11.15 图 11-6 是一密码锁控制电路。开锁条件是：拨对密码；钥匙插入锁眼将开关闭合。当两个条件同时满足时，开锁信号为 1，将锁打开；否则报警信号为 1，接通警铃。试分析密码 ABCD 是什么？

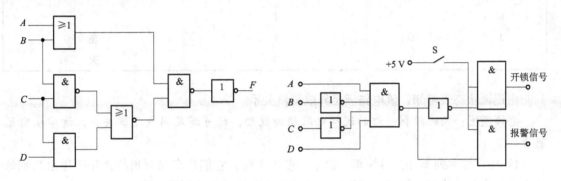

图 11-5 习题 11.14 图   图 11-6 习题 11.15 图

解 设开锁信号为 F_1，报警信号为 F_2。

则
$$F_1 = \overline{\overline{A\overline{B}C D} \cdot 1} = A\overline{B}CD$$
$$F_2 = \overline{\overline{\overline{A\overline{B}C D}} \cdot 1} = \overline{A\overline{B}CD}$$

所以密码 $ABCD = 1001$。

11.17 试设计用单刀双掷开关来控制楼梯照明灯的电路；要求在楼下开灯后，在楼上可关灯，同样在楼上开灯后，在楼下也可关灯。用与非门实现上述逻辑功能。

解 用图 11-7 所示组合逻辑电路就可表示在楼上用 A、楼下用 B 两地控制一个照明灯的电路。当 $F=1$ 时，灯亮；反之则灭。

由图 11-7 可写出逻辑式

$$F = \overline{\overline{AB} \cdot \overline{AB}} = \overline{\overline{AB}} + \overline{\overline{AB}} = \overline{A}B + A\overline{B} = A \oplus B$$

由逻辑式可列出逻辑状态表 11-3。

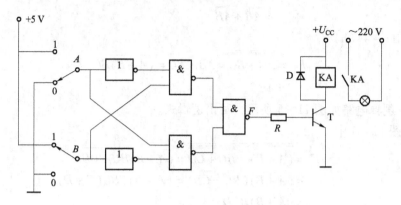

图 11-7 两地控制一灯的逻辑电路

表 11-3 两地控制一灯的逻辑状态表

开	关	输出	照明灯
A	B	F	
0	0	0	灭
0	1	1	亮
1	0	1	亮
1	1	0	灭

由逻辑状态表可知,该电路满足异或逻辑关系。

必须指出:两地控制一灯的逻辑电路稍加改动,就可满足同或逻辑关系,请学生自己思考。

11.19 旅客列车分为特快车、快车、慢车 3 种,它们从车站开出的优先顺序由高到低依次是特快车、快车、慢车。试设计一个列车从车站开出的逻辑电路。

解 设三种旅客列车的优先顺序由高到低依次是特快车 A、快车 B、慢车 C 排列,旅客列车出站请求用高电平 1 表示。能否开出控制器分别用 F_A、F_B 和 F_C 出现高电平 1 和低电平 0 表示。

(1)根据逻辑要求列出真值表,见表 11-4。

表 11-4 习题 11.19 的真值表

A	B	C	F_A	F_B	F_C
0	0	0	0	0	0
0	0	1	0	0	1
0	1	0	0	1	0
0	1	1	0	1	0
1	0	0	1	0	0
1	0	1	1	0	0
1	1	0	1	0	0
1	1	1	1	0	0

（2）由真值表写出逻辑表达式并化简

$$F_{A}=A$$
$$F_{B}=\overline{A}B\overline{C}+\overline{A}BC=\overline{A}B$$
$$F_{C}=\overline{A}\,\overline{B}C$$

（3）画出逻辑图，如图 11－8 所示。

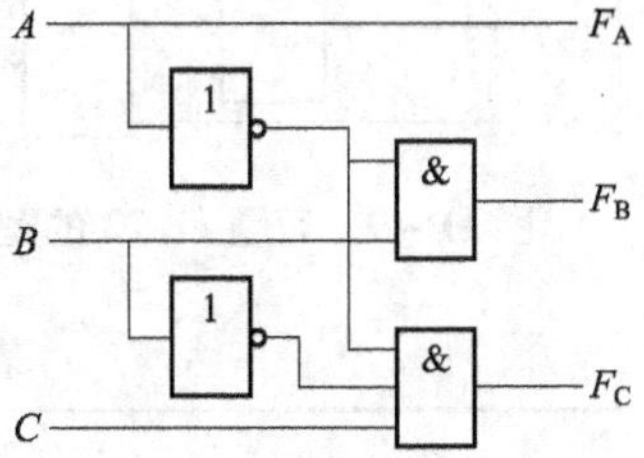

图 11－8　习题 11.19 的逻辑图

11.22　仿照半加器和全加器的设计方法，试设计一个半减器和全减器。

解　设计一个全减器，半减器由学生自己思考。全减器设计如下：输入被减数为 A，减数为 B，低位来的借位数为 C，全减差为 D，向高位的借位数为 C_1。

（1）列逻辑状态表。

根据二进制减法规则列出表 11－5 所示的全减器逻辑状态表。

表 11－5　全减器逻辑状态表

A	B	C	D	C_1
0	0	0	0	0
0	0	1	1	1
0	1	0	1	1
0	1	1	0	1
1	0	0	1	0
1	0	1	0	0
1	1	0	0	0
1	1	1	1	1

（2）写出逻辑函数表达式

$$\begin{aligned}D&=\overline{A}\,\overline{B}C+\overline{A}B\overline{C}+A\overline{B}\,\overline{C}+ABC=(A\overline{B}+\overline{A}B)\overline{C}+(AB+\overline{A}\,\overline{B})C\\&=(A\oplus B)\overline{C}+(\overline{A\oplus B})C=(A\oplus B)\oplus C=B\oplus(A\oplus C)\end{aligned}$$

$$\begin{aligned}C_1&=\overline{A}\,\overline{B}C+\overline{A}B\overline{C}+\overline{A}BC+ABC\\&=\overline{A}C(\overline{B}+B)+B(\overline{A}\,\overline{C}+AC)\\&=\overline{A}C+B\cdot\overline{A\oplus C}=\overline{\overline{\overline{A}C}\cdot\overline{B\cdot\overline{A\oplus C}}}\end{aligned}$$

（3）逻辑图如图 11－9 所示。

11.25　已知某组合逻辑电路的输入 A、B、C 及输出 F 的波形如图 11－10 所示，试列出真值表、画出卡诺图、写出逻辑表达式并画出逻辑电路。

解　（1）根据波形图列出表 11－6 所示的逻辑状态表。

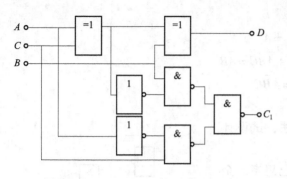

图 11-9 习题 11.22 的逻辑图

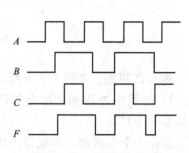

图 11-10 习题 11.25 图

表 11-6 习题 11.25 的逻辑状态表

C	B	A	F
0	0	0	0
0	0	1	0
0	1	0	0
0	1	1	1
1	0	0	1
1	0	1	1
1	1	0	1
1	1	1	1

（2）根据逻辑状态表画出卡诺图，如图 11-10-1 所示。

（3）根据逻辑状态表得出

$$F = AB + C$$

（4）画出逻辑电路，如图 11-10-2 所示。

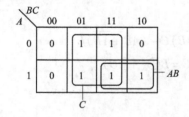

图 11-10-1 习题 11.25 的卡诺图

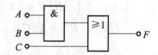

图 11-10-2 习题 11.25 的逻辑图

2. 补充题

补 11.1 电路如图 11-11 所示，试写出输出变量 F 与输入变量 A、B、C 的逻辑函数表达式。

解 在图 11-11 中

$$Z = AB$$

$$F = Z + C = AB + C$$

补 11.2 电路如图 11-12 所示,图中分别包含了几个与门、或门和非门? 试用与门、或门、非门的图形符号来表示该电路,并分析下列三种情况下 F 的值。

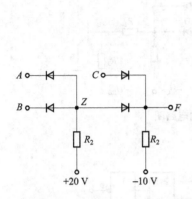

图 11-11 习题补 11.1 的电路图

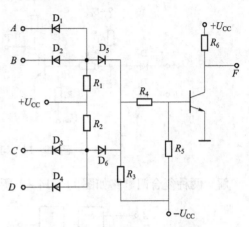

图 11-12 习题补 11.2 的电路图

(1) $A = B = C = D = 1$;
(2) $A = B = C = D = 0$;
(3) $A = B = 1$,$C = D = 0$。

解 在图 11-12 电路中包含两个与门,一个或门,一个非门。该电路的逻辑电路图如图 11-12-1 所示。

(1) 当 $A = B = C = D = 1$ 时,两个与门输出均为 1,或门输出为 1,非门输出 $F = 0$。
(2) 当 $A = B = C = D = 0$ 时,两个与门输出均为 0,或门输出为 0,非门输出 $F = 1$。
(3) 当 $A = B = 1$,$C = D = 0$ 时,A、B 输入端的与门输出为 1,C、D 输入端的与门输出为 0;或门输出为 1,非门输出 $F = 0$。

补 11.3 已知四种门电路的输入和对应的输出波形如图 11-13 所示。试分析它们分别是哪四种门电路。

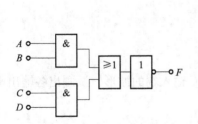

图 11-12-1 习题补 11.2 的逻辑电路图

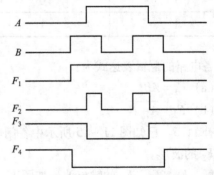

图 11-13 习题补 11.3 的电路图

解 分析图 11-13 所示波形可知,F_1 为或门电路的输出,即 $F_1 = A + B$。F_2 为与门电路的输出,即 $F_2 = AB$。F_3 为非门电路的输出,即 $F_3 = \overline{A}$。F_4 为或非门电路的输出,即 $F_4 = \overline{A + B}$。

补 11.4 电路如图 11-14 所示,为两种复合门电路,三极管均工作于开关状态。试用逻辑门电路的图形符号来表示这两个电路,列出各电路的逻辑状态表,写出逻辑函数表达式。

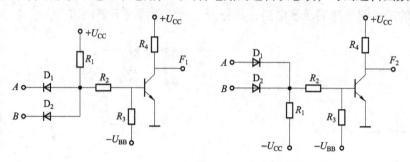

图 11-14 习题补 11.4 的电路图

解 两种复合门电路如图 11-14-1 所示。

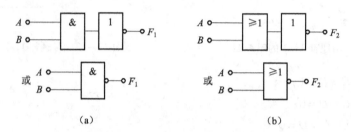

图 11-14-1 习题补 11.4 的逻辑电路图

电路的逻辑状态表见表 11-7。

表 11-7 电路的逻辑状态

A	B	F_1	F_2
0	0	1	1
0	1	1	0
1	0	1	0
1	1	0	0

各电路的逻辑表达式为:

(a) $F_1 = \overline{AB}$

(b) $F_2 = \overline{A+B}$

补 11.5 已知图 11-15 所示中各门电路 A、B、C 输入端的波形,试画出各输出端 F_1、F_2、F_3 的波形。

解 F_1、F_2、F_3 的输出波形如图 11-15-1 所示。

补 11.6 用三态门组成的总线换路开关如图 11-16(a)所示,A、B 为信号输入端,换路控制为 E 端,已知 A、B、E 的波形如图 11-16(b)所示,试画出两个输出端 F_1 和 F_2 的波形。

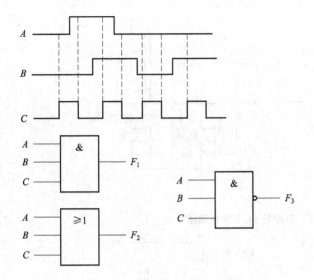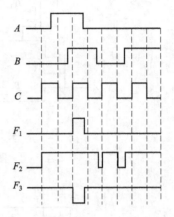

图 11 – 15 习题补 11.5 的电路图　　　　图 11 – 15 – 1 习题补 11.5 的波形图

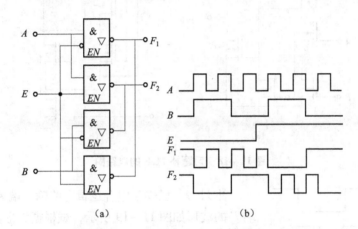

(a)　　　　　　　(b)

图 11 – 16 习题补 11.6 的电路和波形图

解 由图 11 – 16（a）可知：
当 $E = 0$ 时，$F_1 = \overline{A}$，$F_2 = \overline{B}$；
当 $E = 1$ 时，$F_1 = \overline{B}$，$F_2 = \overline{A}$。
画出两个输出端 F_1 和 F_2 的波形，如图 11 – 16（b）所示。

补 11.7 试写出图 11 – 17 电路中，输出端的逻辑函数表达式。

解
图 11 – 17（a）中，$F_1 = \overline{A} + B$；
图 11 – 17（b）中，$F_2 = \overline{A + B}$。

补 11.8 试写出图 11 – 18 电路中，输出端的逻辑函数表达式。

解
图 11 – 18（a）中，$F_1 = AB + C$；
图 11 – 18（b）中，$F_2 = \overline{(A + B)C}$。

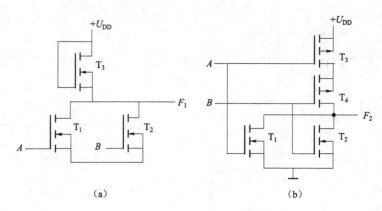

图 11-17 习题补 11.7 的电路图

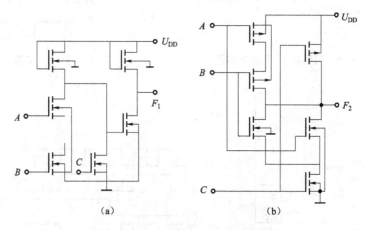

图 11-18 习题补 11.8 的电路图

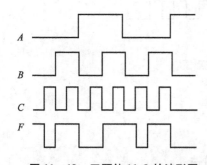

图 11-19 习题补 11.9 的波形图

补 11.9 已知某组合逻辑电路输入端 A、B、C 及输出端 F 的波形如图 11-19 所示，试根据波形图列出真值表和卡诺图，并写出逻辑函数表达式。

解 根据波形图可列出真值表，见表 11-8，卡诺图如图 11-19-1 所示。

逻辑函数表达式为 $F = \overline{ABC} + \overline{AB}\overline{C} + \overline{A}BC + AB\overline{C} + ABC$

补 11.10 写出图 11-20 所示逻辑电路的逻辑函数表达式。

表 11-8 真值表

A	B	C	F
0	0	0	1
0	0	1	0
0	1	0	1
0	1	1	1
1	0	0	0

续表

A	B	C	F
1	0	1	0
1	1	0	1
1	1	1	1

A\BC	00	01	11	10
0	1	0	1	1
1	0	0	1	1

图 11-19-1 习题补 11.9 的卡诺图

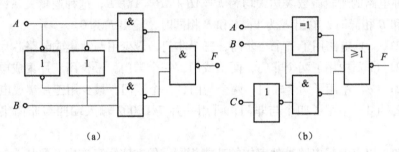

图 11-20 习题补 11.10 的电路图

解 图 11-20（a）中，$F = \overline{\overline{AB} \cdot \overline{\overline{A}\overline{B}}} = A\overline{B} + \overline{A}B = A \oplus B$；

图 11-20（b）中，$F = \overline{A \oplus B + \overline{BC}}$。

补 11.11 电路如图 11-21 所示，写出逻辑电路的逻辑表达式，并化简。分析逻辑电路的功能，比较各电路所用门电路的情况。

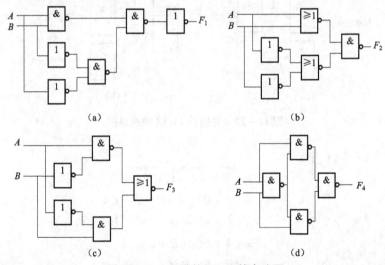

图 11-21 习题补 11.11 的电路图

解 图 11-21 (a) 中,

$$F_1 = \overline{\overline{AB} \cdot \overline{\overline{A}\overline{B}}} = \overline{\overline{AB}} \cdot \overline{\overline{\overline{A}\overline{B}}} = (\overline{A} + \overline{B})(A + B)$$
$$= A\overline{B} + \overline{A}B$$

图 11-21 (b) 中,

$$F_2 = (A + B)(\overline{A} + \overline{B}) = A\overline{B} + \overline{A}B$$

图 11-21 (c) 中,

$$F_3 = A\overline{B} + \overline{A}B$$

图 11-21 (d) 中,

$$F_4 = \overline{\overline{AB} \cdot A \cdot \overline{AB} \cdot B} = \overline{\overline{AB} \cdot A} + \overline{\overline{AB} \cdot B}$$
$$= (\overline{A} + \overline{B})A + (\overline{A} + \overline{B})B$$
$$= A\overline{B} + \overline{A}B$$

以上四种电路的逻辑函数表达式均为 $F = A\overline{B} + \overline{A}B = A \oplus B$,这种逻辑关系称为异或。即输入变量 A 和 B 相异时,输出 F 为 1;A 和 B 相同时,输出 F 为 0。

图 11-21 (a) 电路用了三个与非门,三个非门,最少用两片集成电路芯片。

图 11-21 (b) 中用了两个非门,两个或门,一个与门,最少用三片集成电路芯片。

图 11-21 (c) 中用了两个非门,两个与门,一个或门,最少用三片集成电路芯片。

图 11-21 (d) 中用了四个与非门,可用一片 74LS002 输入端四与非门集成电路芯片完成。

由此可知,以上逻辑电路虽然完成的功能相同,但在实际工作中,要从全局考虑,如何使所用门电路最省,设计最优化。最简的概念不是指用的门最少,而是用的集成电路芯片最少。此外,选择芯片时,还要从经济观点来考虑。

补 11.12 试分析图 11-22 逻辑电路的功能。

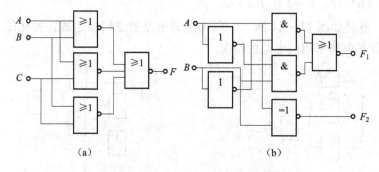

图 11-22 习题补 11.12 的电路图

解 图 11-22 (a) 中,

$$F = \overline{\overline{A + B} + \overline{A + C} + \overline{B + C}}$$
$$= (A + B)(A + C)(B + C)$$
$$= (A + AB + AB + BC)(B + C)$$
$$= (A + BC)(B + C)$$
$$= AB + BC + AC$$

真值表见表 11-9。

表 11-9 真值表

A	B	C	F
0	0	0	0
0	0	1	0
0	1	0	0
0	1	1	1
1	0	0	0
1	0	1	1
1	1	0	1
1	1	1	1

由真值表 11-9 可知，A、B、C 三个输入端中有两个或两个以上个 1 时输出为 1，因此，该电路具有表决功能，三人中两人以上同意便通过。

图 11-22（b）中，

$$F_1 = \overline{\overline{A}B + A\overline{B}} = \overline{A \oplus B}$$

$$F_2 = A \oplus B$$

由逻辑表达式可知，F_1 为同或门，A、B 两个输入端相同时，输出 $F_1 = 1$；F_2 为异或门，A、B 两个输入端不同时，输出 $F_2 = 1$。

补 11.13 设计一多数表决电路。要求 A、B、C 三人中只要有半数以上同意，则决议就能通过。但 A 还具有否决权，即只要 A 不同意，即使多数人同意也不能通过。

解 设 1 表示同意，0 表示不同意。又设输出为 F，1 表示通过，0 表示不通过。按题意列出真值表，见表 11-10。

表 11-10 真值表

A	B	C	F
0	0	0	0
0	0	1	0
0	1	0	0
0	1	1	0
1	0	0	0
1	0	1	1
1	1	0	1
1	1	1	1

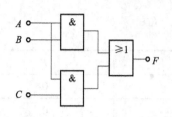

图 11-23　习题补 11.13 的逻辑图

电路如图 11-23 所示。

由真值表写出逻辑函数表达式为

$$F = A\overline{B}C + AB\overline{C} + ABC$$
$$= A\overline{B}C + AB$$
$$= A(\overline{B}C + B)$$
$$= A(B + C)$$
$$= AB + AC$$

补 11.14　保密电锁上有三个键钮 A、B、C。要求当三个键钮同时按下时，或 A、B 两个同时按下时，或按下 A、B 中的任一键钮时（C 键不按），锁就能被打开；而当不符合上列组合状态时，将使电铃发出报警响声。试设计此保密锁逻辑电路。

（1）列真值表。

（2）写出输出信号的最简与或表达式。

（3）画出用最少的与非门实现的逻辑图。

解　（1）取 A、B、C 三个键钮状态为输入变量，开锁信号和报警信号为输出变量，分别用 F 和 G 表示。设键钮按下为 1，不按为 0；开锁时为 1，不开时为 0；报警时为 1，不报警时为 0。列真值表，见表 11-11。

表 11-11　真值表

A	B	C	F	G
0	0	0	0	0
0	0	1	0	1
0	1	0	1	0
0	1	1	0	1
1	0	0	1	0
1	0	1	0	1
1	1	0	1	0
1	1	1	1	0

（2）开锁信号

$$F = AB + B\overline{C} + A\overline{C}$$
$$= A(AB + \overline{C}) + B(AB + \overline{C})$$
$$= A \cdot \overline{\overline{C}\,\overline{AB}} + B \cdot \overline{\overline{C}\,\overline{AB}}$$
$$= \overline{A \cdot \overline{\overline{C}\,\overline{AB}} \cdot B \cdot \overline{\overline{C}\,\overline{AB}}}$$

$$G = \overline{AC} + \overline{B}C = C\,\overline{AB} = \overline{\overline{C\,\overline{AB}}}$$

（3）逻辑电路如图 11-24 所示。

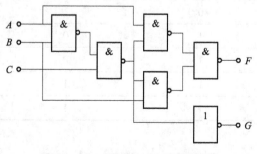

图 11-24　习题补 11.14 的逻辑图

补 11.15　A、B、C 和 D 四人中的一人做了一件好事。A 说：我没有做。B 说：这是

C 做的。C 说：B 的说法与事实不符。D 说：这是 B 做的。

(1) 如果只有一人的叙述是正确的，这事是谁做的？

(2) 如果只有一人的叙述是错误的，这事又是谁做的？

解 设说做了为 1；没做为 0，按题意列出四种说法的函数式：

A 说 $\overline{A}(\overline{B}CD + B\overline{C}D + \overline{B}C\overline{D}) = m_4 + m_2 + m_1$

B 说 $\overline{A}\,\overline{B}C\overline{D} = m_2$

C 说 $\overline{C}(AB\overline{D} + \overline{A}B\overline{D} + \overline{A}BD) = m_8 + m_4 + m_1$

D 说 $\overline{A}BC\overline{D} = m_4$

(1) 比较四个函数式，只有一个说了，$m_8 = A\overline{B}\,\overline{C}\,\overline{D}$。因只有一人的叙述是正确的，故是 A 做的。

(2) 比较四个函数式，有三人说了 m_4，只有 B 没说，$m_4 = \overline{A}BC\overline{D}$。因只有一人的叙述是错误的，即三人的叙述是正确的，故是 B 做的。

补 11.16 设计一个编码器，实现表 11-12 所示的编码功能。

表 11-12 编码功能

输 入	输 出		
开关位置	Q_2	Q_1	Q_0
0	0	0	0
1	0	0	1
2	0	1	0
3	0	1	1
4	1	0	0
5	1	0	1
6	1	1	0
7	1	1	1

解 根据编码表 11-12 写出

$$Q_2 = 4 + 5 + 6 + 7 = \overline{\overline{4 + 5 + 6 + 7}} = \overline{\overline{4} \cdot \overline{5} \cdot \overline{6} \cdot \overline{7}}$$

$$Q_1 = 2 + 3 + 6 + 7 = \overline{\overline{2 + 3 + 6 + 7}} = \overline{\overline{2} \cdot \overline{3} \cdot \overline{6} \cdot \overline{7}}$$

$$Q_2 = 1 + 3 + 5 + 7 = \overline{\overline{1 + 3 + 5 + 7}} = \overline{\overline{1} \cdot \overline{3} \cdot \overline{5} \cdot \overline{7}}$$

开关低电平有效，用开关位置的非表示（如 $\overline{1}, \overline{2}, \cdots, \overline{7}$），设计的编码电路如图 11-25 所示。

补 11.17 试根据表 11-13 所示的显示译码器真值表列出显示译码器各输出端的逻辑表达式。图 11-26 是显示译码器和 LED 显示器的连接示意图。

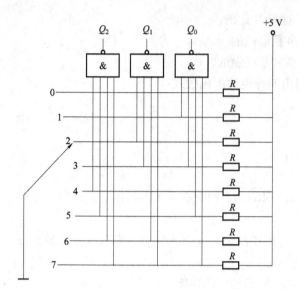

图 11-25 习题补 11.16 的逻辑电路图

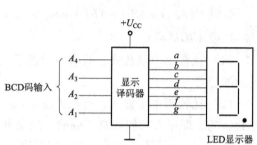

图 11-26 习题补 11.17 的显示译码器

表 11-13 显示译码器真值表

输入				输出							显示数码
A_4	A_3	A_2	A_1	a	b	c	d	e	f	g	
0	0	0	0	1	1	1	1	1	1	0	0
0	0	0	1	0	1	1	0	0	0	0	1
0	0	1	0	1	1	0	1	1	0	1	2
0	0	1	1	1	1	1	1	0	0	1	3
0	1	0	0	0	1	1	0	0	1	1	4
0	1	0	1	1	0	1	1	0	1	1	5
0	1	1	0	1	0	1	1	1	1	1	6
0	1	1	1	1	1	1	0	0	0	0	7
1	0	0	0	1	1	1	1	1	1	1	8
1	0	0	1	1	1	1	1	0	1	1	9

解 根据显示译码器真值表,由输出 0 的条件写出显示译码器各输出端的逻辑表达式。

$a = \overline{\overline{A_4}\,\overline{A_3}\,\overline{A_2}\,A_1} + \overline{\overline{A_4}\,A_3\,\overline{A_2}\,A_1}$

$b = \overline{\overline{A_4}\,A_3\,\overline{A_2}\,A_1} + \overline{\overline{A_4}\,A_3\,A_2\,\overline{A_1}}$

$c = \overline{\overline{A_4}\,\overline{A_3}\,A_2\,\overline{A_1}}$

$d = \overline{\overline{A_4}\,\overline{A_3}\,A_2\,A_1} + \overline{\overline{A_4}\,A_3\,\overline{A_2}\,A_1} + \overline{\overline{A_4}\,A_3\,A_2\,A_1}$

$e = \overline{\overline{A_4}\,\overline{A_3}\,A_2\,A_1} + \overline{\overline{A_4}\,A_3\,\overline{A_2}\,\overline{A_1}} + \overline{\overline{A_4}\,A_3\,\overline{A_2}\,A_1} + \overline{\overline{A_4}\,A_3\,A_2\,A_1} + \overline{\overline{A_4}\,A_3\,A_2\,\overline{A_1}} + \overline{A_4\,\overline{A_3}\,\overline{A_2}\,A_1}$

$f = \overline{\overline{A_4}\,\overline{A_3}\,\overline{A_2}\,A_1} + \overline{\overline{A_4}\,\overline{A_3}\,A_2\,\overline{A_1}} + \overline{\overline{A_4}\,\overline{A_3}\,A_2\,A_1} + \overline{\overline{A_4}\,A_3\,A_2\,A_1}$

$$g = \overline{\overline{A_4 A_3 A_2 A_1} + \overline{A_4 \overline{A_3} A_2 A_1} + \overline{A_4 A_3 \overline{A_2} A_1}}$$

补 11.18 试用一片 3—8 线译码器（输出 $\overline{Y_0} \sim \overline{Y_7}$，低电平有效）和一个与非门设计一个奇偶校验器。要求当输入信号为偶数个 1 时，输出信号为 1，否则为 0。要求电路最简。

解 列出真值表，见表 11 – 14。

表 11 – 14 真值表

C	B	A	$\overline{Y_7}$	$\overline{Y_6}$	$\overline{Y_5}$	$\overline{Y_4}$	$\overline{Y_3}$	$\overline{Y_2}$	$\overline{Y_1}$	$\overline{Y_0}$	F
0	0	0	1	1	1	1	1	1	1	0	0
0	0	1	1	1	1	1	1	1	0	1	0
0	1	0	1	1	1	1	1	0	1	1	0
0	1	1	1	1	1	1	0	1	1	1	1
1	0	0	1	1	1	0	1	1	1	1	0
1	0	1	1	1	0	1	1	1	1	1	1
1	1	0	1	0	1	1	1	1	1	1	1
1	1	1	0	1	1	1	1	1	1	1	0

根据真值表——列出输出表达式

$$F = CB\overline{A} + C\overline{B}A + \overline{C}BA$$
$$= Y_3 + Y_5 + Y_6 = \overline{\overline{Y_3} \cdot \overline{Y_5} \cdot \overline{Y_6}}$$

电路如图 11 – 27 所示。

补 11.19 电路如图 11 – 28 所示，是四选一数据选择器的逻辑电路图，其中 $A_1 A_0$ 是选择控制端，$D_0 \sim D_3$ 是四个数据输入端，Y 为输出端。

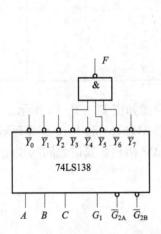

图 11 – 27 习题补 11.18 的逻辑电路图

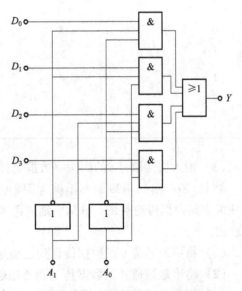

图 11 – 28 习题补 11.19 的逻辑图

(1) 试写出输出的逻辑表达式。

(2) 请填写真值表于表 11-15 中。

表 11-15 真值表

选择输入		数　据　输　出				输出
A_1	A_0	D_3	D_2	D_1	D_0	Y
0	0					
0	1					
1	0					
1	1					

(3) 若欲加入选通信号以控制其工作或不工作，应如何加？要求当选通信号 $\overline{S}=0$ 时为选通状态，$\overline{S}=1$ 时为禁止状态。

解 (1) $Y = \overline{A_1}\,\overline{A_0}D_0 + \overline{A_1}A_0D_1 + A_1\overline{A_0}D_2 + A_1A_0D_3$

当 $A_1A_0=00$ 时，输出 D_0；$A_1A_0=01$ 时，输出 D_1；$A_1A_0=10$ 时，输出 D_2；$A_1A_0=11$ 时，输出 D_3。

(2) 填写后的真值表见表 11-15-1。

表 11-15-1 真值表

选择输入		数　据　输　出				输出
A_1	A_0	D_3	D_2	D_1	D_0	Y
0	0	X	X	X	0	0
0	0	X	X	X	1	$1^{(D_0)}$
0	1	X	X	0	X	0
0	1	X	X	1	X	$1^{(D_1)}$
1	0	X	0	X	X	0
1	0	X	1	X	X	$1^{(D_2)}$
1	1	0	X	X	X	0
1	1	1	X	X	X	$1^{(D_3)}$

(3) 加入选通信号 $\overline{S}$ 的四选一数据选择器的逻辑电路图如图 11-28-1 所示。

补 11.20 图 11-29 所示电路为用 8 选 1 多路选择器 74LS151 和 3—8 线译码器 74LS138 组成的多路数据传输系统，欲从甲地向乙地传送数据，试将两地各通道之间的控制码 A、B、C 求出。

(1) 将甲地通道 b 的数据传送到乙地通道 c；

(2) 将甲地通道 d 的数据传送到乙地通道 e；

(3) 将甲地通道 f 的数据传送到乙地通道 g。

解 (1) 此时甲地控制码 $CBA=110$，乙地 $CBA=101$。

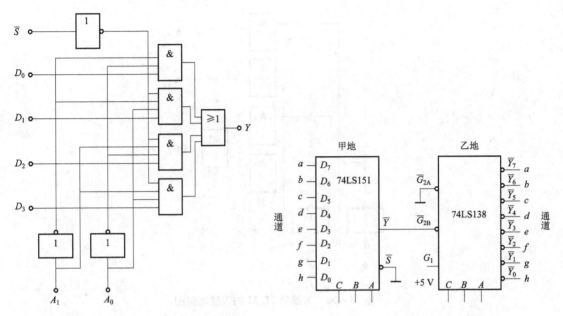

图 11-28-1 习题补 11.19 的求解逻辑图　　　图 11-29 习题补 11.20 的电路图

(2) 此时甲地控制码 $CBA=100$，乙地 $CBA=011$。

(3) 此时甲地控制码 $CBA=010$，乙地 $CBA=001$。

补 11.21　有两个一位数字的比较器，其逻辑状态见表 11-16。试根据逻辑状态表写出各输出逻辑式，并画出逻辑电路图。

表 11-16　逻辑状态

输	入	输	出	
A	B	$Y_1\ (A>B)$	$Y_2\ (A<B)$	$Y_3\ (A=B)$
0	0	0	0	1
0	1	0	1	0
1	0	1	0	0
1	1	0	0	1

解　数字比较器主要用于计算机和数字系统中反馈量与给定量之间的比较。

(1) 各输出的逻辑式为

$$Y_1 = A\bar{B}$$
$$Y_2 = \bar{A}B$$
$$Y_3 = \bar{A}\bar{B} + AB$$

(2) 画出逻辑电路图，如图 11-30 所示。

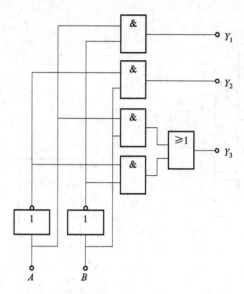

图 11-30 习题补 11.21 的逻辑电路图

第十二章

时序逻辑电路和集成 555 定时器

组合逻辑电路由逻辑门电路组成，它的输出状态完全由当时输入变量的组合状态来决定，而与电路的原来状态无关。而时序逻辑电路的输出不但与输入状态有关，而且还取决于输出端原来的状态，一般由逻辑门电路和触发器组成。时序逻辑电路具有记忆功能，典型的时序逻辑电路有寄存器、计数器等。

时序逻辑电路根据时钟脉冲加入方式的不同，分为同步时序逻辑电路和异步时序逻辑电路。同步时序逻辑电路中各触发器共用一个时钟脉冲，因而各触发器的动作均与时钟脉冲同步。异步时序逻辑电路中各触发器不是由同一个时钟脉冲控制，因而各触发器的动作时间不同步。

在数字系统中，常常需要各种宽度、幅值且边沿陡峭的脉冲信号，如时钟脉冲 CP 信号、生产控制过程中的定时信号等。这些脉冲信号的获取，通常采用两种方法：一种是利用脉冲振荡器直接产生；另一种是对已有的信号进行整形，使之符合系统的要求。在产生脉冲电路中，主要学习 555 集成定时器组成的无稳态触发器和单稳态触发器。

一、基本要求

（1）掌握 $R-S$ 触发器、$J-K$ 触发器、D 触发器的结构特点、工作原理和逻辑功能，了解相关集成电路芯片的使用方法。

（2）熟练掌握 $J-K$ 触发器和 D 触发器的真值表、特性方程，能画出触发器在输入信号作用下的输出波形图。

（3）理解数码寄存器和移位寄存器的工作原理，了解相关集成电路芯片的使用方法。

（4）熟练掌握二进制计数器、十进制计数器和任意进制计数器的工作原理，能熟练地分析异步、同步计数器的逻辑功能，会画波形。

（5）掌握 555 集成定时器的工作原理，理解用集成定时器组成的单稳态触发器和多谐振荡器的工作原理。

二、学习要点

本章学习的重点是：各类触发器的逻辑功能，寄存器、计数器和 555 集成定时器的工作原理以及输入与输出间的时序逻辑关系。

难点是：计数器的分析。

1. 双稳态触发器

触发器是时序逻辑电路的基本单元。门电路无存储和记忆功能，而双稳态触发器具有存储和记忆的功能。触发器逻辑功能的共同特点是可以保存一位二值信息。例如：触发器都只有 0 和 1 两个稳态；具有两个互补的输出端 Q 和 $\overline{Q}$；触发器在输入端的信号触发下可以从一个稳态变到另一个稳态，触发信号消失后，触发器状态将保持不变。

由于输入方式以及触发器状态随输入信号变化的规律不同，各种触发器在具体的逻辑功能上又有所差别。根据这些差异，将触发器分成了 $R-S$、$J-K$、T、T'、D 等几种逻辑功能的类型。这些逻辑功能可以用真值表、特性方程等表示。

(1) 基本（可控）$R-S$ 触发器由两个与非门相互交叉反馈连接而成，触发器的状态受输入信号 $\overline{R}_D$ 和 $\overline{S}_D$ 直接控制，均为低电平有效。具有复 0、置 1 和存储的功能。两个输入端不能同时加负脉冲，否则触发器出现不确定的状态。

(2) 同步 $R-S$ 触发器是在基本 $R-S$ 触发器的基础上增加两个控制门，引入一个控制信号 CP 脉冲构成的。当 $CP=0$ 时，触发器状态不变。$CP=1$ 时打开了控制门，触发器按 R、S 端的输入信号确定相应的状态。但当复 0 端 R 和置 1 端 S 都有效时，触发器同样出现不确定的状态。

同步 $R-S$ 触发器的特性方程（状态方程）为

$$Q^{n+1} = S + \overline{R}Q^n$$

$$SR = 0 \text{（约束条件）}$$

(3) 主从型 $J-K$ 触发器是由两个同步 $R-S$ 触发器和一个非门组成。在 $CP=1$ 期间输入信号存入主触发器，而从触发器被 $\overline{CP}=0$ 封锁，保持原来状态不变。不管输入信号如何变化，从触发器保持不变。在 $CP=0$ 时主触发器被封锁，这时输入信号变化对主触发器无影响，而从触发器由于 $\overline{CP}=1$，将按主触发器的输出（即从触发器的输入）变化。主从触发器状态的变化（指 Q 端）是在 CP 由 1 到 0 时，即在下降沿时翻转。$J-K$ 触发器具有与系统同步的复 0、置 1、计数和存储功能，而且消除了不确定状态。

$J-K$ 触发器的特性方程为

$$Q^{n+1} = J\overline{Q^n} + \overline{K}Q^n$$

(4) 由于输入信号为单端的情况下 D 触发器用起来最为方便，所以目前市场上出售的集成电路大多数是 $J-K$ 触发器（输入信号为双端时用）和 D 触发器。

D 触发器的逻辑功能是：在脉冲输入端 CP 信号触发下，输出端 Q 的状态随输入端 D 的状态变化。具有与系统同步的复 0、置 1 和存储功能。

D 触发器的特性方程为

$$Q^{n+1} = D$$

(5) 不同逻辑功能的触发器也可以通过外部接线而进行相互转换。转换后，逻辑功能改变，但触发方式不变。

如果把 $J-K$ 触发器的 J 端和 K 端相连，就构成 T 触发器。

T 触发器的特性方程为

$$Q^{n+1} = T\overline{Q^n} + \overline{T}Q^n$$

如果将 D 触发器的输入端 D 和其输出端 $\overline{Q}$ 相连,就构成了 T' 触发器。

T' 触发器的特性方程为

$$Q^{n+1} = \overline{Q^n}$$

(6) 触发器按其结构可以分为主从型触发器和维持阻塞型触发器等。主从型触发器是在时钟脉冲的下降沿触发,而维持阻塞型触发器则在时钟脉冲的上升沿触发,在分析时不可混淆。它们的触发形式在逻辑电路图上有所区别,下降沿触发在 C 输入端靠近方框处用一小圆圈表示,而上升沿触发不加此小圆圈。这点在作业或测验时容易被同学们忽略。

2. 寄存器

在数字设备及系统中,经常需要将一组二进制代码暂时存储起来,等待处理或应用。实现这种功能的逻辑电路称为寄存器。寄存器具有清除数码(预先清零)、接收数码(存入数码)和传送数码(取出数码)的功能。常用的寄存器分为两类:仅具有存储代码功能的数据寄存器和具有存储及移位功能的移位寄存器。

(1) 数码寄存器:

数码寄存器只供暂时存放数码,然后根据需要取出数码。数码寄存器属于并行输入、并行输出寄存器,在存、取脉冲的控制下,所有数码同时存入或同时取出。

(2) 移位寄存器:

移位寄存器不仅能存储数码,而且具有移位功能。移位方式包括左移、右移和双向移位,属于串行移位方式。移位寄存器由多位触发器组成,为了能进行移位、接收、发送数据,在位与位之间由一些连接线和其他一些逻辑门电路来联系。

移位寄存器按其输入、输出之间关系可以分为:并行输入并行输出、并行输入串行输出、串行输入并行输出、串行输入串行输出等。

(3) 集成电路寄存器:

集成电路寄存器是一种具有多种存取方式的中规模集成电路。双向移位寄存器(74LS194)用方式控制端 M_1、M_0 可以实现左移、右移、数码并入、并出、串入、串出等多种功能。利用它还可以构成其他电路,用在通信、图像处理和控制系统中。

3. 计数器

计数器是典型的时序逻辑电路,它因有计数功能而得名,应用极为广泛。可用来分频、控制、测时、测速、测频率等。计数器的种类很多,按各位触发器翻转次序分类,分为同步、异步计数器;按计数器中计的数字是增加还是减少分类,分为加法计数器和减法计数器;按计数器中数码的编码方式分类,分为二进制、十进制和任意进制计数器。但无论怎样分类,实际上计数器像所有其他时序逻辑电路一样,都是由存储元件触发器和逻辑门电路组成。

(1) 二进制计数器:

一个触发器只有两种状态,只能表示一位二进制数,所以有几位二进制数,就要用几个触发器构成计数器,各个触发器的状态在计数脉冲作用下按照二进制的规律变化。n 位二进制加法计数器,要用 n 个触发器,能记的最大十进制数为 $2^n - 1$。

(2) 十进制计数器:

用四位二进制码可以表达一位十进制数,所以十进制数的每一位由 4 位二进制计数器组成,通常采用 8421 编码的 BCD 码。其中有六个状态废弃不用。由于多位触发器组成的逻辑电路,其所具有的状态数大于实际需要,因此电路必须解决进位问题。

(3) 任意进制计数器:

非二进制和十进制的计数器称为任意进制计数器。分析任意制计数器的方法是本章的重点。计数器有分析和综合两部分。分析的步骤为:已知逻辑电路图→写出各位触发器的逻辑关系式→列出状态表→分析判断属于几进制。综合的步骤是:根据计数要求列出状态表→写出逻辑关系式→画出逻辑电路图。

(4) 集成电路计数器:

集成电路计数器是具有清零、置数、计数、存储等多种功能的中规模集成电路,通过异步清零、同步置数以及多片串联使用等方法,可以实现任意进制的计数器。

4. 集成定时器 555 的原理与应用

555 集成定时器由分压器、比较器、$R-S$ 触发器和放电晶体管等部分组成。是一种将模拟功能和数字功能结合在一起的多用途中规模集成电路,外接少量的电阻、电容元件即可构成单稳态电路、多谐振荡器和施密特触发器等。

集成定时器 555 电路状态的翻转关键在于控制两个比较器的 2 脚和 6 脚外引线输入端的电平。当 2 脚输入端电压小于 1/3 电源电压 U_{CC} 时,会使定时器中 $R-S$ 触发器置 1;6 脚输入端电压大于 2/3 电压 U_{CC} 时,会使 $R-S$ 触发器置 0。$R-S$ 触发器翻转使外接电路进行充放电的变化,引起波形的转换。

集成定时器 555 的脉冲周期和定时时间与外接的电阻、电容的数值有关。

三、习题选解

1.《汽车电工电子基础第二版》书后习题

12.2 已知同步 $R-S$ 触发器 CP、R、S 的波形如图 12-1 所示,试画出输出端 Q 的波形。设 Q 的初始状态为 0。

解 分析此类触发器的输出波形时,应验证 $R-S$ 同步触发器的特性方程。触发器输出对应状态的时间,是在 CP 上升到来之时。设 Q 的初始状态为"0"。

根据状态表,第一个 CP 脉冲上升沿到来时,$R=0$,$S=1$,则 Q 由 0 变为 1,第二个脉冲到来时,$R=0$,$S=1$。Q 的状态不变,仍为 1。第三个脉冲到来时 $R=1$,$S=0$,则 Q 由 1 变为 0。第四个脉冲到来时,Q 维持状态不变,波形如图 12-1-1 所示。

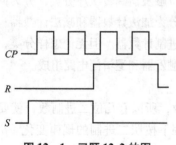

图 12-1 习题 12.2 的图

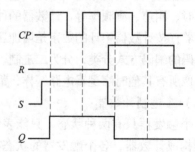

图 12-1-1 习题 12.2 的波形图

12.8 用 $J-K$ 触发器组成的移位寄存器如图 12-2 所示,试列出串行输入数码 1011 的状态表,并画出各 Q 端的波形图。设各触发器初始状态为 0。

第十二章 时序逻辑电路和集成 555 定时器

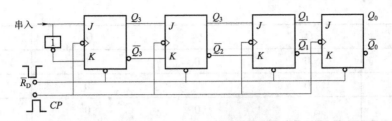

图 12 – 2 习题 12.8 的电路图

解 电路为串行输入的移位寄存器，经过 4 个移位脉冲，寄存器的状态为 $Q_3Q_2Q_1Q_0$ = 1011，逻辑状态见表 12 – 1。

表 12 – 1 习题 12.8 的逻辑状态表

CP	Q_3	Q_2	Q_1	Q_0
0	0	0	0	0
1	1	0	0	0
2	1	1	0	0
3	0	1	1	0
4	1	0	1	1

波形如图 12 – 2 – 1 所示。

12.9 图 12 – 3 所示电路中，各触发器的初始状态为 $Q_3Q_2Q_1Q_0$ = 1000，在 CP 脉冲作用下，试列出各触发器的状态表，画出波形图。

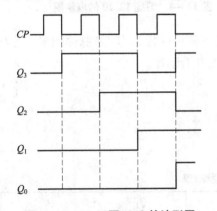

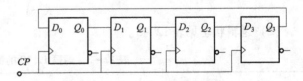

图 12 – 2 – 1 习题 12.8 的波形图 　　　　图 12 – 3 习题 12.9 的电路图

解 该电路为环形移位寄存器，其逻辑状态表见表 12 – 2。

表 12 – 2 习题 12.9 的逻辑状态表

CP	Q_3	Q_2	Q_1	Q_0
0	1	0	0	0
1	0	0	0	1

续表

CP	Q_3	Q_2	Q_1	Q_0
2	0	0	1	0
3	0	1	0	0
4	1	0	0	0
5	0	0	0	1
6	0	0	1	0

波形如图 12-3-1 所示。

12.10 逻辑电路图如图 12-4 所示，试画出触发器输出 Q_0、Q_1 的波形（设 Q_0、Q_1 的初始状态均为"0"）。

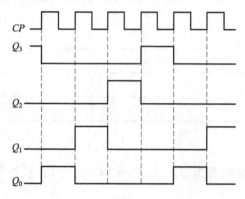

图 12-3-1 习题 12.9 的波形图

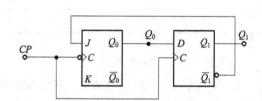

图 12-4 习题 12.10 的电路图

解 图中，D 触发器是上升沿触发，$J-K$ 触发器是下降沿触发，当 CP 脉冲到来时，D 触发器在 CP 脉冲上升沿动作，$J-K$ 触发器在 CP 脉冲上升沿动作。

（1）驱动方程：
$$D = Q_0$$
$$J = \overline{Q_1}$$
$$K = 1$$

（2）逻辑状态见表 12-3。

表 12-3 习题 12.10 的逻辑状态表

CP	J	K	D	Q_1	Q_0
0	1	1	0	0	0
1 ↑	1	1	0	0	0
↓	1	1	1	0	1
2 ↑	0	1	1	1	1
↓	0	1	0	1	0
3 ↑	1	1	0	0	0
↓	1	1	1	0	1

(3) 波形如图 12-4-1 所示。

12.14 电路如图 12-5 所示，写出逻辑状态表，并说明它是几进制计数器。

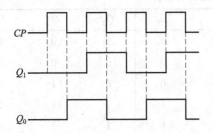

图 12-4-1 习题 12.10 的波形图

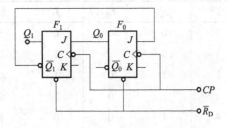

图 12-5 习题 12.14 的电路图

解 （1）驱动方程 F_0：$J_0 = \overline{Q_1}$　　$K_0 = 1$

$\qquad\qquad\qquad F_1$：$J_1 = Q_0$　　$K_1 = 1$

（2）特性方程：$Q_{n+1} = J\overline{Q_n} + \overline{K}Q_n$

（3）逻辑状态见表 12-4。

表 12-4 习题 12.14 的逻辑状态表

CP	J_0	K_0	J_1	K_1	Q_0	Q_1
0	1	1	0	1	0	0
1	1	1	1	1	1	0
2	0	1	0	1	0	1
3	1	1	0	1	0	0

该逻辑电路为三进制计数器。

12.15 电路如图 12-6 所示，写出逻辑状态表，并说明是它几进制计数器。

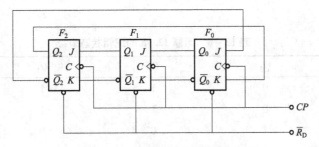

图 12-6 习题 12.15 的电路图

解 （1）驱动方程：$J_0 = \overline{Q_2}$　　$K_0 = Q_2$

$\qquad\qquad\qquad J_1 = Q_0$　　$K_1 = \overline{Q_0}$

$\qquad\qquad\qquad J_2 = Q_1$　　$K_2 = \overline{Q_1}$

（2）特性方程：$Q_{0n+1} = J_0\overline{Q_{0n}} + \overline{K_0}Q_{0n}$

$\qquad\qquad\qquad Q_{1n+1} = J_1\overline{Q_{1n}} + \overline{K_1}Q_{1n}$

$\qquad\qquad\qquad Q_{2n+1} = J_2\overline{Q_{2n}} + \overline{K_2}Q_{2n}$

(3) 逻辑状态见表 12-5。

表 12-5 习题 12.15 的逻辑状态表

CP	J_2	K_2	J_1	K_1	J_0	K_0	Q_2	Q_1	Q_0
0	0	1	0	1	1	0	0	0	0
1	0	1	1	0	1	0	0	0	1
2	1	0	1	0	1	0	0	1	1
3	1	0	1	0	0	1	1	1	1
4	1	0	0	1	0	1	1	1	0
5	0	1	0	1	0	1	1	0	0
6	0	1	0	1	1	0	0	0	0

根据逻辑状态表知，该逻辑电路为扭环形同步六进制计数器。

(4) 波形如图 12-6-1 所示。

12.18 电路如图 12-7 所示，试分析其逻辑功能，并列出状态表。

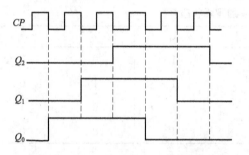

图 12-6-1 习题 12.15 的波形图

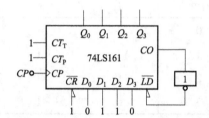

图 12-7 习题 12.18 的电路图

解 该 161 计数器工作于计数状态，当计数满 1111 时，同步置数 0110，逻辑状态见表 12-6。

表 12-6 习题 12.18 的逻辑状态表

CP	Q_3	Q_2	Q_1	Q_0
0	0	1	1	0
1	0	1	1	1
2	1	0	0	0
3	1	0	0	1
4	1	0	1	0
5	1	0	1	1
6	1	1	0	0
7	1	1	0	1
8	1	1	1	0
9	1	1	1	1
10	0	1	1	0

由逻辑状态表可知，该逻辑电路为十进制计数器。

12.19 两片 74LS161 组成的计数电路如图 12-8 所示，试分析其逻辑功能为几进制计数器。

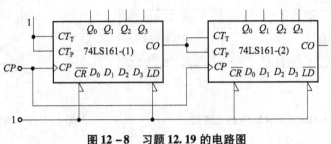

图 12-8 习题 12.19 的电路图

解 该逻辑电路为 $16 \times 16 = 256$ 进制计数器。

12.20 图 12-9 所示各电路均由 74LS290 所构成的计数电路，试分析它们各为几进制计数器。

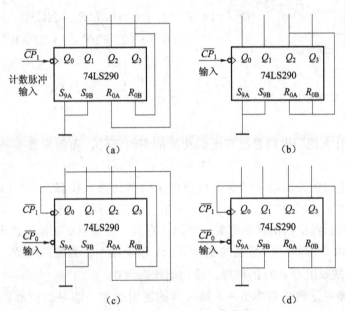

图 12-9 习题 12.20 的电路图

解 (a) 由于输入端是 $\overline{CP_1}$ 而不是 $\overline{CP_0}$，所以由 $Q_3Q_2Q_1$ 构成五进制计数器；
(b) 由于输入端是 $\overline{CP_1}$ 而不是 $\overline{CP_0}$，所以由 $Q_3Q_2Q_1$ 构成二进制计数器；
(c) 由于输入端是 $\overline{CP_0}$，Q_0 的输出是 $\overline{CP_1}$，所以 $Q_3Q_2Q_1Q_0$ 构成三进制计数器；
(d) 由于输入端是 $\overline{CP_0}$，Q_0 的输出是 $\overline{CP_1}$，所以 $Q_3Q_2Q_1Q_0$ 构成四进制计数器。

12.21 两片 74LS290 组成的计数电路如图 12-10 所示，试分析它为几进制计数器。

解 由于这两片 74LS290 输入端是 $\overline{CP_1}$ 而不是 $\overline{CP_0}$，所以经两片串联后，由 74LS290-1 的 $Q_3Q_2Q_1$ 和 74LS290-2 的 $Q_3Q_2Q_1$ 构成二十五进制计数器。

12.24 用集成 555 定时器组成的单稳态触发器如图 12-11 所示，电容 $C = 10~\mu F$，$R = 100~k\Omega$，试计算输出脉冲宽度 t_w。

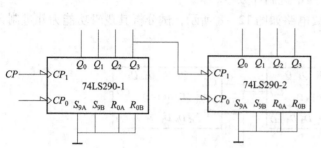

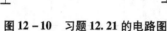

图 12-10 习题 12.21 的电路图

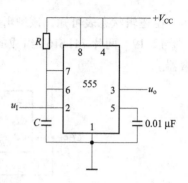

图 12-11 习题 12.24 的电路图

解 输出脉冲宽度 $t_w = 1.1RC = 1.1 \times 100 \times 10^3 \times 10 \times 10^{-6} = 1.1$（s）

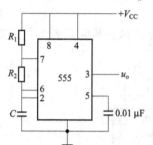

图 12-12 习题 12.25 的电路图

12.25 用集成 555 定时器组成的多谐振荡器如图 12-12 所示，$R_1 = 22$ kΩ，$R_2 = 62$ kΩ，$C = 0.022$ μF，求输出矩形波的周期和频率。

解（1）$T = T_1 + T_2 = 0.7(R_1 + 2R_2)C$
$= 0.7 \times (22 \times 10^3 + 2 \times 62 \times 10^3) \times 0.022 \times 10^{-6}$
$= 2.25$（ms）

（2）$f = \dfrac{1}{T} = \dfrac{1}{2.25 \times 10^{-3}} = 444$（Hz）

2. 补充题

补 12.1 为什么说门电路是没有记忆功能的逻辑部件，而触发器是有记忆功能的逻辑部件？

答 由于门电路的输出电平的高低仅取决于当时的输入状态，而与以前的输出状态无关，所以说是一种无记忆功能的逻辑部件。而触发器则不同，其输出电平的高低不仅取决于当时的输入，还与以前的输出状态有关，因而，它是一种有记忆功能的逻辑部件。

补 12.2 在由"与非"门组成的基本 $R-S$ 触发器中，当输入端 $\overline{R}_D$ 和 $\overline{S}_D$ 的波形如图 12-13 所示时，试画出 Q 和 $\overline{Q}$ 的波形，设初始状态为 0。

解 本题的题意是熟悉基本 $R-S$ 触发器的逻辑功能，练习画波形图。注意画波形图时，各触发时刻必须对齐。Q 和 $\overline{Q}$ 的波形如图 12-13-1 所示。

补 12.3 可控 RS 触发器的 CP、S、R 端信号状态波形如图 12-14 所示，试画出触发器 Q 端的状态波形图。设初始状态为 0。

解 CP 脉冲到来前，触发器保持 0 态不变。

第一个 CP 脉冲到来时，因 $S = R = 0$，触发器保持原态，$Q_{n+1} = Q_n = 0$。第二个 CP 脉冲到来时，因 $S = 1$，$R = 0$，触发器置 1，$Q_{n+1} = 1$。第三个 CP 脉冲到来时，因 $S = 0$，$R = 1$，触发器置 0，$Q_{n+1} = 0$。第四个 CP 脉冲到来时，触发器又置 1。这种状态将一直保持到下一个 CP 脉冲到来时，再根据 S 和 R 端的状态决定触发器的新态。Q 端波形如图 12-14 所示。

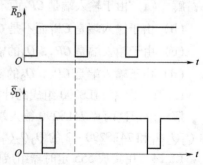

图 12-13 习题补 12.2 的波形图

第十二章 时序逻辑电路和集成 555 定时器

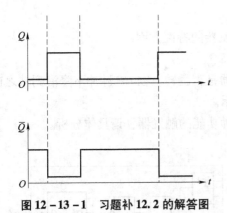

图 12–13–1 习题补 12.2 的解答图

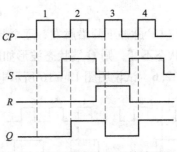

图 12–14 习题补 12.3 的波形图

点评 在画波形图时，一般要依据可控 $R-S$ 触发器的两个特点：
(1) 触发器翻转时刻与 CP 脉冲同步，为上升沿触发。
(2) 触发器的新态由 S、R 端的状态决定。
此外，还应注意触发器的原始状态。

补 12.4 试分别写出基本 $R-S$、主从 $J-K$、维持阻塞 D 及上升沿触发的 T、T' 触发器的真值表、特性方程，并画出它们的逻辑符号。

解 按题目要求，将各种功能触发器符号、真值表和特性方程总结于表 12–7 中。

表 12–7 触发器符号、真值表和特性方程

功能表示	电路名称				
	基本 $R-S$ 触发器	主从 $J-K$ 触发器	维持阻塞 D 触发器	T 触发器	T' 触发器
逻辑符号	$\bar{S}$ $\bar{R}$	J K CP	D CP	T CP	$T=1$ CP
真值表	$\bar{R}$ $\bar{S}$ Q 0 0 不定 0 1 0 1 0 1 1 1 不变	J K Q_{n+1} 0 0 Q_n 0 1 0 1 0 1 1 1 $\bar{Q}_n$	D Q_{n+1} 0 0 1 1	T Q_n Q_{n+1} 0 0 0 0 1 1 1 0 1 1 1 0	Q_n Q_{n+1} 0 1 1 0
特性方程	$Q_{n+1}=S+\bar{R}Q_n$ $RS=0$ （约束条件）	$Q_{n+1}=J\bar{Q}_n+\bar{K}Q_n$	$Q_{n+1}=D$	$Q_{n+1}=T\oplus Q_n$	$Q_{n+1}=\bar{Q}_n$

补 12.5 已知主从 JK 触发器 J、K、CP 端的状态波形如图 12–15 所示，触发器的初始

状态为 0，试对应地画出 Q 端的状态波形。

解 画 Q 端状态波形时要根据主从型 J-K 触发器的特性方程

$$Q_{n+1} = J\overline{Q_n} + \overline{K}Q_n$$

对应 CP 脉冲下降沿触发，逐个脉冲判断触发器是否翻转，在 CP 脉冲下降沿到来之前，保持原状态不变，则 Q 端状态波形如图 12-15 所示。

补 12.6 试说明图 12-16 所示电路将构成何种功能的触发器，请具体分析。

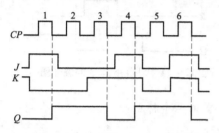
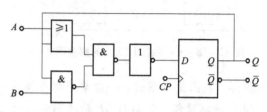

图 12-15 习题补 12.5 的波形图　　　图 12-16 习题补 12.6 的电路图

解 由图 12-16 可知

$$\begin{aligned}
D &= \overline{\overline{(A+Q_n) \cdot \overline{BQ_n}}} \\
&= (A+Q_n) \cdot \overline{BQ_n} \\
&= (A+Q_n)(\overline{B}+\overline{Q_n}) \\
&= A\overline{B} + A\overline{Q_n} + \overline{B}Q_n \text{（根据 } AB+\overline{A}C+BC = AB+\overline{A}C) \\
&= A\overline{Q_n} + \overline{B}Q_n
\end{aligned}$$

则

$$Q_{n+1} = D = A\overline{Q_n} + \overline{B}Q_n$$

与 J-K 触发器的特性方程

$$Q_{n+1} = J\overline{Q_n} + \overline{K}Q_n$$

比较，得

$$A = J, B = K$$

所以此电路为 J-K 功能的触发器。

补 12.7 已知时钟脉冲 CP 波形为 4 个矩形脉冲，试分别画出图 12-17 所示各触发器在时钟脉钟 CP 作用下输出端 Q 的波形。设它们的初始状态均为 0。

解 各触发器在 CP 脉冲作用下的波形如图 12-17-1 所示。

点评 当 J 或 K 端为空脚时，一律视为高电平"1"。J-K 触发器 C 端有小圆圈为下降沿触发，而 D 触发器 C 端无小圆圈为上升沿触发。

补 12.8 如图 12-18 所示是 D 触发器转换成 T 触发器的逻辑电路图，试写出 Q_{n+1} 的逻辑函数表达式，并列出逻辑状态转换表。

解 D 触发器的输入端 D 为

$$D = \overline{\overline{TQ_n} \cdot \overline{T\overline{Q_n}}} = \overline{T}Q_n + T\overline{Q_n}$$

$$Q_{n+1} = D = T\overline{Q_n} + \overline{T}Q_n$$

逻辑状态转换表见表 12-8。

第十二章 时序逻辑电路和集成 555 定时器

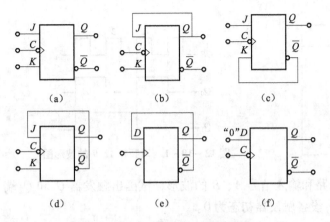

图 12-17 习题补 12.7 的电路图

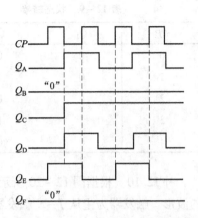

图 12-17-1 习题补 12.7 的波形图

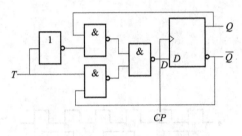

图 12-18 习题补 12.8 的电路图

表 12-8 逻辑状态转换

T	Q_n	Q_{n+1}
0	0	0
0	1	1
1	0	1
1	1	0

补 12.9 由负边沿 $J-K$ 触发器 F_1 和 F_0 组成的时序逻辑电路如图 12-19 所示。

试求：(1) 写出电路的输出方程、驱动方程和状态方程（特性方程）；

(2) 列出 $A=1$ 时的状态转换表，画出有 4 个 CP 脉冲触发的波形图；

(3) 若 $A=0$ 时，电路的工作状态如何？

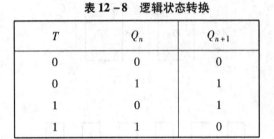

图 12-19 习题补 12.9 的电路图

解 (1) 输出方程

$$Z = AQ_{1n}Q_{0n}$$

驱动方程

$$F_0: J_0 = K_0 = A$$
$$F_1: J_1 = K_1 = AQ_{0n}$$

状态方程（特性方程）

$$Q_{0n+1} = A\overline{Q}_{0n} + \overline{A}Q_{0n}; \quad Q_{1n+1} = AQ_{0n} \cdot \overline{Q}_{1n} + \overline{AQ_{0n}} \cdot Q_{1n}$$

(2) 当 $A=1$ 时

$$Q_{0n+1} = \overline{Q}_{0n}; \quad Q_{1n+1} = Q_{0n} \cdot \overline{Q}_{1n} + \overline{Q}_{0n} \cdot Q_{1n} = Q_{0n} \oplus Q_{1n}$$

状态转换表见表 12-9；波形如图 12-19-1 所示。

(3) 当 $A=0$ 时，$Q_{0n+1} = Q_{0n}$，$Q_{1n+1} = Q_{1n}$，状态不变。

表 12-9 状态转换

CP	Q_1	Q_0
0	0	0
1	0	1
2	1	0
3	1	1
4	0	0

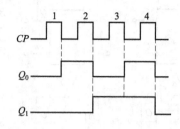

图 12-19-1　习题补 12.9 的波形图

补 12.10　根据图 12-20 所示电路和输入信号 A、B 的波形，试画出触发器 Q_1 和 Q_2 端的波形。触发器为主从 J-K 触发器，设各触发器初态为 0。

解　Q_1 和 Q_2 端的波形如图 12-20-1 所示。

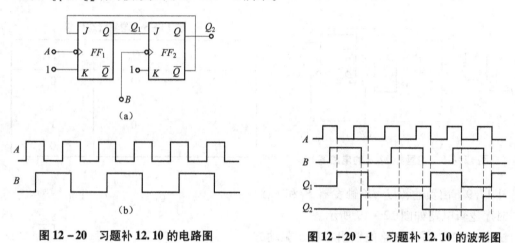

图 12-20　习题补 12.10 的电路图　　图 12-20-1　习题补 12.10 的波形图

补 12.11　已知电路及输入端 M、时钟脉冲 CP 的波形如图 12-21 所示，试画出输出端 Q_1、Q_2 波形。设各触发器初态均为 1。

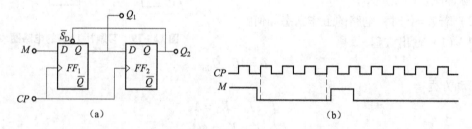

图 12-21　习题补 12.11 的电路图

解　输出端 Q_1、Q_2 的波形如图 12-21-1 所示。

点评　注意 Q_2 输出端引到 FF_1 的置 1 端 $\overline{S}_D$，因此当 Q_2 为低电平时，Q_1 为高电平。

补 12.12　电路如图 12-22 (a) 所示。画出在图 12-22 (b) 所示的 CP、$\overline{R}_D$、D 信号作用下 Q_1、Q_2 的波形。

解　画出 Q_1、Q_2 的输出波形，如图 12-22-1 所示。

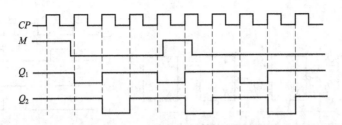

图 12-21-1　习题补 12.11 的波形图

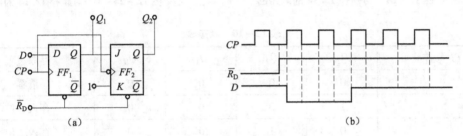

图 12-22　习题补 12.12 的电路图

补 12.13　试画出用 $J-K$ 触发器组成四位数码寄存器的电路图，并说明工作原理。

解　用 $J-K$ 触发器组成的四位数码寄存器的电路如图 12-23 所示。其工作原理为：首先清 0，送存数脉冲，数据 D_3、D_2、D_1 和 D_0 送入寄存器。送取数脉冲，数据 D_3、D_2、D_1、D_0 从寄存器取出。

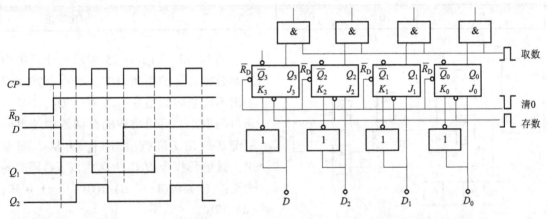

图 12-22-1　习题补 12.12 的波形图　　　图 12-23　习题补 12.13 的电路解图

补 12.14　由 $J-K$ 触发器组成的移位寄存器如图 12-24 所示，判断该电路是右移寄存器还是左移寄存器？设待存数码为 1001，画出各 Q 端的波形图、列出状态表、设初态为 0。

解　这是一个右移寄存器，待存数码 1001 按时钟脉冲 CP 的节拍，从低位数到高位数依次串行送到数码输入端。Q_3、Q_2、Q_1、Q_0 的波形如图 12-24-1 所示，状态表见表 12-10。

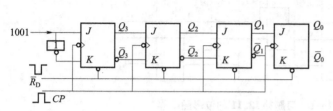

图 12-24 习题补 12.14 的电路图

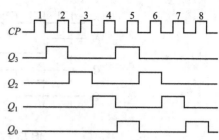

图 12-24-1 习题补 12.14 的波形图

表 12-10 状态表

CP 顺序	Q_3	Q_2	Q_1	Q_0	存取过程
0	0	0	0	0	清零
1	1	0	0	0	存入一位
2	0	1	0	0	存入二位
3	0	0	1	0	存入三位
4	1	0	0	1	存入四位
5	0	1	0	0	取出一位
6	0	0	1	0	取出二位
7	0	0	0	1	取出三位
8	0	0	0	0	取出四位

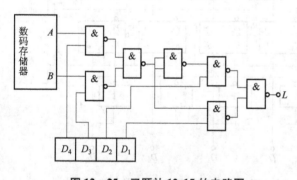

图 12-25 习题补 12.15 的电路图

补 12.15 图 12-25 所示为计算机中控制数据传送的逻辑电路。当指令寄存器输出不同数码的指令 D_4、D_3、D_2、D_1 时,通过门电路,可以将数码存储器中的数码 A 或 B 取出,进行处理后,再从 L 端输出。试解释指令 $D_4D_3D_2D_1$ 为以下数码时的含义:(a) 0101;(b) 1001;(c) 0110;(d) 1010。

答 (a) 指令为"0101"时,含义为:选出数码 B 从 L 端输出,参加运算。

(b) 指令为"1001"时,含义为:选出数码 A 从 L 端输出,参加运算。

(c) 指令为"0110"时,含义为:选出数码 B,处理成 $\overline{B}$ 后,从 L 端输出,参加运算。

(d) 指令为"1010"时,含义为:选出数码 A,处理成 $\overline{A}$ 后,从 L 端输出,参加运算。

补 12.16 图 12-26(a)所示为四个维持阻塞 D 触发器组成的移位寄存器,时钟脉冲 CP 及 D_0 端波形如图 12-26(b)所示。试画出在 CP 脉冲作用下输出端 Q_0、Q_1、Q_2、Q_3 的波形。设触发器初态均为 0。

解 电路各输出端 Q 的波形如图 12-26-1 所示。

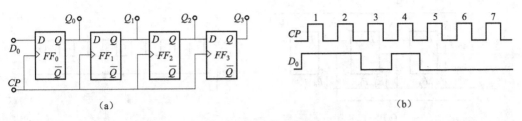

图 12-26 习题补 12.16 的电路和波形图

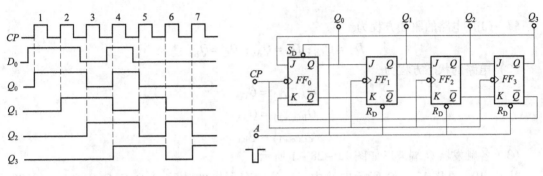

图 12-26-1 习题补 12.16 的波形图　　　图 12-27 习题补 12.17 的电路图

补 12.17　电路如图 12-27 所示。

(1) 写出工作过程，并画出对应 5 个时钟脉冲 CP 的 Q_0、Q_1、Q_2、Q_3 端的波形。

(2) 说明电路功能。

解　(1) 先在 A 端加一负脉冲，置电路初始状态为 $Q_3Q_2Q_1Q_0 = 0001$。以后连续送入 CP 脉冲，$Q_3Q_2Q_1Q_0$ 状态便按如下次序转换

$$0001 \to 0010 \to 0100 \to 1000$$

点评　注意预置信号对 FF_0 触发器是加在 $\overline{S}_D$ 端，因此 $Q_0 = 1$。其他 Q 端为 0。

该电路各触发器 Q 端的波形如图 12-27-1 所示。

(2) 由图 12-27-1 波形可知，图 12-27 电路为顺序脉冲发生器（脉冲分配器）。

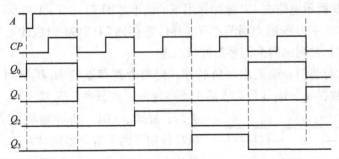

图 12-27-1 习题补 12.17 的波形图

补 12.18　图 12-28（a）所示是一个能进行循环移位的 3 位移位寄存器，工作时先在预置端加一个负脉冲，然后输入时钟脉冲 CP，如图 12-28（b）所示，试写出各触发器的驱动方程和电路的状态方程，画出在 6 个 CP 脉冲作用下 Q_A、Q_B、Q_C 的波形图。

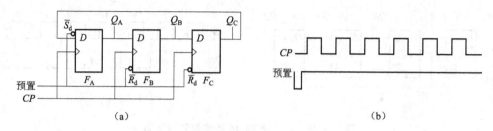

图 12-28 习题补 12.18 的电路和波形图

解 （1）电路的驱动方程为

$$D_A = Q_{Cn};\ D_B = Q_{An};\ D_C = Q_{Bn}$$

（2）电路的状态方程为

$$Q_{A(n+1)} = Q_{Cn}$$
$$Q_{B(n+1)} = Q_{An}$$
$$Q_{C(n+1)} = Q_{Bn}$$

（3）各触发器 Q 端波形如图 12-28-1 所示。

补 12.19 在图 12-29 所示电路中，移位寄存器中的数码 $Q_1Q_2Q_3Q_4Q_5Q_6 = 010100$，$J$-$K$ 触发器的初态 Q 为 0，右移数据输入端 $D_{SR} = 0$，试按照 7 个 CP 脉冲的顺序，画出 Q_6、Q 和 F 端的波形。

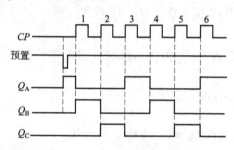

图 12-28-1 习题补 12.18 的波形图

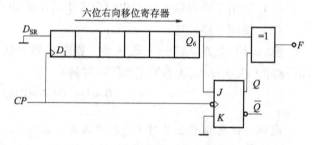

图 12-29 习题补 12.19 的电路图

解 图 12-29 所示电路在 CP 脉冲作用下的波形如图 12-29-1 所示。

补 12.20 图 12-30 所示为用两片双向移位寄存器 74LS194 组成的七位并-串转换器，试分析其工作原理，并列出两个寄存器的状态表。

解 在二输入与非门一端送启动负脉冲，使两个寄存器的 $M_1M_0 = 11$ 为并入方式。在 CP 脉冲作用下，数据 $d_6 \sim d_0$ 并行存入两个寄存器内，状态表见表 12-11。当启动负脉冲过去后，$M_1M_0 = 01$，寄存器处在右移状态，在 CP 脉冲作用下两个寄存器同时右移，且数据从高位到低位由 D_2 寄存器的 Q_D 端逐位输出。经过 7 个脉冲 7 位数据全部输出，实现数据的并-串转换。在第 8 个脉冲作用下，D_1 寄存器的 $Q_A \sim Q_D$ 和 D_2 寄存器的 $Q_A \sim Q_C$ 均为 1，又使两个寄存器的 $M_1M_0 = 11$，在 CP 脉冲作用下对第二组数据进行交换。

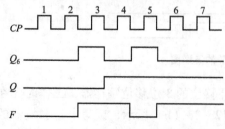

图 12-29-1 习题补 12.19 的波形图

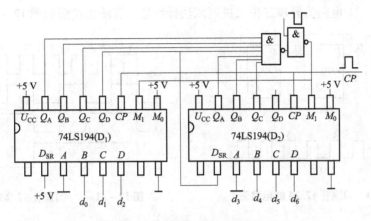

图 12-30 习题补 12.20 的电路图

表 12-11 状态表

CP	D_1				D_2			
	Q_A	Q_B	Q_C	Q_D	Q_A	Q_B	Q_C	Q_D
1	0	d_0	d_1	d_2	d_3	d_4	d_5	d_6
2	1	0	d_0	d_1	d_2	d_3	d_4	d_5
3	1	1	0	d_0	d_1	d_2	d_3	d_4
4	1	1	1	0	d_0	d_1	d_2	d_3
6	1	1	1	1	1	0	d_0	d_1
7	1	1	1	1	1	1	0	d_0
8	1	1	1	1	1	1	1	0
9	0	d_0	d_1	d_2	d_3	d_4	d_5	d_6

补 12.21 什么是可逆计数器？

答 对输入脉冲个数既可以进行加法累计计数，也可以进行减法累计计数，这种计数器称为可逆计数器。

补 12.22 什么是同步计数器？它有何特点？

答 同步计数器为：计数脉冲同时去触发全部触发器，使各触发器的状态变换与输入计数脉冲同步的计数电路。它的特点是：允许的最高输入脉冲频率较高，电路基本上无竞争状态，故译码显示不易产生差错；但输入计数脉冲源需有较大的功率。

补 12.23 什么是异步计数器？它有何特点？

答 计数脉冲不是加到所有触发器的时钟脉冲输入端的计数电路称为异步计数器。它的特点是：电路结构较简单，对输入计数脉冲源的功率要求不高；但允许的最高输入脉冲比同步计数器低。若从各级触发器输出直接译码，会因延时产生译码尖峰，造成误差。

补 12.24 电路如图 12-31 所示为由 D 触发器构成的计数器，试说明其功能；并画出与 CP 脉冲对应的各输出端波形。设 CP 脉冲有 8 个，各触发器初态为 0。

解 图 12-31 电路为异步三位二进制减法计数器；其输出波形如图 12-31-1 所示。

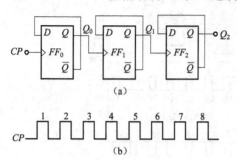

图 12-31　习题补 12.24 的电路图

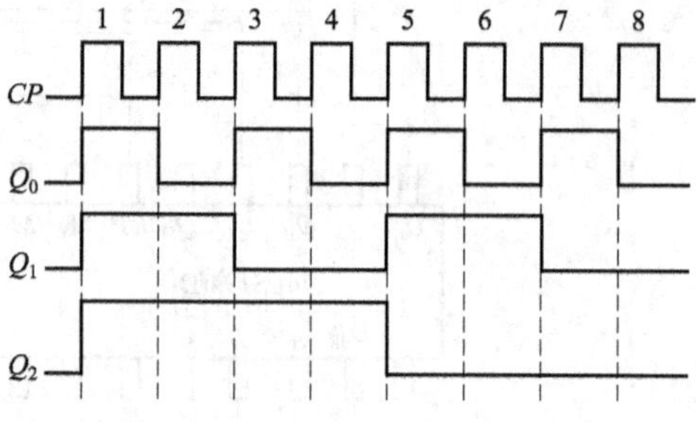

图 12-31-1　习题补 12.24 的波形图

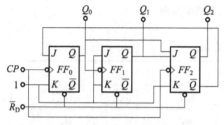

图 12-32　习题补 12.25 的电路图

补 12.25　试分析图 12-32 所示计数器电路。

（1）写出各触发器驱动方程和电路状态方程（特性方程）。

（2）假设计数器的初始状态 $Q_2Q_1Q_0 = 000$，试列出计数状态转换表，并判断它是几进制计数器。

解　（1）驱动方程

$$J_0 = \overline{Q}_2, K_0 = 1$$
$$J_1 = K_1 = 1$$
$$J_2 = Q_1Q_0, K_2 = 1$$

状态方程

$$Q_{0(n+1)} = \overline{Q}_{2n}\overline{Q}_{0n} \cdot CP_0 \downarrow$$
$$Q_{1(n+1)} = \overline{Q}_{1n} \cdot CP_1 \downarrow$$
$$Q_{2(n+1)} = \overline{Q}_{2n}Q_{1n}Q_{0n} \cdot CP_2 \downarrow$$

式中

$$CP_0 = CP_2 = CP、CP_1 = Q_0$$

（2）计数状态转换表见表 12-12。由此可见，电路为五进制计数器。

表 12-12　计数状态转换表

计数顺序	电路状态			等效十进制数
	Q_2	Q_1	Q_0	
0	0	0	0	0
1	0	0	1	1
2	0	1	0	2
3	0	1	1	3
4	1	0	0	4
5	0	0	0	0

补 12.26 电路如图 12-33 所示,假设初始状态为 $Q_2Q_1Q_0 = 000$。

(1) 若不考虑 FF_2,试分析 FF_0、FF_1 构成几进制计数器。

(2) 说明整个电路为几进制计数器。列出状态转换表,画出在 7 个 CP 脉冲作用下的输出波形图。

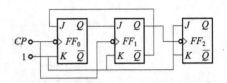

图 12-33 习题补 12.26 的电路图

解 (1) FF_1、FF_0 构成三进制计数器,这可从表 12-13 得知。

表 12-13 计数状态转换表

计数顺序	电路状态			等效十进制数
	Q_2	Q_1	Q_0	
0	0	0	0	0
1	0	0	1	1
2	0	1	0	2
3	1	0	0	4
4	1	0	1	5
5	1	1	0	6
6	0	0	0	0

(2) 由状态转换表 12-13 可知,整个电路为异步六进制(非自然二进制态序)计数器,其在 CP 脉冲作用下的波形图如图 12-33-1 所示。

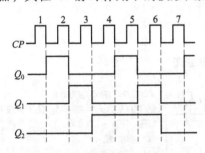

图 12-33-1 习题补 12.26 的波形图

补 12.27 图 12-34(a)所示为一单脉冲输出电路。试用一片 CT74LS112 型双下降沿 J-K 触发器(图 12-34(b))。和一片 CT74LS00 型四个 2 输入"与非"门(图 12-34(c)),连接成图 12-34(a)所示电路,画出接线图,并画出 CP、Q_1、Q_2 和 F 的波形图。

解 设两触发器的初始状态均为 0。接线图如图 12-34-1 所示。波形图如图 12-34-2 所示。

点评 通过练习该题,意在使同学们对实际电路有一个基本了解,使学习不仅只局限在"纸上谈兵"。

补 12.28 74LS161 引脚排列如图 12-35 所示。试按异步清零法画出用 4 位二进制计数器 74LS161 实现下列进制计数器的电路图。(1) 六进制;(2) 十二进制;(3) 一百进制;(4) BCD 十二进制。

解 各电路引脚接线如图 12-35-1 所示。

补 12.29 CT74LS290 型计数器逻辑图、引脚排列图和功能表如图 12-36 所示。试按反馈置零法画出用 CT74LS290 型二-五-十进制计数器实现下列进制计数器的电路图。

(1) 六进制;(2) 九进制;(3) 六十进制。

解 各电路引脚接线如图 12-36-1 所示。

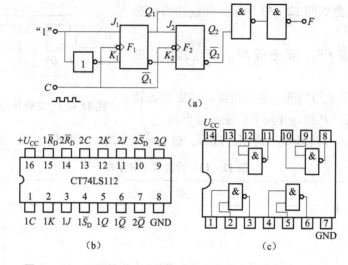

图 12-34 习题补 12.27 的电路图和集成电路外引线排列图

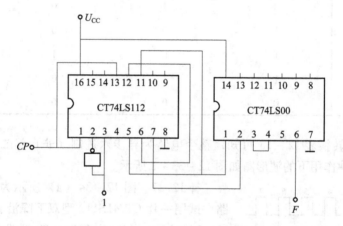

图 12-34-1 习题补 12.27 的接线图

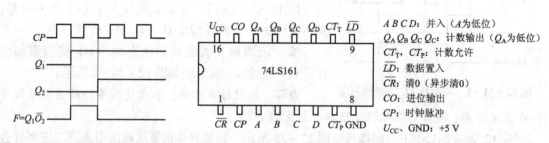

图 12-34-2 习题补 12.27 的波形图　　图 12-35 习题补 12.28 中 74LS161 引脚排列图

点评　数字钟表中的分、秒计数都是六十进制。图 12-36-1 中六十进制计数器由两位组成。个位（1）为十进制，十位（2）为六进制。个位的最高位 Q_3 连到十位的时钟脉冲输入端 C_0 端。经过 60 个脉冲后，立即清零，个位和十位计数器都恢复为"0000"。这就形成六十进制计数器。

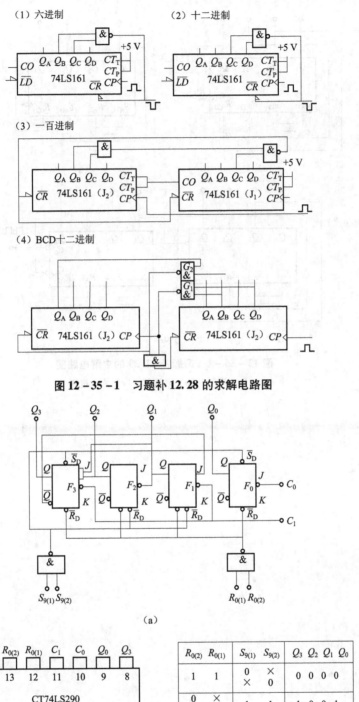

图 12－35－1　习题补 12.28 的求解电路图

（a）

（b）

$R_{0(2)}$	$R_{0(1)}$	$S_{9(1)}$	$S_{9(2)}$	Q_3 Q_2 Q_1 Q_0
1	1	0	×	0 0 0 0
		×	0	
0	×	1	1	1 0 0 1
×	0			
×	0	×	0	计　数
0	×	0	×	计　数
0	×	×	0	计　数
×	0	0	×	计　数

（×表示任意态）

（c）

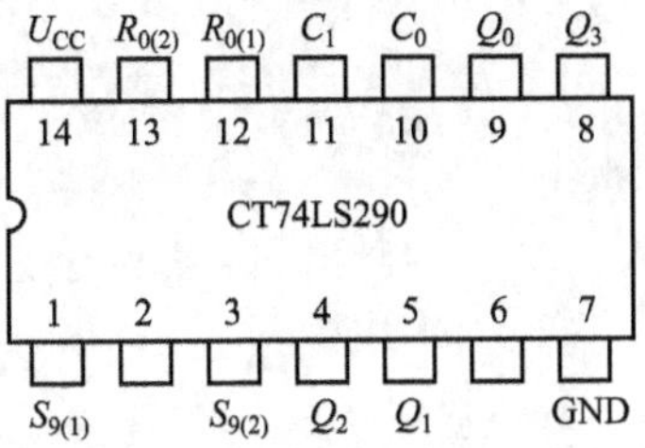

图 12－36　习题补 12.29 的 CT74LS290 计数器逻辑图和引线图、功能表

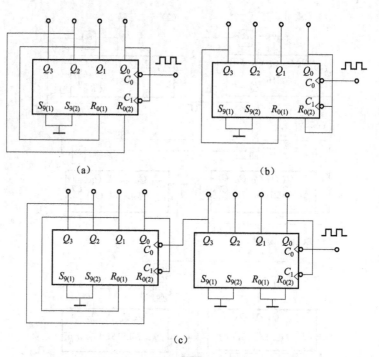

图 12-36-1 习题补 12.29 的求解电路图

(a) 六进制;(b) 九进制;(c) 六十进制

第十三章
模拟量与数字量的转换

当用数字方法处理模拟信号时，必须先将模拟量转换成数字量，这是由模/数转换器（简称 ADC）完成的。而处理后的数据尚需还原成相应的模拟量，则由数/模转换器（简称 DAC）进行变换。

模拟量和数字量之间的相互转换具有十分重要的意义，具体为：

(1) 数字计算机的应用。当计算机应用于过程控制及信息处理时，遇到的变量多数是连续变化的物理量，如温度、压力、话音等。这些物理量可以经过传感器变成电压或电流等模拟量。只有将要求控制的模拟量转换为数字量，计算机才能运算和处理，然后还要将运算得到的数字量转换为模拟量，才能实现对被控参数的控制。所以 ADC 和 DAC 是计算机中不可缺少的一部分。

(2) 数字测量仪表。若将模拟量用数字屏显示出来，必须将模拟量转换为数字量，然后用数字显示电路进行显示。因此 ADC 转换器是数字测量仪器的核心。

(3) 数字通信和遥测。须将模拟量变成数字量的形式发送出去，在接收终端再将数字量还原成模拟量。故 ADC 和 DAC 转换器也是必不可少的组成部分。

一、基本要求

(1) 理解 T 形电阻网络数/模转换器的工作原理、主要参数和集成电路芯片的使用方法。

(2) 理解逐次逼近型模/数转换器的工作原理、主要参数以及集成电路的使用方法。

(3) 了解传感器的基本概念和数据采集系统的组成。

二、学习要点

本章学习的重点是：T 形电阻网络数/模转换器和逐次逼近型模/数转换器。难点是：数据采集系统的结构。

1. 数/模转换器

数/模转换器 (DAC) 的结构型式有多种，如权电阻型、T 形电阻网络型等。而后一种的应用较广，最适合于集成工艺，集成数/模转换器普遍采用这种结构。电流型 DAC 由电子开关和电阻网络组成，输出电流与输入的二进制数呈线性对应关系。电压型 DAC 输出电压与输入的二进制数成线性对应关系，且与基准电压 U_R 有关。分辨率是指最小输出电压与最大输出电压之比。

2. 模/数转换器

模/数转换器（ADC）的结构型式也有多种，如并行电压比较型、逐次逼近型、双积分型等。应用较多的是逐次逼近型，其转换过程是一种逐次逼近的过程，逼近的次数等于逐次逼近寄存器的位数。输出的二进制数与输入电压呈线性对应关系，而且与 DAC 的基准电压 U_R 有关。分辨率用输出二进制数的位数表示。

3. 数据采集系统

数据采集系统的框图如图 13-1 所示。

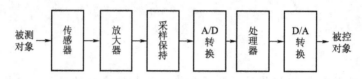

图 13-1 数据采集系统的框图

传感器是把非电量转换成电量的器件，在整个系统中占有重要的地位，测量的精度主要取决于传感器。

多点数据采集系统的结构分为两类：一类是用译码器和多片模/数转换器；另一类是用多路模拟开关和一片模/数转换器。

三、习题选解

1. 《汽车电工电子基础第二版》书后习题

13.1 在一 4 位倒 T 形电阻网络 DAC 中，已知 $U_{REF}=5$ V，$R_F=3R$，试求 $d_3 \sim d_0$ 分别为 0101、0111、1011、1111 时的输出电压 u_o。

解 对于 n 位二进制数的倒 T 形电阻网路 DAC 输出电压的表达式为

$$u_o = -\frac{U_{REF}R_F}{2^n R}(d_{n-1} \cdot 2^{n-1} + d_{n-2} \cdot 2^{n-2} + \cdots + d_1 \cdot 2^1 + d_0 \cdot 2^0)$$

当 $n=4$，$U_{REF}=5$ V，$R_F=3R$ 时，倒 T 形电阻网路 DAC 输出电压的表达式为

$$u_o = -\frac{15}{16}(d_3 \times 8 + d_2 \times 4 + d_1 \cdot 2 + d_0 \cdot 1)$$

当 $d_3d_2d_1d_0=0101$ 时，$u_o = -\frac{15}{16} \times (0 \times 8 + 1 \times 4 + 0 \times 2 + 1 \times 1) \approx -4.69$ （V）；

当 $d_3d_2d_1d_0=0111$ 时，$u_o = -\frac{15}{16} \times 7 \approx -6.56$ （V）；

当 $d_3d_2d_1d_0=1011$ 时，$u_o = -\frac{15}{16} \times 11 \approx -10.31$ （V）；

当 $d_3d_2d_1d_0=1111$ 时，$u_o = -\frac{15}{16} \times 15 \approx -14.06$ （V）。

13.2 有一 8 位倒 T 形电阻网络 DAC，已知 $U_{REF}=10$ V，$R_F=R$，试求 $d_7 \sim d_0$ 分别为 11111111、10001001、00000001 时的输出电压 u_o。

解 当 $n=8$，$U_{REF}=10$ V，$R_F=R$ 时，倒 T 形电阻网路 DAC 输出电压的表达式为

$$u_o = -\frac{10}{2^8}(d_7 \times 2^7 + d_6 \times 2^6 + d_5 \times 2^5 + d_4 \times 2^4 + d_3 \times 2^3 + d_2 \times 2^2 + d_1 \cdot 2^1 + d_0 \cdot 2^0)$$

当输入数字量 $d_7 \sim d_0$ 为 11111111 时，$u_o = -\dfrac{10}{256} \times 255 \approx -9.96$ （V）；

当输入数字量 $d_7 \sim d_0$ 为 10001001 时，$u_o = -\dfrac{10}{256} \times 137 \approx -5.35$ （V）；

当输入数字量 $d_7 \sim d_0$ 为 00000001 时，$u_o = -\dfrac{10}{256} \times 1 \approx -0.039$ （V）。

13.5 4 位逐次逼近型 ADC，已知基准电压 $U_{REF} = 5$ V，输入的模拟电压 $U_x = 3.46$ V，试计算转换结果。

解 ADC 中的 4 位 D/A 转换器，输入数字量的最低位 1，表示模拟量变化 $\dfrac{1}{2^4}U_{REF} = \dfrac{5}{16} = 0.3$ V，对 $U_x = 3.46$ V，其转换结果为 $\dfrac{U_x}{0.3125} = 11.072$。写成二进制数为 1011。

13.6 8 位逐次逼近型 ADC，已知基准电压为 10 V，输入的模拟电压 5.19 V，试计算转换结果。

解 ADC 中的 8 位 D/A 转换器，输入数字量的最低位 1，表示模拟量变化 $\dfrac{1}{2^8}U_{REF} = \dfrac{10}{256} = 0.0390625$ （V），对于 $U_x = 5.19$ V，其转换结果为 $\dfrac{U_x}{0.0390625} = 132.864$。取整后 132 写成二进制数为 10000100。

13.8 在图 13-2 所示电路中，已知 $R_1 = 1$ kΩ，$R_2 = 100$ kΩ，$C = 0.01$ μF，试画出 u_o 的波形，并计算 u_o 的最大值和周期。

解 集成定时器 555 的输出脉冲周期

$$T_1 = 0.7(R_1 + 2R_2)C$$
$$= 0.7 \times (1 \times 10^3 + 2 \times 100 \times 10^3) \times 0.01 \times 10^{-6} = 1.407 \text{ (ms)}$$

输出电压 u_o 的周期

$$T = 16T_1 = 16 \times 1.407 = 22.512 \text{ (ms)}$$

输出电压的最大值 u_{omax} 为

$$u_{omax} = \dfrac{15}{2^4} \times 5 = 4.69 \text{ (V)}$$

输出电压 u_o 的波形如图 13-2-1 所示。

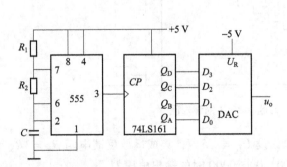

图 13-2 习题 13.8 的电路图

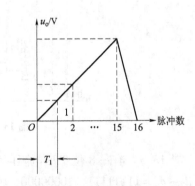

图 13-2-1 习题 13.8 的波形图

2. 补充题

补 13.1 有一数字信号 1011，采用 4 位 T 形电阻网络 DAC 转换器转换成模拟信号，试问当基准电压为 5 V 时，其输出的模拟电压是多少？

解
$$U_o = -\frac{U_R}{2^n}(d_{n-1} \cdot 2^{n-1} + d_{n-2} \cdot 2^{n-2} + \cdots + d_0 \cdot 2^0)$$
$$= -\frac{5}{2^4} \times (1 \times 2^3 + 0 \times 2^2 + 1 \times 2^1 + 1 \times 2^0)$$
$$= -3.44 \text{ (V)}$$

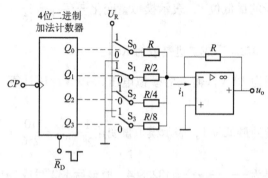

图 13-3 习题补 13.2 的电路图

补 13.2 某 DAC 转换器如图 13-3 所示，图中当 $Q_i = 1$ 时，相应模拟开关 S_i 置于 1；当 $Q_i = 0$ 时，开关 S_i 置于位置 0。

（1）求 u_o 与数字量 $Q_3Q_2Q_1Q_0$ 之间的关系式。

（2）若 $u_R = -1$ V，试求当 $Q_3Q_2Q_1Q_0 = 0001$ 和 1111 时，u_o 的值。

（3）画出计数器输入连续计数脉冲 CP 时 u_o 的波形，设计数器的初态为 0。

解 本题给出的是一个权电阻网络 DAC 转换器。电路由计数器、模拟开关、权电阻网络、电流-电压变换电路组成。

（1）输出电压 u_o 与 $Q_3Q_2Q_1Q_0$ 之间的关系为
$$u_o = -U_R \sum_{i=0}^{3} 2^i Q_i \quad (i = 0,1,2,3)$$

（2）当 $U_R = -1$ V 时：

$Q_3Q_2Q_1Q_0 = 0001$ 时，对应的输出电压 $u_o = 1$ V；

$Q_3Q_2Q_1Q_0 = 1111$ 时，对应的输出电压 $u_o = 15$ V。

（3）当输入连续计数脉冲 CP 时，u_o 为一阶梯波，波形如图 13-3-1 所示。

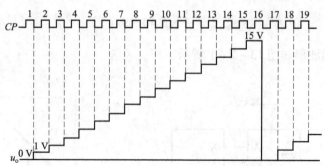

图 13-3-1 习题补 13.2 的波形图

补 13.3 有一 8 位 T 形电阻网络 DAC，设 $U_R = +5$ V，集成运放反馈电阻 $R_F = 3R$，试求 $d_7 \sim d_0 = 11111111$，10000000，00100000，00000000 时的输出电压 U_o。

解 因

$$U_o = -\frac{U_R}{2^n}(d_{n-1} \cdot 2^{n-1} + d_{n-2} \cdot 2^{n-2} + \cdots + d_0 \cdot 2^0)$$

所以

$d_7 \sim d_0 = 11111111$ 时：$U_o = -5 \times \frac{255}{256} = -4.98$ （V）

$d_7 \sim d_0 = 10000000$ 时：$U_o = -5 \times \frac{128}{256} = -2.5$ （V）

$d_7 \sim d_0 = 00100000$ 时：$U_o = -5 \times \frac{32}{256} = -0.625$ （V）

$d_7 \sim d_0 = 00000000$ 时：$U_o = -5 \times \frac{0}{256} = 0$ （V）

补 13.4 有一 8 位 T 形电阻网络 DAC 转换器，当数字信号为 00000001 时，输出模拟电压为 -0.04 V。若数字信号为 00010011 时，输出电压应是多少？

解 因

$$U_o = -\frac{U_R}{2^n}(d_{n-1} \cdot 2^{n-1} + d_{n-2} \cdot 2^{n-2} + \cdots + d_0 \cdot 2^0)$$

所以 $\qquad -0.04 = -\frac{U_R}{2^8} \times 2^0$

则 $\qquad U_R = 10.24$ V

当信号为 00010011 时

$$U_o = -\frac{10.24}{2^8} \times (2^4 + 2^1 + 2^0) = -0.76 \text{ （V）}$$

补 13.5 电路如图 13-4 所示。当输入信号某位 $D_i = 0$ 时，对应开关 S_i 接地；$D_i = 1$ 时，S_i 接参考电压 U_R。

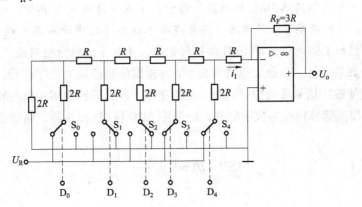

图 13-4 习题补 13.5 的电路图

(1) 若 $U_R = 10$ V，输入信号 $D_4D_3D_2D_1D_0 = 10011$ 时，求输出的模拟电压 U_o。

(2) 电路的分辨率为多少？

解 (1) 输出的模拟电压 U_o 为

$$U_o = -\frac{10}{2^5} \times (2^4 + 2^1 + 2^0) = -5.94 \text{ (V)}$$

(2) 分辨率为

$$\frac{1}{2^5-1} = \frac{1}{31} = 0.032$$

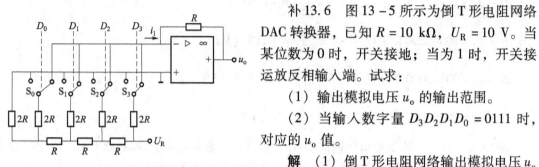

图 13-5 习题补 13.6 的电路图

补 13.6 图 13-5 所示为倒 T 形电阻网络 DAC 转换器，已知 $R = 10 \text{ k}\Omega$，$U_R = 10 \text{ V}$。当某位数为 0 时，开关接地；当为 1 时，开关接运放反相输入端。试求：

(1) 输出模拟电压 u_o 的输出范围。

(2) 当输入数字量 $D_3D_2D_1D_0 = 0111$ 时，对应的 u_o 值。

解 (1) 倒 T 形电阻网络输出模拟电压 u_o 的表达式为

$$U_o = -\frac{U_R}{2^4}(D_3 \cdot 2^3 + D_2 \cdot 2^2 + D_1 \cdot 2^1 + D_0 \cdot 2^0)$$

当 $D_3D_2D_1D_0 = 0000$ 时，$u_o = 0 \text{ V}$

当 $D_3D_2D_1D_0 = 1111$ 时，

$$u_o = -\frac{U_R}{2^4}(2^3 + 2^2 + 2^1 + 2^0) = -9.375 \text{ V}$$

因此这一 DAC 转换器的输出电压范围为 $0 \sim -9.375 \text{ V}$。

(2) 当 $D_3D_2D_1D_0 = 0111$ 时，对应的 u_o 值为

$$u_o = -\frac{10}{2^4} \times (2^2 + 2^1 + 2^0) = -4.375 \text{ (V)}$$

点评 倒 T 形电阻网络 DAC 转换器，由于各结点传输的是电流量，对于运放输入端不存在传输时差。不但提高了转换速度，而且减小了动态过程中输出端可能出现的尖峰脉冲。因此，较电压相加 T 形电阻网络 DAC 转换器优越，是电子工程中使用最广泛的一种转换器。

补 13.7 如果要将一个最大幅值为 5.1 V 的模拟信号转换为数字信号，要求模拟信号每变化 20 mV 能使数字信号最低位（LSB）发生变化，那么应选用多少位的转换器？

解 若将模拟信号转换为数字信号，应采用 ADC 模/数转换器，则数字信号最低位 LSB 应为

$$\text{LSB} = 20 \text{ mV} = \frac{5.1 \times 10^3}{2^n - 1}$$

得

$$2^n = \frac{5.1 \times 10^3 + 20}{20} = 256$$

则

$$n = 8$$

应选用 8 位的转换器。

补 13.8 有一 4 位逐次逼近型 ADC 转换器，其中的 DAC 数/模转换器为 $R-2R$（T 形电阻网络）型，基准电压 $U_R = -10$ V。若待转换的模拟量 U_I 为 8.2 V，则转换成的数字量是多少？

解 由于 DAC 数/模转换器的输出电压 u_o 为

$$U_o = \frac{-U_R}{2^4}(d_3 \times 2^3 + d_2 \times 2^2 + d_1 \times 2^1 + d_0 \times 2^0)$$

当数字量为 1000 时

$$U_o = -\frac{-10}{2^4} \times 2^3 = 5 \text{ V}$$

显然 5 V < 8.2 V 待转换量。

当数字量为 1100 时

$$U_o = -\frac{-10}{2^4} \times (2^3 + 2^2) = 7.5 \text{（V）} < 8.2 \text{ V} \quad 待转换量$$

当数字量为 1110 时

$$U_o = -\frac{-10}{2^4} \times (2^3 + 2^2 + 2^1) = 8.75 \text{（V）} > 8.2 \text{ V} \quad 待转换量$$

当数字量为 1101 时

$$U_o = -\frac{-10}{2^4} \times (2^3 + 2^2 + 2^1) = 8.125 \text{（V）}$$

数字量的最低位为 0001 时，电压为 0.625 V，而 8.2 V 与 8.125 V 的差值为

$$8.2 - 8.125 = 0.075 \text{（V）} < 0.625 \text{ V}$$

故最后转换成的数字量为 1101。

补 13.9 8 位逐次逼近型 ADC，U_R 和 U_I 与上题均相同，试计算转换结果。

解

$$-\frac{U_I}{\frac{U_R}{2^8}} = \frac{8.2 \times 2^8}{10} = 210$$

对应的二进制数为 11010010。

补 13.10 计数型 ADC 转换器框图如图 13-6 所示。设图中 DAC 转换器最大输出电压 $u_{omax} = 5$ V，u_i 为被转换信号电压，X 为转换器控制端，CP 为时钟输入端，转换器工作前 $X=0$，$\overline{R_D}$ 使计数器清零。当 $u_i > u_o$ 时，比较器输出 $u_C = 1$；当 $u_i < u_o$ 时，$u_C = 0$。现设定 $u_i = 4.2$ V，试求：

（1）输出端的二进制数 $Q_4 Q_3 Q_2 Q_1 Q_0$ 是多少？

（2）电路的转换误差为多少伏？

（3）如何提高转换精度？

解 计数型 ADC 转换器属直接 ADC 转换模式中的反馈比较型 ADC 转换器。

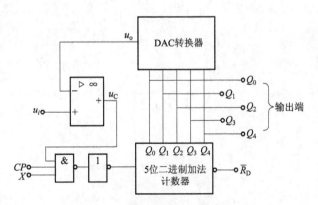

图 13-6 习题补 13.10 的电路图

转换原理为：控制计数器对 CP 脉冲计数，并由计数器提供一个数字量经 DAC 转换得出相应的模拟电压 u_o，与被转换的模拟电压 u_i 进行比较。若 $u_i > u_o$，增加计数量后再比较，直至 $u_o = u_i$，计数器停止计数，此时计数状态对应的数字量即为转换结果。

(1) 该题的最小量化单位

$$\text{LSB} = \frac{5}{2^5 - 1} = 0.162\ 3\ (\text{V})$$

当 $u_i = 4.2\ \text{V}$ 时，则

$$\frac{4.2}{0.162\ 3} = 25.87 \approx 26$$

因此对应的 $Q_4 Q_3 Q_2 Q_1 Q_0 = 11010$。

(2) 转换误差 $= (2^4 + 2^3 + 2^1) \times 0.162\ 3 - 4.2 = 0.019\ 8\ (\text{V})$

(3) 提高转换精度可从两方面着手处理：一是增加计数器的位数，减少最小量化单位；二是在 ADC 转换器输出端加负向偏移电压 $\frac{1}{2}$LSB，提高转换器的分辨率，减小量化误差。

补 13.11 画出用 1 片 3—8 线译码器 74LS138 和 8 片模/数转换器 AD570 实现 8 点数据采集系统的原理图。

解 电路如图 13-7 所示。

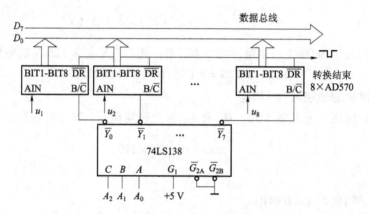

图 13-7 习题补 13.11 的求解电路图

第十四章

安全用电

为了更有效地科学用电、节约用电，除了掌握电的客观规律外，还必须了解安全用电的知识。安全用电是指在使用电气设备的过程中如何保证人身和设备的安全，避免人身伤亡和设备损坏等事故的发生。

一、基本要求

（1）了解电流对人体的危害及规定的安全电压。
（2）了解触电方式及触电的急救方法。
（3）理解电气设备的保护接地和保护接零。
（4）了解静电和雷电的危害及防护。

二、学习要点

本章的重点是：了解电流对人体的危害及安全工作电压，电气设备的保护接地和保护接零。

1. 电流对人体的危害

触电事故是由于电流通过人体造成的。触电的伤亡程度主要决定于通过人体的电流大小、途径和时间。实验证明，人体通过交流工频 10 mA 以上，直流 50 mA 以上就会有生命危险。

我国规定工频有效值 42 V、36 V、24 V、12 V 和 6 V 为安全工作电压的额定值。具体根据用电环境和条件的不同，安全电压高低不一样，环境越潮湿，使用安全电压等级越低。

2. 触电方式及触电急救

人体触电通常有两相触电、单相触电（又分三相四线制单相触电和三相三线制单相触电）、跨步电压触电等形式。

触电急救的首要措施是迅速切断电源或用绝缘器具迅速使电源线断开，使伤员脱离电源。救护者千万不要用手直接接触触电者身体，以免自己也同样触电。其次是当神志清楚、呼吸正常时及时送医院治疗。如果神志不清处于昏迷状态，则必须及时施行人工呼吸和心脏按摩等急救措施。

3. 电气设备的保护接地和保护接零

保护接地就是将电气设备的金属外壳接地，适用于中性点不接地的低压系统中。保护接地应与工作接地相区别。

保护接零就是将电气设备的金属外壳接到零线上,适用于中性点接地的低压系统中。

4. 静电和雷电的危害及防护

静电具有一定的能量,产生火花放电时可能引起火灾和爆炸,静电还可能对人身造成伤害。防护措施主要有两点:一是利用工艺控制的方法尽量减少静电的产生。二是利用静电泄漏和中和的方法消除静电。

雷电的放电能量很大,会给人、畜、建筑物和电气设备带来危害。最积极的防护措施是安装有效的避雷器和消雷器。

总之,加强防范意识,建立完善的安全工作制度,严格遵守操作规程,制定严密的防范措施是安全用电的根本保证。

三、习题选解

1. 《汽车电工电子基础第二版》书后习题

14.1 我国规定的安全电压等级有哪几种?

答 我国规定工频有效值 42 V、36 V、24 V、12 V 和 6 V 为安全工作电压的额定值。具体根据用电环境和条件的不同,安全电压高低不一样,环境越潮湿,使用安全电压等级越低。

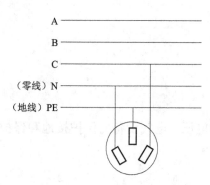

图 14-1 单相电源插座接线图

14.5 很多家用电器由单相交流电源供电,为什么其电源插头是三线的,怎样与家庭供电系统相连接?试画出正确使用的电路图。

解 家用电器由单相交流电源供电,其电源插头三线的,其中一根是端(火)线,一根是零线,一根是地线。接线图如图 14-1 所示。

2. 补充题

补 14.1 单相触电和两相触电哪个更危险?为什么?

答 两相触电时,作用于人体的电压为线电压;单相触电时,作用于人体的电压为相电压。由于线电压大于相电压,即 $U_1 = \sqrt{3} U_p$,所以两相触电更危险。

补 14.2 采用安全电压供电的系统就绝对安全吗?

答 由于人体的阻抗值与工作环境和身体状况等因素有关,比如人体皮肤的粗糙与否,出汗与否,都对人体的阻抗值有影响,所以安全电压并不是绝对安全的。

补 14.3 保护接地和保护接零的基本思想是什么?

答 保护接地的基本思想是在用电设备出现漏电或一相碰壳时,使外壳的对地电压降低至接近零,以消除触电危险。

保护接零的基本思想是在用电设备出现漏电或一相碰壳时,因该相电流很大,使得接于该相上的短路保护装置或过电流保护装置动作,迅速切断电源,消除触电危险。

补 14.4 为什么静电容易引起易燃易爆,导致发生火灾或爆炸?

答 当静电积累到一定程度就会形成局部高电压,当电压高到一定程度就会发生放电并产生火花。若火花出现在易燃易爆的环境中就很容易产生火灾或爆炸。

参 考 文 献

[1] 秦曾煌. 电工学（第七版）[M]. 北京：高等教育出版社，2009.
[2] 姚海彬. 电工技术（第二版）[M]. 北京：高等教育出版社，2004.
[3] 叶挺秀. 电工电子学 [M]. 北京：高等教育出版社，1999.
[4] 唐介. 电工学 [M]. 北京：高等教育出版社，1999.
[5] 秦曾煌. 电工学学习指导 [M]. 北京：高等教育出版社，2001.
[6] 唐介. 电工学学习指导 [M]. 大连：大连理工大学出版社，1999.
[7] 姚海彬. 电工技术学习指导 [M]. 天津：天津大学出版社，2000.
[8] 张宪. 电工技术习题详解 [M]. 北京：北京理工大学出版社，2002.
[9] 王鸿明. 电工技术和电子技术 [M]. 北京：清华大学出版社，1991.
[10] 刘全忠. 电子技术（第二版）[M]. 北京：高等教育出版社，2004.
[11] 刘全忠. 电子技术学习指导 [M]. 天津：天津大学出版社，2000.
[12] 童诗白. 模拟电子技术基础（第二版）[M]. 北京：高等教育出版社，1988.
[13] 闫石. 数字电子技术基础（第三版）[M]. 北京：高等教育出版社，1989.
[14] 康华光. 电子技术基础模拟部分（第三版）[M]. 北京：高等教育出版社，1988.
[15] 张宪. 电工电子学学习指导 [M]. 天津：军事交通学院，2005.
[16] 张大鹏，张宪. 汽车电工电子技术基础（第二版）[M]. 北京：北京理工大学出版社，2009.
[17] 康华光. 电子技术基础数字部分（第三版）[M]. 北京：高等教育出版社，1988.
[18] 童诗白，何金茂. 电子技术基础试题汇编（模拟部分）[M]. 北京：高等教育出版社，1992.
[19] 童诗白，何金茂. 电子技术基础试题汇编（数字部分）[M]. 北京：高等教育出版社，1991.